行政办公工作
流程与制度手册

刘少丹◎编著

人民邮电出版社

北 京

图书在版编目（ＣＩＰ）数据

行政办公工作流程与制度手册 / 刘少丹编著. -- 北京：人民邮电出版社，2019.1
ISBN 978-7-115-50262-9

Ⅰ. ①行… Ⅱ. ①刘… Ⅲ. ①行政管理－工作－手册 ②行政管理－制度－手册 Ⅳ. ①D035-62

中国版本图书馆CIP数据核字(2018)第273247号

内 容 提 要

本书以流程和制度为核心，为各类组织的行政管理工作构建了一套完善的操作流程和管理体系，为行政管理人员开展流程与制度设计提供了实用的参考范本。

本书从行政管理工作的实际出发，将其业务划分为十大模块，涵盖了办公日常事务管理、接待管理、会议管理、文书写作与管理、公共关系管理、文件的保密管理、设备与资产管理、总务后勤管理、法务管理、行政经费管理等内容，并采用"流程＋制度"的形式，为每一个模块的工作提供了规范化的设计范本。

本书适合各类组织的管理人员尤其是行政管理人员阅读，也可作为企业培训师以及高等院校相关专业师生的参考读物。

◆ 编　著　刘少丹
　　责任编辑　陈　宏
　　责任印制　焦志炜
◆ 人民邮电出版社出版发行　　北京市丰台区成寿寺路 11 号
　　邮编 100164　　电子邮件 315@ptpress.com.cn
　　网址 http://www.ptpress.com.cn
　　北京七彩京通数码快印有限公司印刷
◆ 开本：787×1092　1/16
　　印张：14　　　　　　　　　　　2019 年 1 月第 1 版
　　字数：300 千字　　　　　　　2025 年 9 月北京第 32 次印刷

定　价：59.00 元

读者服务热线：（010）81055656　印装质量热线：（010）81055316
反盗版热线：（010）81055315

　　科学的管理一定是规范化的管理，要想实现规范化的管理，关键在于构建一套完善的工作流程与制度体系，并使之得到贯彻执行。

　　本书将行政管理工作分解为具体的流程与制度，让员工知道应该做什么、如何去做，以此推进行政管理工作的规范化，提升组织的执行力。

　　《行政办公工作流程与制度手册》从行政管理人员的实际工作出发，以流程和制度为核心，针对办公日常事务管理、接待管理、会议管理、文书写作与管理、公共关系管理、文件的保密管理、设备与资产管理、总务后勤管理、法务管理、行政经费管理等业务模块，为各类组织的行政管理工作构建了一套完善的操作流程和管理体系。

　　弗布克系列图书倡导管理实务化，力求从最基础、最务实的层面为企业实现规范化管理提供帮助和解决方案。

　　本书具有下列两大特点。

　　1．操作流程精细化

　　本书在系统梳理行政管理工作内容的基础上，去粗取精，提炼了非常具有代表性的若干流程，为各类组织推进行政管理工作的流程化、标准化提供了很好的参考。

2. 管理制度规范化

本书不仅提炼了行政管理工作的操作流程，还提供了与之配套的管理制度，并在大部分制度后面附上了与该制度配套的工作表单，让制度更容易落地。

此外，本书内容紧扣时代发展脉搏，加入了一些行政管理工作的新内容，如接待、会议等，使之更加符合当下行政管理工作的实际。

《行政办公工作流程与制度手册》是一本实用性很强的行政管理工具书。书中提供了大量简单而实用的管理工具，读者可以根据自身情况进行适当修改或调整，使之更适合自己所在的组织，促进相关人员更加规范地开展行政管理工作，提高工作效率。

目录

第 1 章

办公日常事务管理

1.1 印章使用管理

1.1.1 印章使用管理流程

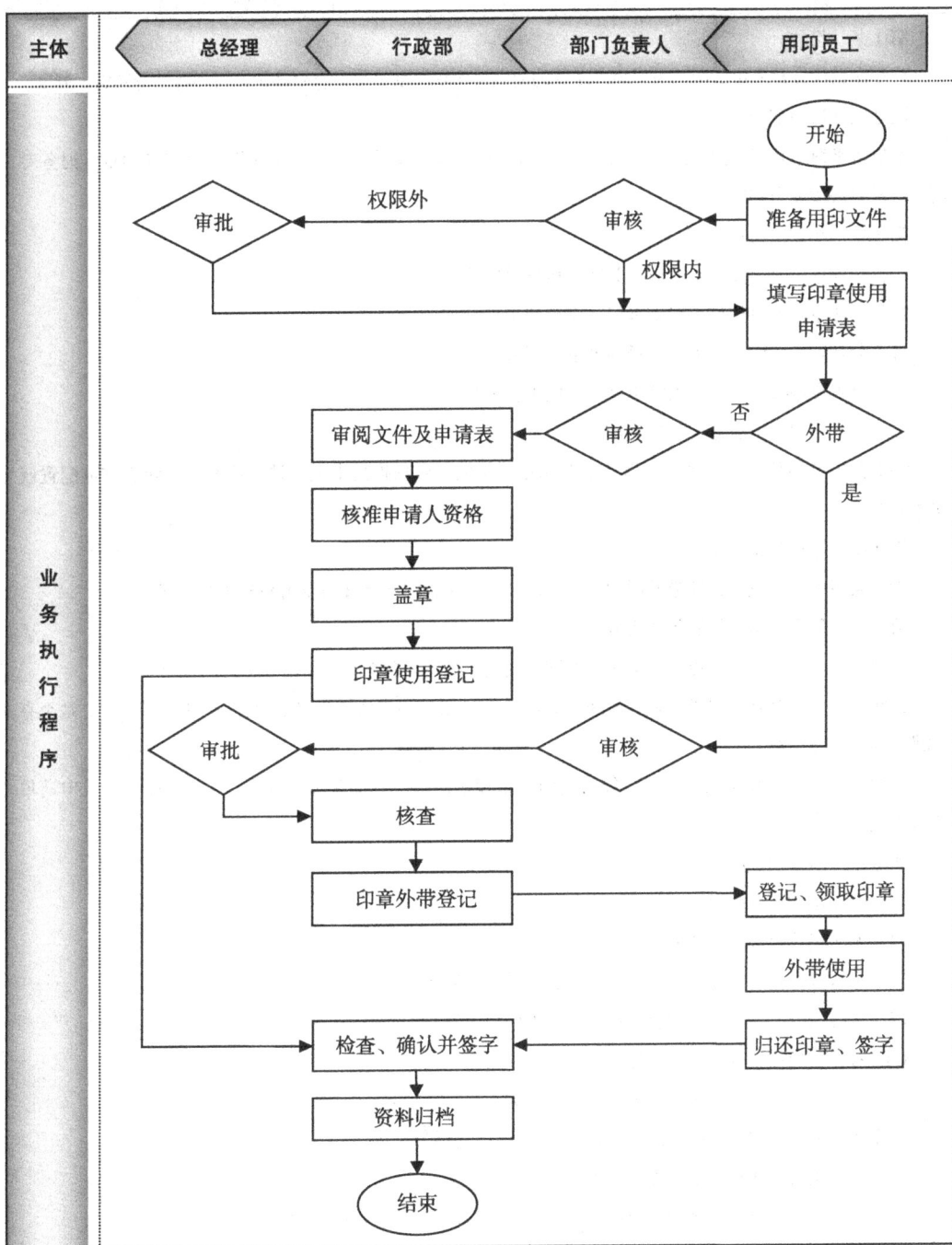

主体	总经理	行政部	部门负责人	用印员工

业务执行程序

```
                                                    ┌──────────┐
                                                    │   开始    │
                                                    └────┬─────┘
                                                         ↓
  ┌──────┐   权限外    ◇───────◇   ←───────  ┌──────────┐
  │ 审批 │ ←──────── │  审核  │            │ 准备用印文件│
  └──┬───┘            ◇───────◇            └────┬─────┘
     │                权限内 ↓                    ↓
     │                                    ┌──────────┐
     └──────────────────────────────────→│ 填写印章使用│
                                          │  申请表    │
                                          └────┬─────┘
                                      否         ↓
  ┌──────────┐    ◇───────◇  ←──────  ◇───────◇
  │审阅文件及申请表│←│  审核  │          │  外带  │
  └────┬─────┘     ◇───────◇          ◇───────◇
       ↓                                   是 ↓
  ┌──────────┐
  │核准申请人资格│
  └────┬─────┘
       ↓
  ┌──────────┐
  │   盖章    │
  └────┬─────┘
       ↓
  ┌──────────┐
  │ 印章使用登记│
  └──────────┘

  ┌──────┐     ◇───────◇  ←──────  ◇───────◇
  │ 审批 │ ←── │  审核  │          │  审核  │
  └──┬───┘     ◇───────◇          ◇───────◇
     ↓
  ┌──────────┐
  │   核查    │
  └────┬─────┘
       ↓
  ┌──────────┐           ┌──────────┐
  │ 印章外带登记│────────→ │登记、领取印章│
  └──────────┘           └────┬─────┘
                               ↓
                         ┌──────────┐
                         │  外带使用  │
                         └────┬─────┘
                               ↓
  ┌──────────┐           ┌──────────┐
  │检查、确认并签字│←──────│归还印章、签字│
  └────┬─────┘           └──────────┘
       ↓
  ┌──────────┐
  │ 资料归档  │
  └────┬─────┘
       ↓
  ┌──────────┐
  │   结束    │
  └──────────┘
```

1.1.2 印章使用管理规定

制度名称	印章使用管理规定	编号	
		版本	

第1条 目的

公司印章代表着公司信用，为了规范印章的使用，防止印章丢失，有效维护公司利益，特制定本制度。

第2条 适用范围

本制度所称的印章是指公司印章、法定代表人印章（下文简称为"法人章"）、合同专用章、财务专用章等具有法律效力的印章。

第3条 印章的授权管理

1.公司印章由公司董事长授权相关部门核发或核销。

2.公司印章由董事长授权以下部门管理和使用。

（1）公司印章、法人章由总经理办公室负责管理和使用。

（2）财务专用章、发票专用章由财务部负责管理和使用。

（3）合同专用章由法务部负责管理和使用。

（4）公司其他部门如果需要配置或更换印章，须向行政部提出书面申请，经董事长同意方可配置或更换印章。

第4条 印章分管制度

为了监督印章的使用，杜绝滥用印章的现象，公司实行印章保管和使用相分离的制度。

第5条 印章使用人员的相关规范

1.原则上，是否使用公司印章由印章保管人或文件处理人掌握。

2.印章保管人必须严格控制用印范围，仔细检查印章使用申请单（以下简称为"申请单"）上是否有批准人的签字或盖章。

3.代理用印人员在使用印章时，须将用印依据和申请单交印章保管人审查，并在用印依据及申请单上加盖代理人印章。

第6条 印章的使用范围

1.公司印章的使用范围。

（1）发送正式公文、电函和传真件等。

（2）报送或下达各类业务计划、业务报表和财务报表等。

（3）签订授权委托书、劳动合同和签发人事任免书等。

（4）签订重要业务合同、协议等。

（5）签发上岗证、先进集体或个人荣誉证书等。

（6）签发其他需要加盖印章的批件、文本、凭证、材料等。

2.法人章主要用于授权书、委托书等。

3.合同专用章主要用于合同、协议等。

4.财务专用章主要用于收据、资金结算及银行收付业务单据等。

（续）

第7条　印章使用手续

1.使用公司印章时应当填写"印章使用申请表"（见附表1），写明用印理由，由部门领导签字同意后，连同用印文件一并交给印章保管人。

2.需要使用部门印章或分公司印章时，应在"印章使用申请表"上写明用印理由，由部门领导签字同意后，连同用印章文件一并交给印章保管人。

第8条　印章使用手续的简化

对于常规用印或需要再次用印的文件，用印人员如事先已与印章保管人取得联系并有文字证明，则可省去填写"印章使用申请表"的手续。

第9条　印章使用方法

1.公司印章应盖在文件正面。

2.文件一般盖骑缝章。

3.除了有特殊规定的，盖章时须用朱红印泥。

第10条　印章使用注意事项

1.公司印章一律不得用在填写不全或空白的合同、协议、介绍信、纸张和单据上。如遇特殊情况，须经总经理批准。

2.原则上，公司印章不准带出公司，如确有工作需要，须经总经理批准，并由用印人员写下借据，标明借用时间。

第11条　印章使用登记

印章使用完毕后，印章保管人和用印人员要认真填写"印章使用登记表"（见附表2），以备后查。

第12条　印章使用相关法律责任

1.任何人必须按照本制度规定使用印章，不符合本制度规定的，不得使用印章。

2.违反本制度规定使用印章，造成丢失、盗用等后果的，公司将视情节轻重对责任人进行批评教育、行政处分、经济处罚甚至追究法律责任。

第13条　本制度由公司行政部负责制定、修订与解释。

第14条　本制度报公司董事会审议通过后生效，自＿＿年＿月＿日起实施。

附表1：印章使用申请表

附表2：印章使用登记表

附表1　印章使用申请表

部门		申请日期	
用印类别		份数	
文件名称		文件说明	
申请人		核准人	

（续）

附表 2　印章使用登记表							
盖章时间	文件名称	发文号	印章类别	盖章次数	使用人	批准人	备注

编制日期		审核日期		批准日期	
修改标记		修改处数		修改日期	

1.2 资料档案管理

1.2.1 资料管理流程

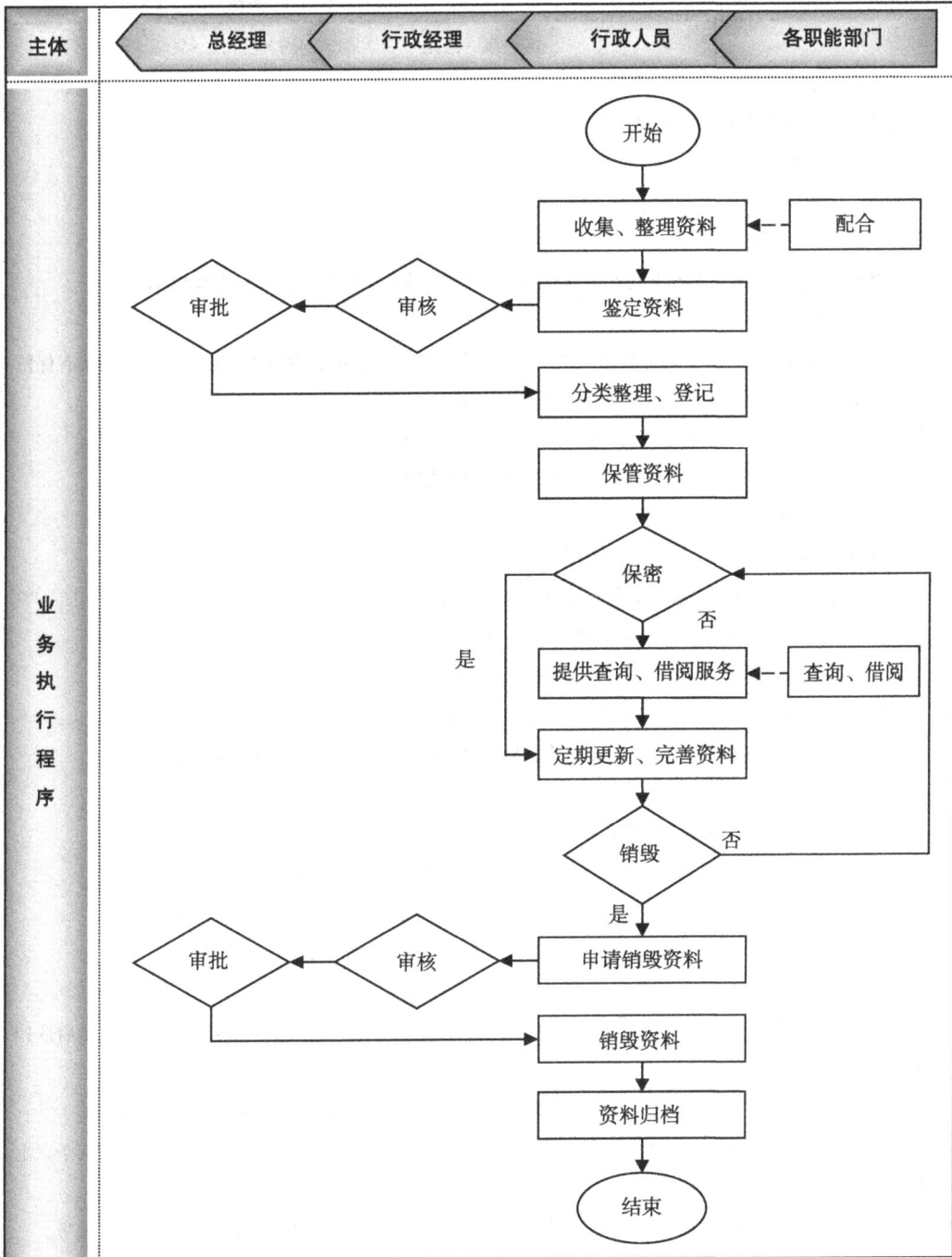

主体	总经理	行政经理	行政人员	各职能部门

业务执行程序

```
                                    ┌─────────┐
                                    │  开始   │
                                    └────┬────┘
                                         ↓
                          ┌──────────────────────┐      ┌──────────┐
                          │   收集、整理资料      │◀─────│   配合   │
                          └──────────┬───────────┘      └──────────┘
                                     ↓
    ◇审批◇ ◀─── ◇审核◇ ◀─── ┌──────────────┐
                             │  鉴定资料    │
                             └──────────────┘
       │
       ↓
    ┌──────────────────────┐
    │   分类整理、登记      │
    └──────────┬───────────┘
               ↓
    ┌──────────────────────┐
    │    保管资料           │
    └──────────┬───────────┘
               ↓
          ◇ 保密 ◇ ◀───────────────────┐
       是 │      否                     │
          ↓                             │
    ┌──────────────────────┐   ┌──────────────┐
    │  提供查询、借阅服务   │◀──│  查询、借阅   │
    └──────────┬───────────┘   └──────────────┘
               ↓
    ┌──────────────────────┐
    │  定期更新、完善资料   │
    └──────────┬───────────┘
               ↓
          ◇ 销毁 ◇ ──否──────────────┐
       是 │
          ↓
  ◇审批◇ ◀─── ◇审核◇ ◀─── ┌──────────────┐
                           │  申请销毁资料 │
     │                     └──────────────┘
     ↓
    ┌──────────────────────┐
    │    销毁资料           │
    └──────────┬───────────┘
               ↓
    ┌──────────────────────┐
    │    资料归档           │
    └──────────┬───────────┘
               ↓
          ┌─────────┐
          │  结束   │
          └─────────┘
```

1.2.2 档案管理制度

制度名称	档案管理制度	编号	
		版本	

第一章 总则

第1条 目的

为了规范公司对档案的管理，特制定本制度。

第2条 原则

系统、完整、有序。

第3条 适用范围

本制度适用于公司在生产经营活动中形成的各种具有保存价值的文字材料的管理工作。

第4条 管理部门

1. 文书结案后，原稿由公司行政部归档，经办部门根据实际需要留存影印本。如经办部门确有保留原稿的需要，须获得行政部主管同意，行政部负责将影印本归档。

2. 各分公司档案分类目录及编号原则由公司行政部统一制定。

第二章 档案管理

第5条 文件点收

文书结案后移送归档时，行政部应根据如下原则进行点收。

1. 检查文件及其附件是否完整。如有短缺，应立即追查归档。

2. 如要抽查文件，须先获得行政部主管的签字确认。

3. 文件的处理手续必须完备。如有遗漏，应立即退回经办部门。

4. 与本案无关的文件或不应随案归档的文件，应立即退回经办部门。

5. 确认文件不存在以上问题后，行政部将文件归档并填写"档案目录卡"（见附表）。

第6条 文件整理

点收文件后，行政部应按照以下要求对文件进行整理。

1. 中文竖写文件应采用右侧装订，中文横写或外文文件应采用左侧装订。

2. 右侧装订文件及其附件均应对准右上角，左侧装订文件则应对准左上角，并理齐钉牢。

3. 文件如有皱褶、破损、参差不齐等情形，应先补整、裁切、折叠，使其整齐划一。

第7条 档案分类

1. 根据内容、部门、项目等因素，按部门、大类、小类对档案进行分类。先按部门区分，然后依档案性质分出若干大类，最后再分出若干小类。

2. 档案分类应力求实用。如果三级分类不够用，须在第三级之后增设第四级"细类"。

3. 同一小类（或细类）的档案应装订在一个档夹内。如档案较多，一个档夹不够用，可用两个以上的档案夹装订，并在小类（或细类）之后增设"卷次"编号，以便查找。

4. 档案归档时依序编号、登录，每个档夹的封面内应设"目次表"，每个档案都要有一个"目次"编号。

5. 档案编号的表示方式为"$A_1A_2—B_1B_2C_1C_2D_1—E_1E_2$"。其中，$A_1A_2$ 为经办部门代号，B_1B_2 为大类

（续）

号，C_1C_2 为小类号，D_1 为档案卷次，E_1E_2 为档案目次。

第8条　档案名称及编号

1.档案各级分类应赋予统一名称，其名称应简明扼要，以充分显示档案内容性质为原则，并且要有一定的范围，不能笼统含糊。

2.各级分类、卷次及目次的编号均以阿拉伯数字表示，其位数视档案数量及增长情形确定。

3.档案分类的各级名称确定后，应编制"档案分类编号表"，将所有分类的各级名称及其编号依照一定顺序排列，以便查阅。

4.在档案分类的各级编号内应预留若干空档，以便将来组织规模扩大或业务增多时增补。

5.档案分类的各级名称及其编号一经确定，不得任意修改；如确有修改必要，应事先讨论，并编制"新旧档案分类编号对照表"，以免混淆。

第9条　档号编订

1.对于新档案，应从"档案分类编号表"中查明该档案所属类别及其卷次、目次顺序，以此编排档案号。

2.档案如需归属前案，应查明前案的档案号并以同号编列。

3.档案号编排以"一案一号"为原则，如有一案叙述数事或一案归入多类的，应先确定其主要类别，再编排档案号。

4.档案号应自左向右编排，右侧装订的档案，应将档案号填于档案首页的左上角，左侧装订的则填于右上角。

第10条　档案整理

1.依照目次顺序以活页方式将归档文件装订于相关类别的档夹内，并视实际需要使用标签纸注明目次号码，以便查阅。

2.档夹的背脊应标明档夹内所含档案的分类编号及名称，以便查阅。

第11条　保存期限

文件保存期限依下列规定确定。

文件保存期限规定

保存期限	适用范围	保存期限	适用范围
永久保存	（1）公司章程 （2）股东名册 （3）组织规程及办事细则 （4）董事会及股东会纪录 （5）财务报表 （6）政府部门核准文件 （7）不动产所有权及其他债权凭证 （8）工程设计图 （9）其他经核定须永久保存的文书	保存10年	（1）预算、决算书类 （2）会计凭证 （3）事业计划资料 （4）其他经核定须保存10年的文书
		保存5年	（1）期满或已解除的合约 （2）其他经核定须保存5年的文书
		保存1年	无长期保存必要的文书
备注：各种规章由规章管理部门永久保存，使用部门视其有效期予以保存。			

（续）

第 12 条　档案清理

1. 档案管理人员应及时擦拭档案架，保持档案的清洁，防止虫蛀腐蚀。需要更换时，依规定清理。已到保存期限的档案应予以销毁。销毁前须造册并报总经理核准，还须在目录附注栏内注明销毁日期。

2. 保管期限届满的文件，经核定仍有保存和参考价值的，档案管理人员应将"收（发）文登记单"第五联附在保留文件上，并在第五联上注明该档案应销毁的日期。

第 13 条　调卷程序

1. 各部门经办人员因业务需要调阅档案时须先填写"调卷单"，经部门主管核准后方可调阅。

2. 档案管理人员接到"调卷单"并核查后，取出该档案，并在"调卷单"上写明借出日期，然后将档案交予调卷人员。档案管理人员须按归还日期的先后整理"调卷单"，以备催还。

3. 在档案室内查阅档案的经办人员不用填写"调卷单"。

4. 归还档案时，借阅的档案经档案管理人员核查无误后方可归入档夹。"调卷单"由档案管理人员留存备查。

第 14 条　调卷管理

1. 各部门经办人员在"档案借阅登记簿"上登记后方可借阅档案；如需借阅秘密以上级别的档案，须经公司总经理批准。

2. 案卷不许借出，只供在档案室内查阅，未归档的文件及资料允许借出。

3. 各部门经办人员借阅档案后，应在规定期限内归还。

4. 各部门经办人员调阅的档案应与经办业务相关，如调阅与经办业务无关的档案，须经行政部主管同意。

5. 借阅档案的人员须爱护档案，保证档案的安全，不得擅自涂改、勾画、剪裁、抽取、拆散、摘抄、翻印、复印、摄影、转借，否则将按相关法律追究当事人的责任。

6. 交还档案时，双方必须当面点交清楚，如发现遗失或损坏须立即报告领导。

7. 外单位借阅档案时，应持有单位介绍信并经本公司总经理批准，但不得将档案带出档案室。

8. 外单位摘抄卷内档案时，须经本公司总经理同意，还须对摘抄材料进行审查。

第三章　附则

第 15 条　公司行政部对本制度拥有解释权。

第 16 条　本制度自公布之日起实行。

附表：档案目录卡

档案目录卡

档号：　　　　　　　　　　　　　　　　　　　　　　　　　　　卷名：

文件目录					
件数	收文号	来文号	发文号	页数	备注

（续）

（续表）

文件目录					
件数	收文号	来文号	发文号	页数	备注

编制日期		审核日期		批准日期	
修改标记		修改处数		修改日期	

1.2.3 资料管理制度

制度名称	资料管理制度	编号	
		版本	

第一章　总则

第1条　目的

为了更好地规范文件管理工作，防止公司的文件资料外流，提高文件资料的利用效率，特制定本制度。

第2条　适用范围

本制度适用于公司内部所有文件资料的管理工作。

第3条　管理职责

企业文件资料由行政部统一负责收集、保管，其他部门须配合行政部做好资料管理工作。

第4条　公司文件资料的密级划分

公司文件资料的密级可分为绝密、机密、秘密及普通四个级别，具体内容如下。

1.绝密级，总经理、副总经理级别的人员可参阅。

2.机密级，各部门经理及以上级别的人员可参阅。

3.秘密级，各部门主管及以上级别的人员可参阅。

4.普通级，普通员工及以上级别的人员可参阅。

5.经总经理特别授权的人员可参阅任何级别的文件资料。

第二章　文件资料的管理及使用

第5条　文件资料、公函的收发

1.行政部收到外来文件后，须做好登记工作并交行政经理参阅。行政经理拟制待办事项后，须经总经理审批后方可办理。

2. 行政经理须从总经理的批示中筛选出待办事项并下发到各部门，由各部门进行办理。

3. 对于各个部门在工作中需要用到的文件资料，行政人员要做好管理工作，在其使用完毕后要及时将文件注销并归档。

4. 如果行政部拟制的文件涉及其他部门，应由相关部门经理进行会签，行政部根据会签意见进行修改后报行政经理审核，报总经理审批。

5. 对于总经理批示过的文件，行政部应进行登记、盖章，根据需要将其分送到有权参阅的人员手中。

6. 行政部收到外来公函时，应将其登记并分类整理。

7. 对于没有明确收函人的公函，行政人员根据具体情况进行回复。

第6条 图书与报刊资料

1. 公司员工因工作需要购买图书资料、订阅报刊时，可向行政部提出申请，由行政部统一安排后报行政经理与总经理审批。

2. 行政部购买图书、报刊时可根据总经理的批示向财务部提出申请，凭购买凭证向财务部报销费用。

3. 购入的图书资料经行政部登记、编号、整理、入馆后方可办理借阅手续。

4. 行政人员要做好图书的登记借阅工作，确保公司的图书资料不会流失。

第7条 技术资料

1. 技术资料是公司赖以生存的根本所在，行政部须指派专人保管公司的技术资料。

2. 公司的技术资料一律不得外借，行政部人员复印技术资料时必须得到行政经理的批准。

3. 员工需要借阅技术资料时可向行政部提出借阅申请，但只可以借阅技术资料的复印件，技术资料的原件一律不得外借。

4. 行政经理应根据借阅申请人的权限谨慎审批。

5. 行政人员必须做好技术资料的借阅登记工作，借阅到期后须及时将技术资料收回、存档，若因工作失误造成技术资料外流，由当事人承担全部责任。

第8条 电子资料管理

1. 电子资料包括外来资料和内部资料两种。

（1）外来资料。

①外来电子资料，主要指通过互联网或外部存储设备（如U盘、硬盘等）获得的电子资料。

②外部资料电子化，主要指公司各部门从外部获得非电子资料后，出于修改、保存等需要，通过一定的手段（如扫描、输入等）将其电子化，生成电子资料。

（2）内部资料。

①内部电子资料，主要指公司内部各种文件、合同的电子版，以及因某工作需要而编制的各种电子资料（如PPT等）。

②内部资料电子化，指公司出于保存、修改等需要，把非电子资料转化为电子资料。

2. 本公司所有电子资料都必须备份，以免意外遗失。

3. 本公司所有资料不得拷贝、复制，员工如有拷贝、复制普通资料的需要，须经部门主管同意。

（续）

4.秘密及以上级别的资料须经总经理同意后方可拷贝、复制，但不得外传。

第三章　资料销毁管理

第9条　资料销毁程序

1.资料管理人员填写"公司文件资料销毁审批表"并交部门主管、行政经理审核。凡属密级文件资料，须经总经理批准方可销毁。

2.资料管理人员须统计、整理经批准允许销毁的资料，认真核对后编制"销毁清单"。

3.由总经理或分管副总经理指定两名监销人，在销毁资料前对拟销毁资料进行认真清点与复核。销毁资料后，监销人分别在"销毁清单"上签字。

4.资料销毁工作结束后，资料管理人员应及时做好资料的整理、检索调整等善后工作，并做好已销毁资料的登记造册、存档工作。

第10条　需要销毁的内部文件、资料和图表等应登记造册，由行政部统一处理，个人不得私自销毁，严禁将其作为废品出售。

第11条　违反资料管理制度造成失密、泄密者，公司将追究其责任。后果严重的，公司将严肃处理，甚至依法追究其法律责任。

第四章　附则

第12条　本制度由公司行政部负责解释。

第13条　本制度未尽事宜，可参照公司相关规定执行。

第14条　本制度自公布之日起实施。

编制日期		审核日期		批准日期	
修改标记		修改处数		修改日期	

1.3 出差管理

1.3.1 出差计划管理流程

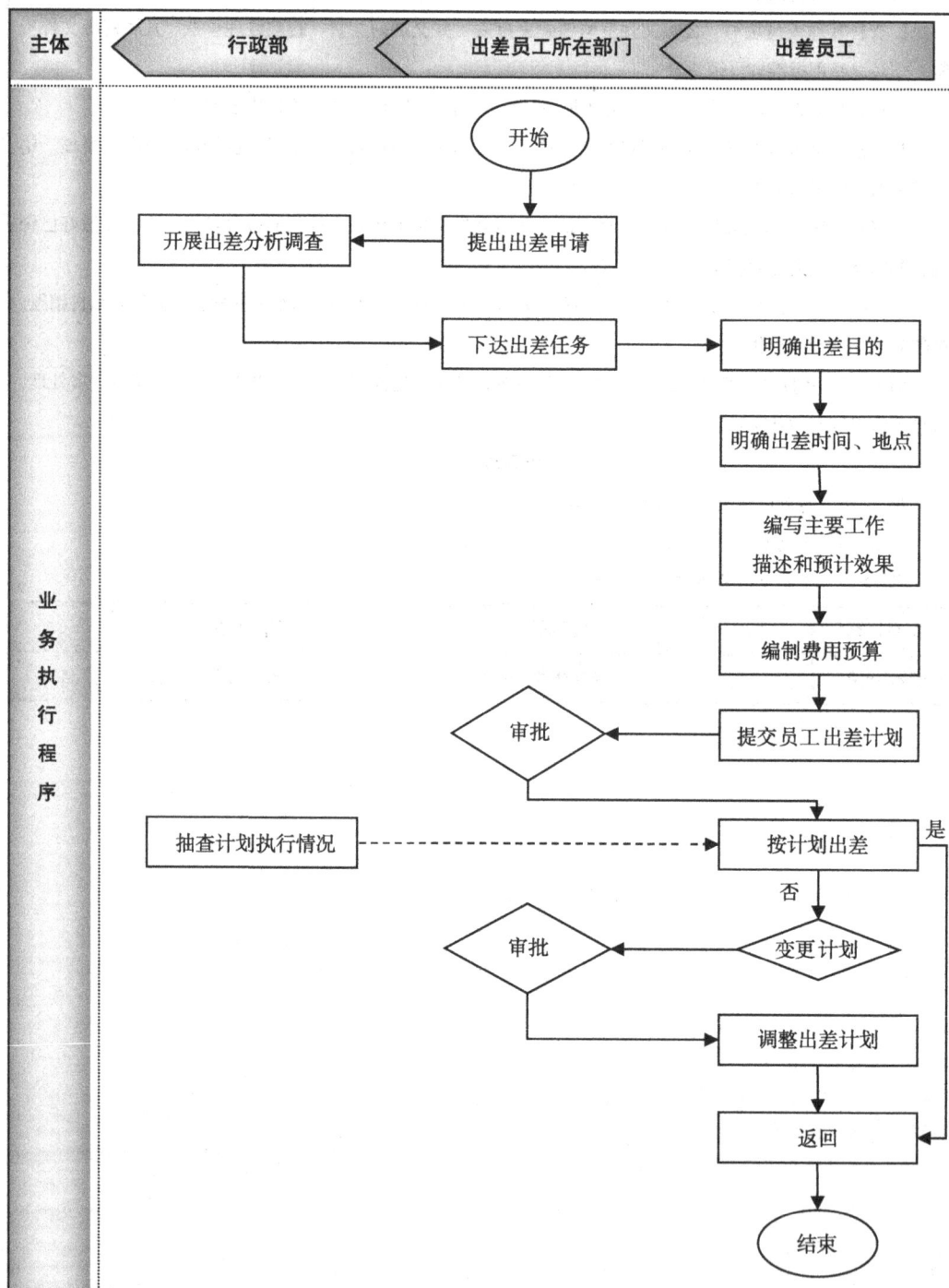

主体	行政部	出差员工所在部门	出差员工

业务执行程序

```
                              ┌──────────┐
                              │   开始   │
                              └────┬─────┘
                                   │
        ┌──────────────┐      ┌────▼─────┐
        │开展出差分析调查│◄─────│ 提出出差申请│
        └──────┬───────┘      └──────────┘
               │
               │         ┌──────────┐      ┌──────────┐
               └────────►│ 下达出差任务│─────►│ 明确出差目的│
                         └──────────┘      └────┬─────┘
                                                │
                                         ┌──────▼──────┐
                                         │明确出差时间、地点│
                                         └──────┬──────┘
                                                │
                                         ┌──────▼──────┐
                                         │ 编写主要工作  │
                                         │ 描述和预计效果 │
                                         └──────┬──────┘
                                                │
                                         ┌──────▼──────┐
                                         │ 编制费用预算  │
                                         └──────┬──────┘
                                                │
                      ◇审批◇◄──────────────┌──────▼──────┐
                                         │ 提交员工出差计划│
                                         └─────────────┘

        ┌──────────────┐                 ┌─────────────┐
        │抽查计划执行情况│- - - - - - - - ►│  按计划出差  │─── 是
        └──────────────┘                 └──────┬──────┘
                                                否│
                      ◇审批◇◄─────────────── ◇变更计划◇
                                                │
                                         ┌──────▼──────┐
                                         │ 调整出差计划  │
                                         └──────┬──────┘
                                                │
                                         ┌──────▼──────┐
                                         │    返回     │◄──
                                         └──────┬──────┘
                                                │
                                         ┌──────▼──────┐
                                         │    结束     │
                                         └─────────────┘
```

1.3.2　出差费用管理流程

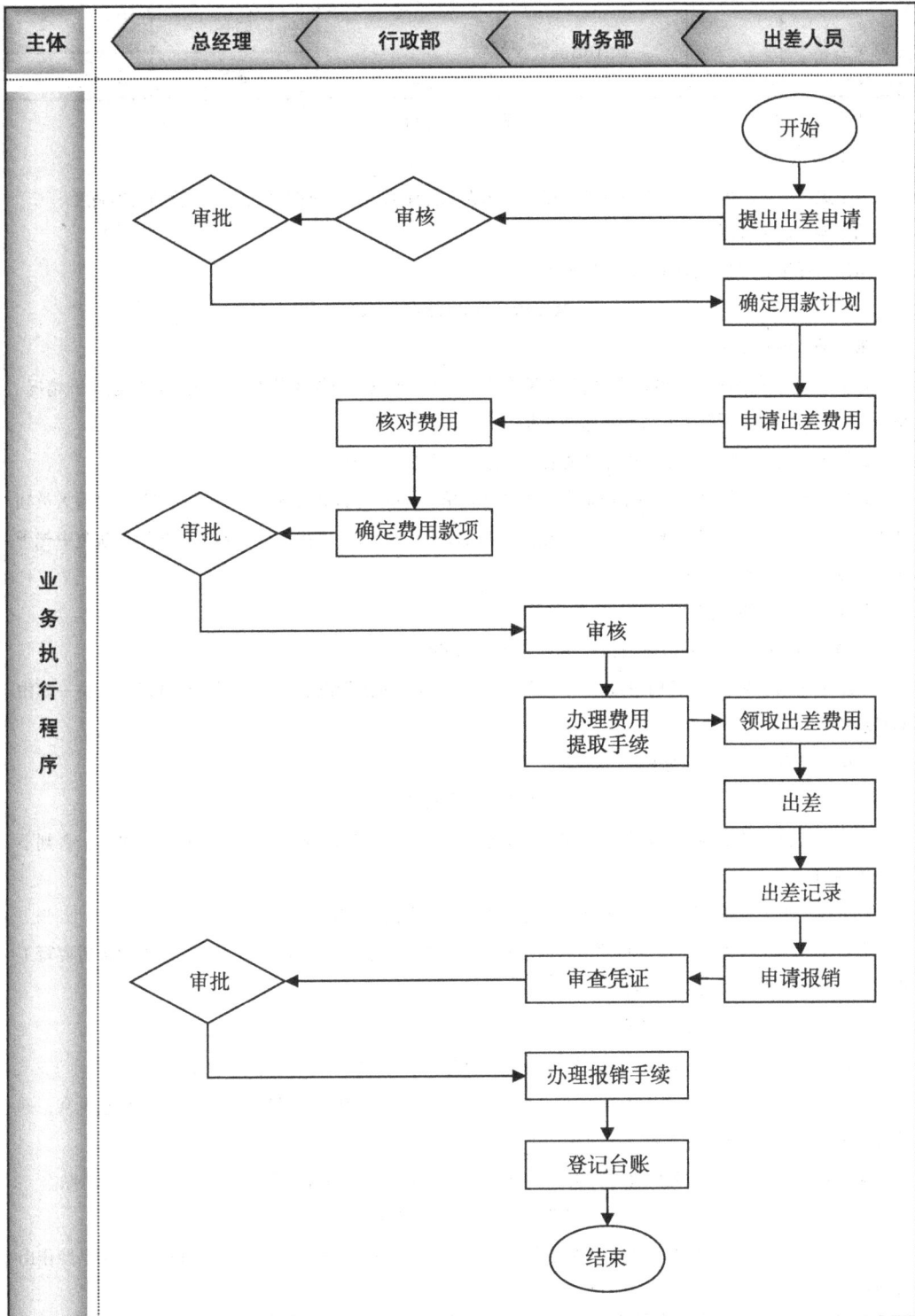

主体	总经理	行政部	财务部	出差人员

业务执行程序

```
                                              开始
                                               │
      审批 ◂── 审核 ◂─────────────── 提出出差申请
       │                                        │
       └────────────────────────── 确定用款计划
                                               │
              核对费用 ◂─────────── 申请出差费用
                │
      审批 ◂── 确定费用款项
       │
       └──▸ 审核
             │
         办理费用提取手续 ──▸ 领取出差费用
                                   │
                                 出差
                                   │
                                出差记录
                                   │
      审批 ◂── 审查凭证 ◂── 申请报销
       │
       └──▸ 办理报销手续
                │
            登记台账
                │
              结束
```

15

1.3.3 员工出差管理制度

制度名称	员工出差管理制度	编号	
		版本	

第一章 总则

第 1 条 目的

为了进一步规范公司员工出差管理工作，强化成本管理意识，合理控制差旅费，特制定本制度。

第 2 条 适用范围

本制度适用于本公司所有出差的管理工作。

第二章 出差程序与审核

第 3 条 出差程序

1. 员工出差前须填写"出差申请表"（见附表），出差期限由遣派主管视情况决定。如遇特殊情况，事前无法及时办理，须在出差结束后尽快补办手续。

2. 拟出差人员将填写好的"出差申请表"送行政部留存，并记录考勤。

3. 拟出差人员凭核准的"出差申请表"和"借款单"，向财务部预支相应数额的差旅费。出差人员须在出差结束后____日内结清预支款项，超过____日的，财务部可将该员工预支差旅费在当月薪金中先予扣除，待其结算时再行核付。

第 4 条 出差的审核

1. 当日出差：出差当日可返回，一般由部门经理核准。

2. 远途国内出差：____日内由部门经理核准，____日以上由主管副总核准，部门经理以上人员一律由总经理核准。

3. 国外出差一律由总经理核准。

第三章 员工出差

第 5 条 员工被批准出差后若没时间写"出差申请表"，可在出差回来后二个工作日内补齐，否则不予报销费用。

第 6 条 员工可凭批准过的"出差申请表"到财务部预支差旅费。

第 7 条 员工在外地出差期间须及时向公司汇报工作，并按公司指示开展工作，出差回来后要写工作报告，并交人力资源部核实、存档。

第 8 条 员工出差的交通工具

1. 普通员工应以乘坐火车、汽车、轮船为主，如遇特殊情况可向行政总监申请乘坐飞机。

2. 部门经理级别员工出差可乘坐火车、汽车、轮船等交通工具，也可乘坐飞机，但应尽量少乘，并应在回来后向行政总监说明情况。

第 9 条 如果员工出差返回公司所在地的时间超过 22：00，可在家休息半天，公司按出差予以补贴。

第四章 出差费用报销规定

第 10 条 住宿费、午餐费按公司费用标准报销，超标自付，欠标不补；由对方接待或公司已经作出安排的，午餐费、交通费、交际费不予报销。

（续）

第 11 条　差旅费用一律凭证报销，不得虚报、冒领。如有上述情形，一经查出，除了追回报销款，还将视情节轻重给予不同程度的处罚。

第 12 条　不同级别的员工一起出差，住宿、交通工具可按高级别员工标准执行，其他费用标准不变。

第 13 条　在国内出差，如发生应报销住宿费但无相关凭证的情况，按相应住宿费标准的一半予以报销。

第 14 条　出差当日返回不报销住宿费。

第五章　附则

第 15 条　本制度由公司行政部负责解释。

第 16 条　本制度自发布之日起实施。

附表：出差申请表

出差申请表

姓名		所属部门		职务	
出差事由					
出差时间					
出差地点					
出差期间工作安排					
出差办理事项简述					
出差费用预算					
部门意见					
行政部意见					
总经理意见					

编制日期		审核日期		批准日期	
修改标记		修改处数		修改日期	

1.3.4 出差费用管控细则

制度名称	出差费用管控细则	编号	
		版本	

第一章　总则

第1条　目的

为了规范公司员工出差行为，提高工作效率，加强公司差旅费及相关费用的控制与管理，特制定本制度。

第2条　适用范围

本制度适用于公司员工出差的申请、审批，出差费用的预支和报销等相关事项的管理工作。

第3条　出差费用内容

出差费用包括交通费、出差补贴、住宿费、伙食费、通信费、正当业务支出费用等。

第二章　出差的申请和审批

第4条　出差申请

1. 拟出差员工提出出差申请，并注明出差的时间、地点、事由。派遣部门经理按照实际需要确定出差期限，行政部据此安排餐旅、住宿等相关事宜。

2. 出差人员将"出差申请表"交行政部留存，以记录考勤。

第5条　出差审批

1. 当日出差，即当日即可往返的出差，由部门经理核准。

2. 国内远途出差，＿＿天内往返的由部门经理核准，＿＿天以上的由总经理核准。

3. 部门经理以上人员出差及国外出差一律由总经理核准。

4. 员工不得因私事延长时间，否则餐旅费不予报销。

5. 出差途中生病、遇意外或因正当理由需要延长出差时间的，出差员工应及时向公司请示。

第三章　差旅费的预支

第6条　员工出差前可列出所需的差旅费，由公司行政部审核。

第7条　公司行政部可根据以往类似情况，会同财务部对出差支出项目进行核实。

第8条　公司财务部根据核实的项目、出差内容以及员工职务级别，本着"宜多不宜少"的原则确定预支费用。

第9条　出差员工必须依据批准后的"出差申请表"向财务部申请费用预支，否则财务部有权拒绝办理。

第10条　出差员工若来不及办理出差手续，可由行政部总监出具证明，出差人员据此向财务部办理预支手续。

第四章　出差费用的记录与报销

第11条　出差费用的记录

出差人员在执行出差计划的同时应做好出差记录，并保管好出差费用的报销凭证。

（续）

第12条　出差费用的报销

1.出差人员返回公司后应立即到行政部报到，并办理相关手续。

2.出差人员整理好报销单据，填写"费用报销审批单"，将其交相关主管审核签名后提交给财务部。财务部核销先前的预支金额后按照报销标准（见下表）予以报销。

出差费用报销标准一览表

费用标准＼职级	总经理	副总经理	部门经理及主管	一般员工
交通费	实报	实报	软卧实报或者报销飞机票价的＿＿％	硬卧或软卧实报
每日住宿费	实报	实报	（1）一类地区＿＿元以内 （2）二类地区＿＿元以内 （3）三类地区＿＿元以内	（1）一类地区＿＿元以内 （2）二类地区＿＿元以内 （3）三类地区＿＿元以内
每日餐费　早餐	实报	实报	（1）一类地区＿＿元以内 （2）二类地区＿＿元以内 （3）三类地区＿＿元以内	（1）一类地区＿＿元以内 （2）二类地区＿＿元以内 （3）三类地区＿＿元以内
每日餐费　午餐与晚餐	实报	实报	（1）一类地区＿＿元以内 （2）二类地区＿＿元以内 （3）三类地区＿＿元以内	（1）一类地区＿＿元以内 （2）二类地区＿＿元以内 （3）三类地区＿＿元以内
每日杂费	实报	实报	＿＿元以内	＿＿元以内
必要的业务开支	实报	实报	实报	实报

注：超出报销标准的费用必须提交书面说明，经副总经理签字批准后方可报销，否则超出部分由报销人自己承担。

3.如出差人员无法提供原始单据，须填写"费用报销审批单"并交公司总经理核准后方可报销。

4.出差人员在回到公司报到后＿＿天内须到财务部报销相关费用，逾期不予受理。

第五章　附则

第13条　本制度由行政部制订，解释权和修改权归行政部所有。

第14条　本制度由公司总经理审批通过后自发布之日起实施。

编制日期		审核日期		批准日期	
修改标记		修改处数		修改日期	

1.4　办公室管理

1.4.1　行政工作计划制订流程

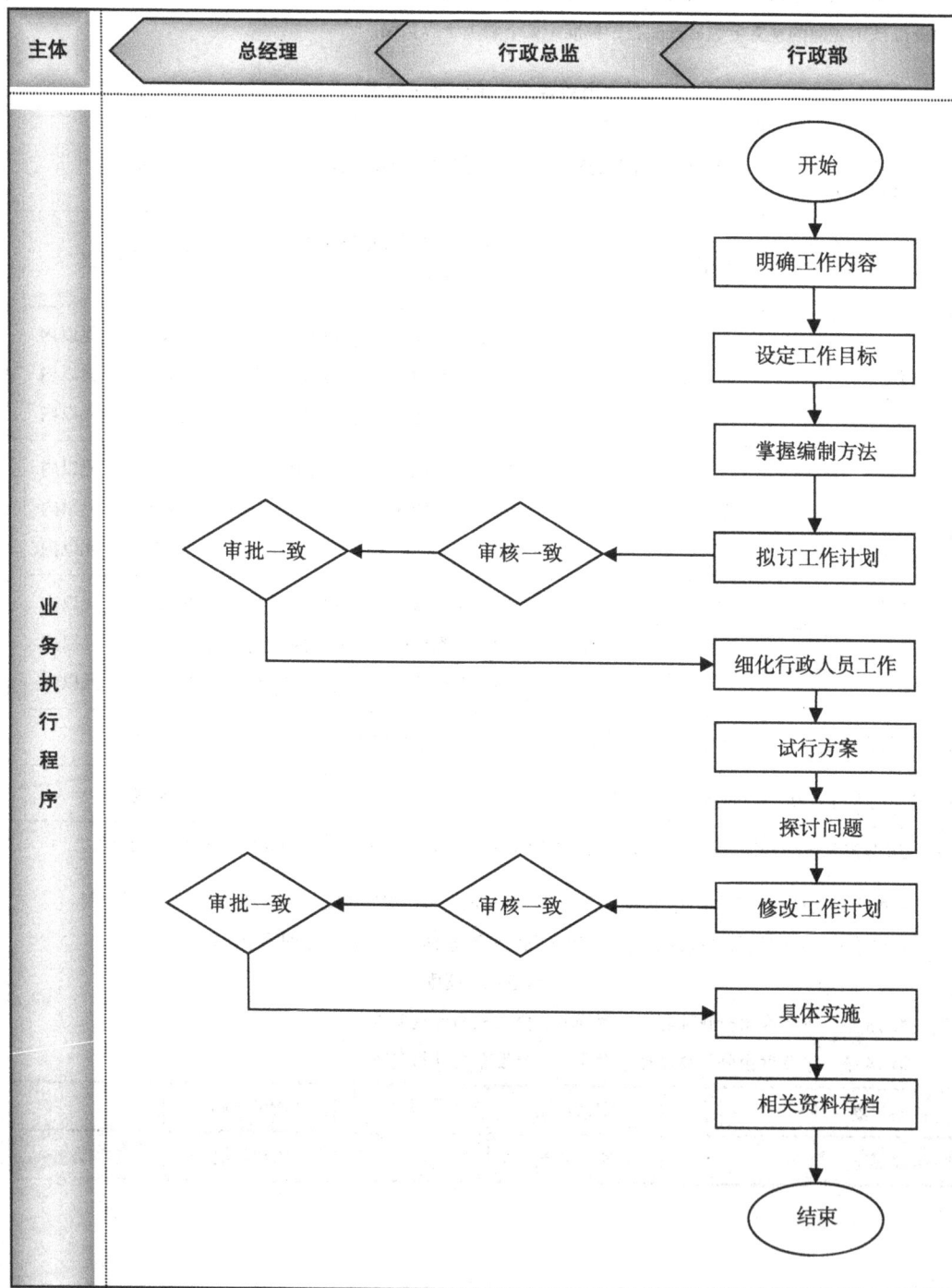

主体	总经理	行政总监	行政部

业务执行程序

```
                                              开始
                                               │
                                          明确工作内容
                                               │
                                          设定工作目标
                                               │
                                          掌握编制方法
                                               │
      审批一致 ◄──── 审核一致 ◄──── 拟订工作计划
         │
         └────────────────────────► 细化行政人员工作
                                               │
                                           试行方案
                                               │
                                           探讨问题
                                               │
      审批一致 ◄──── 审核一致 ◄──── 修改工作计划
         │
         └────────────────────────► 具体实施
                                               │
                                          相关资料存档
                                               │
                                             结束
```

1.4.2 办公室日常管理办法

制度名称	办公室日常管理办法	编号	
		版本	

第一章 总则

第1条 目的

为了规范对公司办公区域的管理，维护正常的办公秩序，树立良好的公司形象，特制定本办法。

第2条 适用范围

本办法适用于办公室所有人员的日常管理工作。

第3条 职责范围

1. 行政部是员工日常管理的归口管理部门。

2. 公司各部门须严格遵守公司规定并检查员工是否遵守规定。

3. 员工应严格遵守公司的相关规定并进行自检，员工之间也要互检。

第二章 员工礼仪规范

第4条 仪容规范

随时保持干净卫生，勤换衣服、勤洗澡。

第5条 着装要求

1. 公司员工须按要求统一着装（含试用期员工），服装由公司根据工种及行业安全规范要求统一确定。

2. 部门副经理以上的员工，在办公室内须备有西服，以便参加重要外出活动或业务洽谈时穿着。

3. 女员工上班期间不得穿运动服、超短裙或奇装异服，并一律穿肉色丝袜。

4. 所有员工在工作时间内须佩戴工牌。

第6条 语言规范

1. 交往语言

在处理对外事务时，必须使用"您好""欢迎""请""谢谢""对不起""再见""请走好"等礼貌用语。

2. 电话语言

（1）接听电话须及时，铃响不应超过三声。通话时一定要语气温和，音量适中，不得高声喧哗、争吵，以免影响工作秩序。语言尽量简洁明了，要口齿清晰，吐字干脆。

（2）通话结束时应使用"谢谢""麻烦您了""那就拜托您了""再见"等礼貌用语，语气要诚恳，态度要和蔼。

3. 接待语言

接待来访客人时应使用"您好""请稍等""请坐，我通报一下"等礼貌用语。

第三章 办公环境维护

第7条 上班期间的办公环境维护

1. 在办公区域内应保持安静，并保持办公区域的整洁。

2. 在正常情况下，保持每台办公桌放置一台计算机；计算机显示器应统一朝向过道放置；保持计算机主机统一放置于显示器下方且垂直向外；保持显示器屏幕与后部干净，不得出现明显的灰尘堆积或污渍。

（续）

3. 保持办公区域内所有办公桌在一条直线上，保持个人办公桌整洁无尘。在上班时间，除了必备文具、设备和急需处理的文件资料，办公桌柜面上不应再摆放其他物品（绿植除外）。

4. 保持办公椅的扶手、后背、椅腿干净，并经常擦拭灰尘。

5. 在上班期间不得在办公室内做与本职工作无关的事，例如，不得利用公司网络聊天、玩游戏，不得浏览娱乐、购物等与工作无关的网站，更不得在上班时间进行网络购物（因工作需要采购物品除外）。

6. 未经部门主管同意，不得索取、打印、复印其他部门资料，不得使用其他部门的计算机，不得翻阅不属于自己的文件、账簿、表册或函件等。

7. 积极学习，刻苦钻研，努力提高业务水平，积极参与公司组织的培训和考核。

第 8 条　下班期间的办公环境维护

1. 正确关闭计算机后将显示器移正。

2. 办公桌上不得留任何文件、纸片，全部资料均应收入抽屉。

3. 个人办公椅子须推入办公桌下，摆放整齐。

4. 锁好个人办公柜，拔出钥匙并妥善保管。

第四章　考勤管理

第 9 条　公司实行上下班打卡制度。除了副总经理以上级别人员，全体员工须严格遵守本制度，严禁代打卡。对于代打卡员工，一经发现，一次处罚当事人（代打卡人和委托人）人民币____元。

第 10 条　若公司考勤系统内没有员工打卡记录且没有任何形式的请假记录，按旷工处理；如有特殊情况，如忘带考勤卡，应于上班前到前台处登记并说明理由。原则上此类情况每月不得超过 3 次。

第 11 条　员工在工作时间如需临时离岗，须向部门经理请假，时间不得超过 1 小时，否则，按擅自离岗处理。

1. 擅自离岗者书面警告 1 次，并按旷工处理，扣除当日工资。

2. 擅自离岗月累计超过____次者，立即予以辞退。

第 12 条　凡有下列情况之一的，视为旷工。

1. 未请假或请假未准而缺勤的，扣除所旷工时的工资。

2. 工作时间内擅离工作岗位或处理私人事务的，扣除所旷工时的工资。

3. 超过批准的假期又未及时报上级续假，或未提供相关证明的，扣除所旷工时的工资。

第 13 条　培训学员的考勤规定

1. 参加公司内部培训、学习的员工须填写"培训签到表"，由培训主办方向人力资源部提供考勤情况。

2. 外出参加培训的员工，由其所在部门根据该员工实际在外天数统计考勤情况后报行政部。

第五章　人员出入管理

第 14 条　本公司员工出入规定

1. 本公司员工须凭胸卡出入。

2. 员工在上班时间因公外出办事，须凭部门负责人签章的"员工外出登记表"在门卫处登记，写明事由，员工返回后核签返回时间。

3. 员工在上班时间请假外出，当日不能返回的，须按规定办理请假手续并打卡后方可离开公司。

（续）

第15条　员工胸卡管理

1.公司员工胸卡由行政部负责监制。

2.出入公司须佩挂胸卡，门卫有权纠正未佩挂胸卡者。

3.遗失胸卡须及时向行政部申请补发，并交工本费____元。找到后不立即缴回者，一经发现，警告一次。

4.使用他人胸卡蒙混出入公司者，一经发现，警告一次。

5.因胸卡遗失等原因申请补发者，在未拿到正式胸卡前，应申请领取出入证。

6.补领胸卡后须将出入证归还行政部。将出入证借给他人使用或借故不予归还者，行政部将通知使用人所属部门负责人限其在两天内归还并警告一次。如遗失，须交工本费____元。

第六章　附则

第16条　本办法由公司行政部制定，其解释、修改权归行政部所有。

编制日期		审核日期		批准日期	
修改标记		修改处数		修改日期	

第 2 章

接待管理

2.1 公务接待

2.1.1 公务接待工作流程

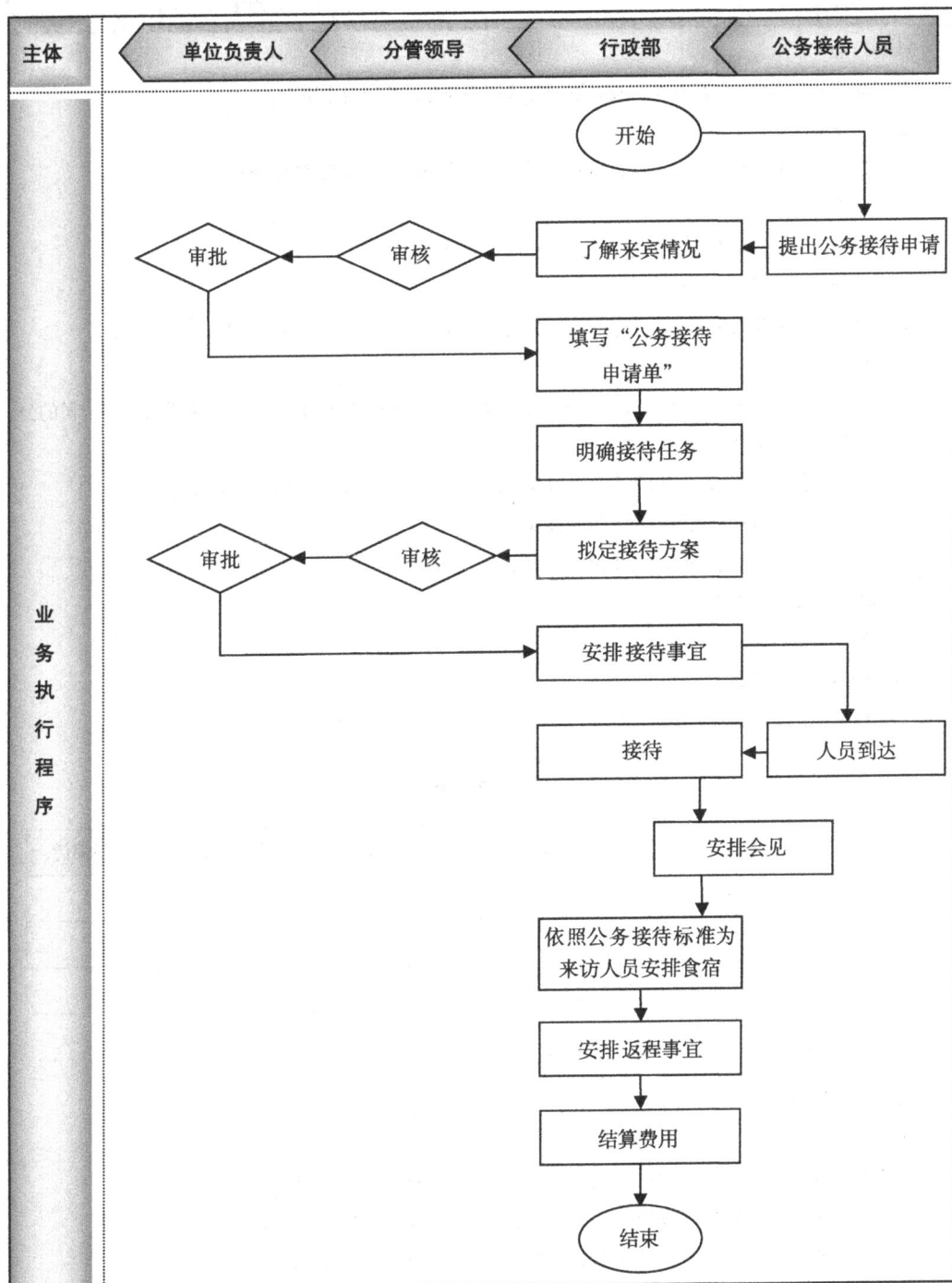

主体	单位负责人	分管领导	行政部	公务接待人员

业务执行程序

```
                                              开始
                                               │
                                               ▼
          审批 ◄── 审核 ◄── 了解来宾情况 ◄── 提出公务接待申请
           │
           └─────────────►  填写"公务接待
                              申请单"
                                 │
                                 ▼
                              明确接待任务
                                 │
                                 ▼
          审批 ◄── 审核 ◄──   拟定接待方案
           │
           └─────────────►  安排接待事宜 ──┐
                                 │          │
                                 ▼          ▼
                              接待 ◄──── 人员到达
                                 │
                                 ▼
                              安排会见
                                 │
                                 ▼
                          依照公务接待标准为
                          来访人员安排食宿
                                 │
                                 ▼
                              安排返程事宜
                                 │
                                 ▼
                              结算费用
                                 │
                                 ▼
                               结束
```

2.1.2　公务接待工作计划

文本名称	公务接待工作计划	编号	
		版本	

一、目的

为了规范公务来访人员的接待工作，顺利完成接待任务，特制定本制度。

二、责任部门

公务来访人员的接待工作由行政部负责，行政部接待中心具体执行接待工作。

三、接待准备

本公司接待公务来访人员的准备工作主要有以下四项。

1. 明确到访时间及来宾信息。

行政部将公务来访人员的基本信息和到达时间告知接待中心的相关人员，并做好迎接准备。

2. 明确接待类型。

行政部接待人员根据公务来访人员名单确定公务来访人员的类型，以此确定接待类型。本公司的公务来访人员接待类型可分为以下三种。

（1）贵宾接待：政府部门、行业主管单位与上级单位人员的接待，以及重要客户的接待。

（2）交流指导：专家及兄弟单位人员的接待。

（3）业务接待：接洽业务的相关单位人员的接待。

3. 明确车辆使用标准（略）。

4. 明确饮食及住宿标准（略）。

四、制定接待日程表

行政部依据活动内容制定接待日程表，其示例如下。

接待日程表

时间			活动内容	地点	陪同人员	责任部门
× 日	上午	___ ~ ___				
	下午	___ ~ ___				
× 日	上午	___ ~ ___				
	下午	___ ~ ___				

五、接待实施

1. 安排好接待人员。

公务来访人员到达公司后，根据来访人员的类型及来访目的安排合适的接待人员。

（1）贵宾来访者的接待人员包括公司总经理、行政总监及相关业务负责人。

（2）交流指导来访者的接待人员包括行政总监、相关业务负责人及业务人员。

（续）

（3）业务来访者的接待人员包括行政经理、相关业务负责人及业务人员。 2. 业务洽谈 接待人员根据公务来访人员的来访目的与来访人员进行洽谈。在洽谈的过程中，相关人员要做好记录。 3. 接待后续工作（略）。					
编制日期		审核日期		批准日期	
修改标记		修改处数		修改日期	

2.1.3　公务接待管理办法

制度名称	公务接待管理办法	编号	
		版本	

第一章　总则

第1条　目的

为了规范公司的公务接待管理，厉行勤俭节约，反对铺张浪费，特制定本办法。

第2条　适用范围

本办法适用于本公司所有公务接待的管理工作。

第3条　公务接待范围

本办法所称公务接待是指因出席会议、考察调研、执行公务、学习交流、检查指导、请示报告等公务活动而发生的接待。

第4条　基本原则

1. 务实节俭、严格标准、简化礼仪。

2. 公务接待的范围、标准等必须符合相关规定。

3. 公务接待费用的控制遵循总额控制、集中管理、按规定列支、分项审核的原则。

4. 公务接待费用的使用情况须定期审核并接受各部门人员的监督。

第5条　管理职责

1. 本公司公务接待事务统一由行政部负责。

2. 其他相关部门负责其业务范围内的接待工作，行政部负责协助。

第二章　接待对象和程序

第6条　接待对象

1. 上级领导及其相关人员。

2. 与以上人员相关的其他人员。

第7条　接待程序

1. 接到接待任务后，须了解来访人员的姓名、职务、人数、抵达日期、来访目的、大致停留时间、是否需要接送站等信息。如需接送站，须提前安排相关人员及车辆。

（续）

2. 制定接待方案

根据来访人员的相关信息、日程安排和领导要求等，接待人员和相关部门人员须提前拟定接待方案，并交给相关领导审定。方案内容主要包括接待时间、接待地点、接待人员、接待对象、出席领导、日程安排、经费预算、紧急情况处理方案等。

3. 公务接待的准备工作

如需做文字记录、投影、摄像，行政部应做好相关的安排。

4. 变更计划

如接待计划、活动内容发生变更，须及时通知相关人员做好变更后的安排。如遇特殊情况，须立即电话请示相关领导，妥善处理。

5. 送别来宾

送别来宾时可灵活选择返程方式。若是远方来宾，接待人员应为来宾预定好返程车票或机票，并安排好交通工具，陪同前往车站或机场。

第三章　接待标准及费用结算

第 8 条　就餐标准

1. 工作餐标准。

一般业务往来、技术指导等均应安排普通工作餐，标准为＿＿元／人／餐。

2. 宴请用餐标准。

（1）公司正职领导安排的宴请，一般标准为＿＿元／人／餐。

（2）公司副职领导安排的宴请，一般标准为＿＿元／人／餐。

3. 有关陪餐人员的规定。

严格控制陪餐人数，接待对象人数在＿＿人以内的，陪餐人数不得超过＿＿人；接待对象人数超过＿＿人的，陪餐人数不得超过接待对象人数的三分之一。

第 9 条　住宿标准

如需为接待对象安排住宿，应优先安排在与公司有合作协议的宾馆。如遇特殊情况，视具体需要安排。

第 10 条　接待费用结算

公务接待报销实行一事一结。接待费报销凭证包括财务票据、派出单位公函、公务接待审批表和接待清单等。

第四章　附则

第 11 条　本办法由公司行政部负责解释。

第 12 条　本办法自发布之日起实施。

编制日期		审核日期		批准日期	
修改标记		修改处数		修改日期	

2.2 商务接待

2.2.1 商务接待工作流程

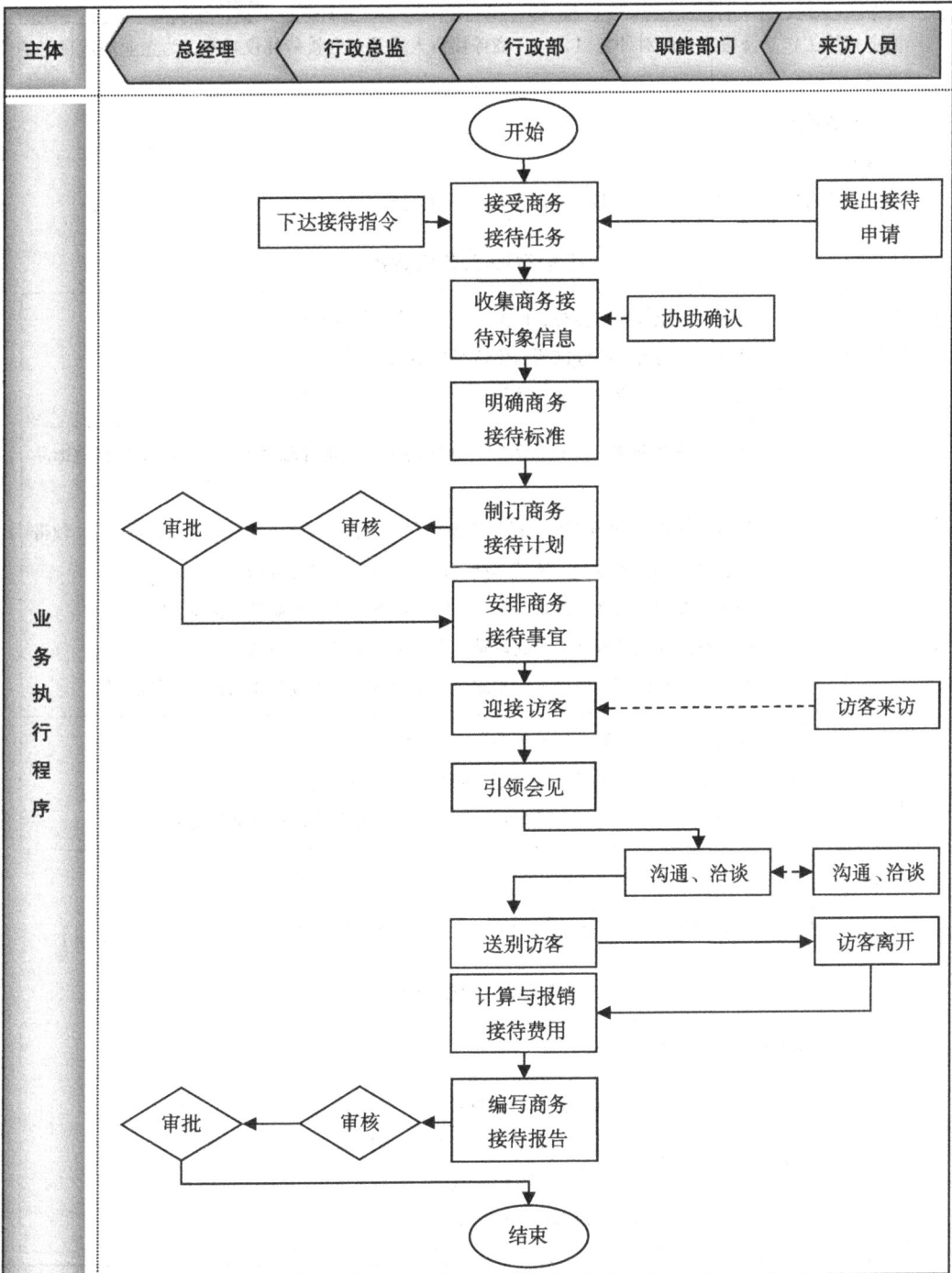

主体	总经理	行政总监	行政部	职能部门	来访人员

业务执行程序

```
                            开始
                             │
下达接待指令 ──→  接受商务接待任务  ←──  提出接待申请
                             │
                     收集商务接待对象信息  ←──  协助确认
                             │
                      明确商务接待标准
                             │
审批 ←── 审核 ←──   制订商务接待计划
  │
  └──────────────→  安排商务接待事宜
                             │
                        迎接访客  ←----  访客来访
                             │
                        引领会见
                             │
                      沟通、洽谈  ←--→  沟通、洽谈
                             │
                        送别访客  ──→  访客离开
                             │
                   计算与报销接待费用  ←──
                             │
审批 ←── 审核 ←──   编写商务接待报告
  │
  └──────────────→        结束
```

2.2.2 商务接待工作礼仪

制度名称	商务接待工作礼仪	编号	
		版本	

商务接待工作是公司重要的对外窗口之一，商务接待人员须遵守接待礼仪规范，为企业塑造良好的对外形象。

一、形象要求

1. 仪表

商务接待人员应注重仪表，工作期间一律着职业装，具体要求如下。

商务接待人员仪表要求

总体要求	（1）协调性：服饰要与容貌、体型、年龄、个人气质相符 （2）整体性：各部位的修饰要与整体风格协调一致 （3）适度性：修饰程度、饰品数量要自然适度，注意分寸
男士 着装要求	（1）西装：款式简洁，以单色为宜，西裤的长度应正好触及鞋面，并注意与其他饰品搭配 （2）领带：颜色必须与西装、衬衫协调，保持干净、平整、不起皱；长度合适，领带尖应恰好触及皮带扣，领带宽度应该与西装翻领宽度协调 （3）衬衫：领型、质地、款式与外套、领带协调，领口和袖口要保持干净 （4）鞋：最好穿黑色或深棕色的皮鞋，并保持鞋子光亮、整洁 （5）袜子：宁长勿短，以坐下后不露出小腿为宜；袜子颜色要与西装颜色协调
女士 着装要求	（1）保持衣服平整，职业装质地要好，但不宜过于华丽 （2）袜子的颜色以透明近似肤色或与服装搭配得当为宜 （3）佩戴饰品要适量，应尽量选择同一色系，注意与服饰整体风格协调

2. 仪容

商务接待人员应保持仪容整洁，并要通过恰到好处的修饰突显个人修养及自信心，具体要求如下。

商务接待人员仪容要求

总体要求	大方整洁，凸显职业性
细节要求	（1）头发整洁，发型大方 （2）勤剪指甲，不要过长，不留污垢 （3）香水味不宜过于浓烈 （4）不戴墨镜或变色镜

（续）

二、接待礼仪
1.接待来访人员时，应语气温和，态度热忱，不卑不亢。 2.迎接来访人员时，要注意把握迎候时间。接待人员介绍主宾时要注意顺序，相关要点如下。 （1）先介绍职级较低的一方，再介绍职级较高的一方。 （2）先介绍男士，后介绍女士。 （3）先介绍晚辈，后介绍长辈 （4）先介绍主人，后介绍客户。 3.接待人员在接名片时，要以恭敬的态度双手接受，默读一下再收入口袋。 4.进电梯时，接待人员应先告诉来访人员上几楼，让客人先进、先出。 5.来访人员走入会客室后，接待人员应用手指示座位并请来访人员坐下，再行点头礼离开。 6.座谈时，应在来访人员落座后以双手奉茶，先客人后主人，先领导后同事。
三、送别礼仪
1.接待人员应事先了解来访人员离开的准确时间，以便及时安排车辆送其至车站、机场、码头等。 2.如来访人员带有较多或较重的物品，接待人员送客时应帮其提物。 3.送客时，若送至公司门口或汽车旁，接待人员应与来访人员握手送别，并目送其上车或离开，待来访人员远去后方可离开。
四、其他工作礼仪
1.在进行商务会见、会谈时，接待人员应列席并做好会谈记录。 2.在商务接待的过程中，涉及机要事务、秘密文件时，应严守本公司的商业机密，不宜摄影、摄像的场合，应向来访人员说明。 3.接待人员应及时筛选、汇总、整合会谈记录，提取对公司有价值的信息并及时上报相关部门负责人。

编制日期		审核日期		批准日期	
修改标记		修改处数		修改日期	

2.2.3 商务接待管理制度

制度名称	商务接待管理制度	编号	
		版本	
第一章 总则			
第 1 条 目的 　　为了确保公司的商务接待工作规范有序地进行，为公司塑造良好的对外形象，合理控制接待费用，特制定本制度。			

（续）

第2条　适用范围

本制度适用于公司所有商务接待的管理工作，包括接送、食宿、购票、会谈和陪同参观等事项。

第3条　管理职责

1.公司行政部是公司商务接待活动的主管部门，负责协调公司的商务接待工作。

2.公司其他部门的商务接待活动由各部门自行承办，行政部提供必要的协助。

第二章　商务接待准备工作

第4条　了解接待对象

接待人员应事先了解接待对象的具体情况，应了解的情况如下表所示。

接待对象情况表

来宾情况	具体内容
来访事由	明确接待对象的来访目的和任务
行程情况	乘坐的交通工具、抵达时间和地点、离开时间、行程路线和日程安排
人员情况	具体人数、姓名、性别、年龄、职务、生活习俗、所代表的机构或组织等

第5条　确定接待规格

接待人员应根据接待对象的情况确定接待规格，明确接待工作的具体标准。接待规格一般分为高规格接待、同等规格接待、低规格接待三种，如下表所示。

接待规格表

接待规格	说明	具体形式
高规格接待	主要陪同人员的职级比来宾高	（1）上级单位领导派一般工作人员向下级单位领导口授意见或要求，下级单位领导须高规格接待，出面作陪 （2）其他公司派工作人员到本公司商量重要事项，本公司领导须亲自出面，高规格接待 （3）下属公司人员来访，有重要的事情向上级单位领导汇报，须高规格接待
同等规格接待	主要陪同人员的职级与来宾相等	（1）对于重要的来访者，负责接待的领导要全程陪同 （2）来宾初到和告别时须同等规格接待，中间由合适的人员陪同
低规格接待	主要陪同人员的职级比来宾低	接待外地参访团和旅游团时宜采用低规格接待

第6条　制订接待计划

接待人员须提前制订接待计划，提出接待意见，明确接待协助部门、人员、规格、方式、日程安排、和费用预算，并报上级主管审批。

（续）

第三章　商务接待的具体实施

第 7 条　迎接安排

接待人员应根据来宾的身份、人数、性别预订宾馆，安排好用餐标准、进餐方式、时间和地点，并按抵达时间派人迎接。

第 8 条　商定活动日程

来宾到达后，接待人员应根据计划安排其入住预订的宾馆，并安排公司相关人员前往看望，以示欢迎和问候。接待人员须提前了解其来访日程和目的，商定活动日程并通知相关部门。

第 9 条　接待地点与陪同人员的选择

相关部门应根据接待类型选择陪同人员与接待地点，具体要求如下表所示。

选择陪同人员与接待地点的要求

接待类型	陪同人员	接待地点
常规性商务接待	对于与公司经常发生业务往来的单位来宾，一般由行政经理或相关业务部门经理接待，应采用同等规格接待	一般在公司会议室接待
重点业务往来单位商务接待	由行政总监或总经理指定的其他高层领导出面接待，应采用同等规格接待或高规格接待	由公司高层领导在专用会客室接待
特殊客人商务接待	对于与本公司有密切联系的特殊客人，一般由总经理亲自出面或指定专人陪同接待，应采用高规格接待	由公司总经理在酒店接待

第 10 条　用餐标准

在商务接待的过程中，用餐应遵循规范、节约的原则，具体用餐标准参照公司《招待用餐管理制度》执行。

第 11 条　住宿标准

如需为来宾安排住宿，原则上应在本公司下属宾馆订房。如遇特殊情况，可在其他宾馆订房。住宿标准如下表所示。

住宿标准一览表

招待对象	酒店标准	标准	审批权限
普通来宾	一般酒店	___元/天/人~___元/天/人	行政总监
重点业务往来单位来宾	___星级酒店	___元/天/人~___元/天/人	总经理
特殊客人	___星级酒店	___元/天/人~___元/天/人	总经理
其他参观、访问客人	视来访人员的具体情况安排	视来访人员的具体情况安排	行政总监或总经理

（续）

第 12 条　交通及车辆安排

对于需要公司派车接送的商务接待活动，须提前制订用车计划，由行政部相关人员负责安排。相关人员须按照以下原则安排车辆。

1. 常规性商务接待，由行政部调拨普通公务车辆接送。

2. 重点业务往来单位来宾和特殊客人应安排专门的迎宾车辆接送。

3. 如果需要接送的人员过多，可租赁中巴车接送。

第 13 条　迎送安排

根据来宾的需要，公司可以为来宾预订车、船、机票，协助来宾结算食宿账单，派车送至车站、码头或机场，并向初次到来的来宾赠送纪念品。

第四章　附则

第 14 条　本制度由公司行政部负责制定与修改。

第 15 条　本制度自发布之日起实施。

编制日期		审核日期		批准日期	
修改标记		修改处数		修改日期	

2.3　考察接待

2.3.1　考察接待工作流程

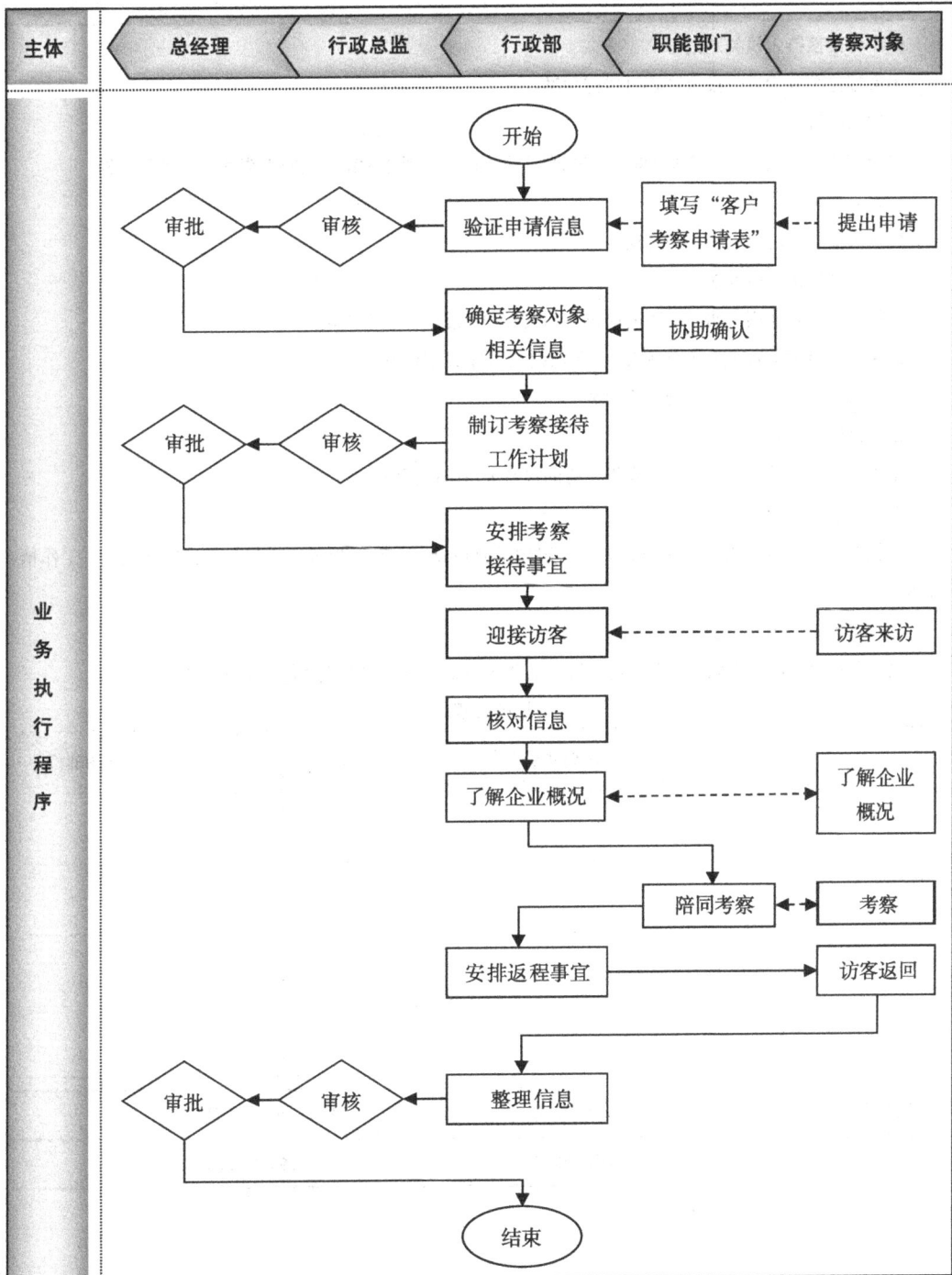

主体	总经理	行政总监	行政部	职能部门	考察对象

业务执行程序

```
                              开始
                               │
  审批 ◂── 审核 ◂── 验证申请信息 ◂── 填写"客户考察申请表" ◂── 提出申请
                               │
                        确定考察对象相关信息 ◂── 协助确认
                               │
  审批 ◂── 审核 ◂── 制订考察接待工作计划
                               │
                        安排考察接待事宜
                               │
                        迎接访客 ◂------- 访客来访
                               │
                        核对信息
                               │
                        了解企业概况 ◂------- 了解企业概况
                               │
                        陪同考察 ◂── 考察
                               │
                        安排返程事宜 ──── 访客返回
                               │
  审批 ◂── 审核 ◂── 整理信息
                               │
                              结束
```

2.3.2 考察讲解设计方案

方案名称	考察讲解设计方案	编号	
		版本	

一、考察接待人员类别划分

考察接待可分为定时接待和临时接待两种。

1. 定时接待

以公文或电话预先约定考察的时间与范围，具体可分为团体考察、贵宾考察和普通考察三种。

2. 临时接待

因业务需要临时决定来公司考察。

二、考察接待人员要求

1. 接待人员须使用文明、规范的语言，以友好的态度接待考察人员。

2. 接待人员须了解本公司企业文化，熟悉本公司的发展状况。

3. 接待人员须仪表整洁，身穿职业装。

三、讲解人员安排

根据考察人员的目的及数量，安排相应的接待人员陪同讲解。

四、讲解内容设计

根据考察人员的需要确定讲解内容，一般包括公司概况、发展趋势、主营业务、环境卫生、工作情况等。

五、考察讲解的时间安排

公司行政部应根据考察单位的实际情况，合理安排讲解时间并形成接待日程表，如下表所示。

接待日程表

时间			讲解内容	地点	陪同人员	责任部门
×号	上午	___ ~ ___				
	下午	___ ~ ___				
×号	上午	___ ~ ___				
	下午	___ ~ ___				

编制日期		审核日期		批准日期	
修改标记		修改处数		修改日期	

2.3.3　考察接待管理制度

制度名称	考察接待管理制度	编号	
		版本	

第一章　总则

第1条　目的

为了规范考察接待工作，特制定本制度。

第2条　适用范围

本制度适用于公司所有考察接待的管理工作。

第3条　接待原则

公司考察接待的原则为热情礼貌、厉行节约、对口接待、定额使用、严格控制、统一管理。

第4条　职责划分

1.行政部负责做好来宾的迎送及其他后勤服务工作。

2.经办部门负责接待来宾，并进行相应的业务洽谈。行政部提供必要的协助。

第二章　客户接待管理

第5条　考察接待的类型

1.公务性接待主要是指其他公司来本公司进行检查、调研、考察时的接待。

2.业务性接待主要是指相关业务单位来访、考察时的接待。

3.普通接待是指某公司或组织因某方面需要来本公司参观考察时的接待。

第6条　对接待人员的要求

1.接待人员必须使用文明、规范的语言，以友好的态度对待来宾。

2.接待人员必须了解本公司的企业文化和发展状况。

3.接待人员应仪表整洁，着装职业。

第7条　接待场地要求

1.物品摆放整齐且表面无灰尘。

2.地面干净、无污物，空气清新。

3.室温适宜，光线合适。

第8条　接待用品管理

1.接待用品由部门经理把关。

2.接待用品的采购依照公司的物资管理制度执行，由行政部实施。

第9条　招待标准

1.重要来宾或重要客户：＿＿＿～＿＿＿元/人/餐。

2.一般来宾：＿＿＿～＿＿＿元/人/餐。

3.普通来访人员：＿＿＿～＿＿＿元/人/餐。

（续）

<table>
<tr><td colspan="2">

第三章　接待流程

第 10 条　来访通知

在前往本公司考察之前应提前通知。在考察人员到来后，前台接待人员应礼貌询问，及时通知行政部接待中心做好接待准备，并报告行政总监。

第 11 条　来访接待

行政总监根据考察人员的来访目的，通知相应的负责人及公司领导。

第 12 条　考察陪同

根据来访目的、性质以及来宾的意愿和兴趣，有针对性地选择考察项目，安排合适的陪同人员引导和解说。

第四章　招待费用管理

第 13 条　招待费金额在____元（含）以内的，由行政经理批准；在____元以上的，由总经理批准。

第 14 条　招待费实行月结制，以行政部登记的记录为准，未登记备案的不予结算。

第 15 条　财务部在每月月末统计本月招待费的使用情况及占预算总额的比例等情况，制表后呈报总经理。

第 16 条　财务部经理负责对业务招待费的使用情况进行全程监督，如有人做出严重违反本制度的行为，须及时制止并向总经理报告。

第 17 条　违反本制度的，所有招待费一律自理，不予报销。情节恶劣的，给予一定的行政和经济处罚。

第五章　附则

第 18 条　公司行政部对本制度拥有最终解释权。

第 19 条　本制度自公布之日起实施。

</td></tr>
</table>

编制日期		审核日期		批准日期	
修改标记		修改处数		修改日期	

2.4 参访接待

2.4.1 参访接待工作流程

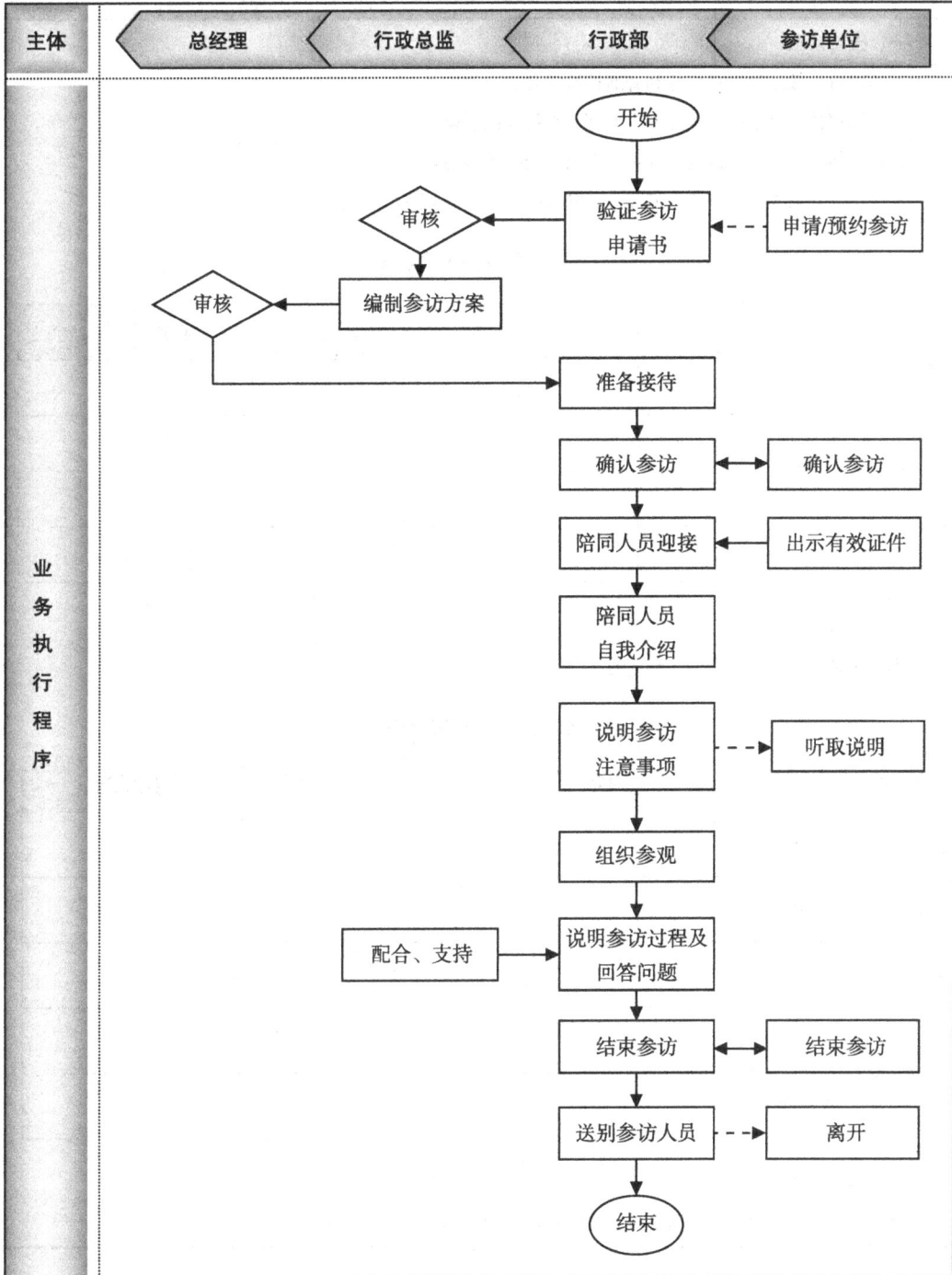

主体	总经理	行政总监	行政部	参访单位

业务执行程序

```
                                              开始
                                               │
                                               ▼
            审核  ◀──────────────────    验证参访       ◀─ ─ ─   申请/预约参访
             │                           申请书
             ▼
         编制参访方案
             │
    审核  ◀──┘
     │
     └────────────────────────────────▶   准备接待
                                               │
                                               ▼
                                           确认参访    ◀──▶   确认参访
                                               │
                                               ▼
                                         陪同人员迎接   ◀──   出示有效证件
                                               │
                                               ▼
                                          陪同人员
                                          自我介绍
                                               │
                                               ▼
                                          说明参访      ─ ─ ▶   听取说明
                                          注意事项
                                               │
                                               ▼
                                           组织参观
                                               │
                                               ▼
         配合、支持  ──────────────▶    说明参访过程及
                                          回答问题
                                               │
                                               ▼
                                           结束参访    ◀──▶   结束参访
                                               │
                                               ▼
                                         送别参访人员   ─ ─ ▶   离开
                                               │
                                               ▼
                                             结束
```

2.4.2 参访接待日程计划

文书名称	参访接待日程计划	编号	
		版本	

一、接待对象

参访接待一般分为贵宾接待和普通接待两种。

1. 贵宾接待：上级单位领导或重要客户参访时的接待。

2. 普通接待：合作单位员工或普通人员参访时的接待。

本次接待对象为某合作单位的 ×× 部门代表，具体名单如下表。

×× 公司客户人员名单

姓名	性别	职务

二、行程安排

本次参观接待的时间为____年__月__日~____年__月__日。

参访接待日程安排表

时间		内容	地点	陪同人员
第一天	上午			
	中午			
	下午			
第二天	上午			
	中午至下午			

三、经费预算

根据本公司相关制度及接待标准，参访接待的费用预算如下表所示。

（续）

参访接待费用预算表

项目	计算标准		小计（单位：元）
住宿	宾客及陪同人员	住宿地点及标准	___元
餐费	第一天	___元	___元
	第二天	___元	
纪念品费	___元		___元
打印费	___元		___元
合计	___元		
备注：有额外支出的项目须保存发票			

四、接待人员及联系方式（略）

五、接待注意事项

1. 衣食住行安排。

（1）住宿：引导、组织相关人员招待好来宾。

（2）餐饮：派相关人员督导，确保饮食卫生。

2. 安全防卫工作。

加强保安队伍建设，注意做好安全管理和检查。

3. 接待人员注意事项。

接待过程中要保持热情，以礼相待，言行举止要自然大方，细心周到地做好接待工作。

编制日期		审核日期		批准日期	
修改标记		修改处数		修改日期	

2.4.3 参访接待管理制度

制度名称	参访接待管理制度	编号	
		版本	

第一章 总则

第 1 条 目的

为了规范本公司参访接待流程，维护公司形象，增强公司影响力，扩大交流，特制定本办法。

第 2 条 适用范围

本办法适用于本公司所有参访接待的管理工作。

（续）

第二章　参访管理

第3条　参访类别

1.贵宾参访。

2.团体预约参访。

3.业务参访。

第4条　接待部门及人员

1.贵宾参访

（1）贵宾参访的接待部门为行政部，责任人为行政总监，行政主管全力协助行政总监开展接待工作。

（2）贵宾参访的接待人为公司副总经理以上级别人员，接待贵宾时必须遵循公关礼仪。

2.团体参观

（1）团体参访实行预约制，团体参观者须在参观前三天向行政部提出参访申请（"参访申请表"见附表），行政部应在一个工作日内审核完毕，并及时发放参观证。

（2）团体参访的接待部门为行政部，行政部应在参访前两天向参访涉及部门通知具体的参访时间和参访路线，并做好保密工作和接待准备。

（3）团体参访的接待人为行政部公关主管。

3.业务参访

（1）业务参访的接待部门为各业务部门，各业务部门须配合行政部做好业务参访的备案和申请工作。

（2）业务参访的接待人为相关业务部门的工作人员，如果是重要参访人员，接待人应为部门经理或主管。

团体来公司参访，原则上在公司会客室接待，无特殊情况不安排宴请。如确有宴请需要，须经行政经理批准。参访陪同人员由行政部会同相关部门决定。

第5条　未经核准，一律拒绝参访，违者按泄露商业机密处理。

第三章　接待管理

第6条　本办法所称的接待既包括参访者的接待，也包括各种专门接待。

第7条　接待按对象、目的以及场合将接待规格分为下列三档。

1.A档：特别重要的接待，贵宾参观属于A档。

2.B档：比较重要的接待，团体接待多属此档。

3.C档：一般的接待。

第8条　接待场所根据接待档次确定，分为高、中、低三档。

1.高（适用A档接待规格），指高级饭店、餐馆。

2.中（适用B档接待规格），指略低于高档水平的饭店、餐馆。

3.低（适用C档接待规格），指中低档大众用餐场所。

第9条　接待人员不得私自确定接待级别，不得超支接待，否则予以罚款。

第四章　附则

第10条　本办法未尽事宜，参照公司相关制度执行。

（续）

第11条　本办法由行政部负责解释、补充，经公司总经理批准后实施。

附表：参访申请表

参访申请表

申请单位或团队			参观人数	
负责人		职务		联系方式	
通信地址				
参观日期				
参观路线或场所				
公司审批				

编制日期		审核日期		批准日期	
修改标记		修改处数		修改日期	

2.5 外事接待

2.5.1 外事接待工作流程

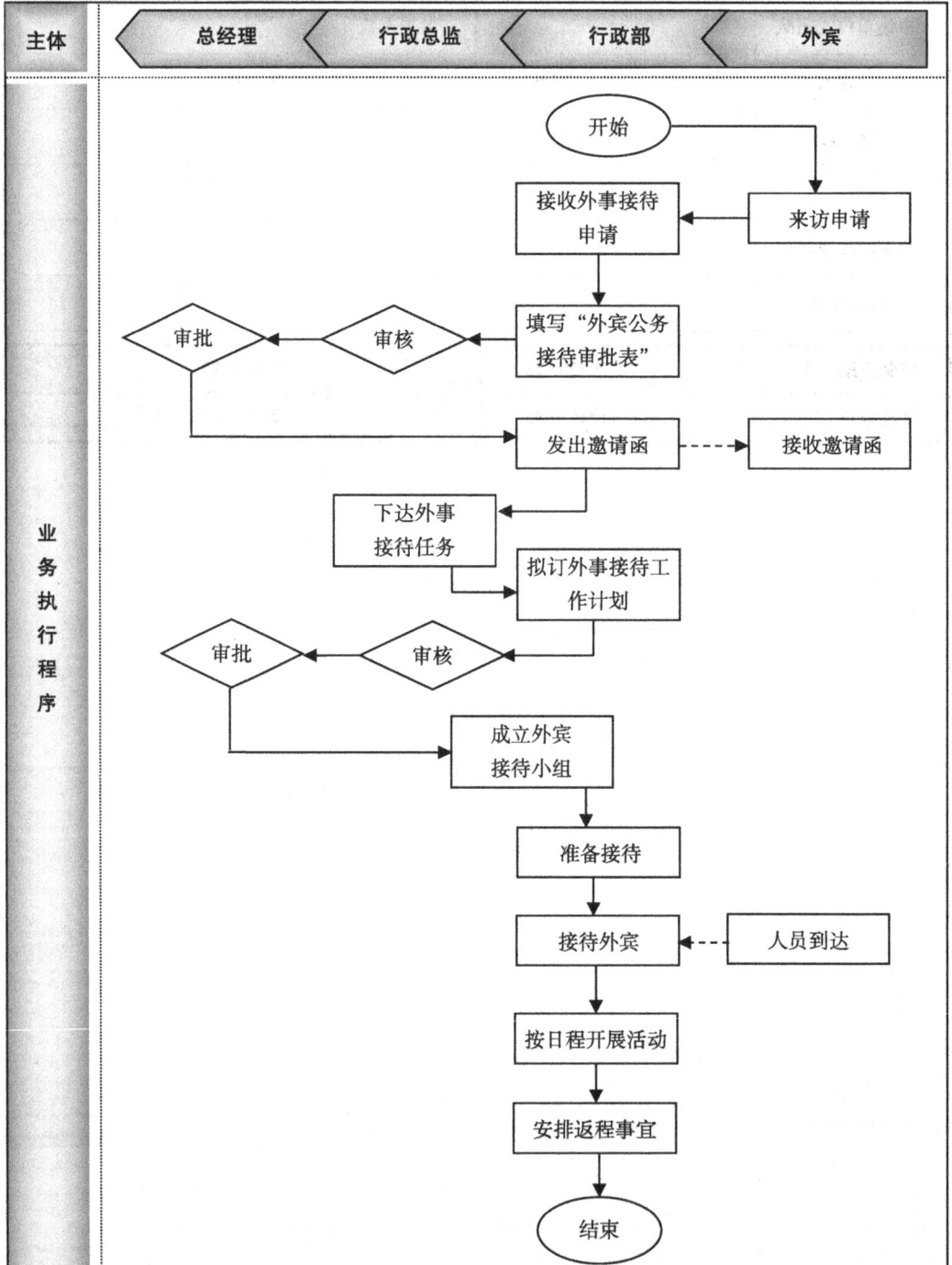

主体	总经理	行政总监	行政部	外宾

业务执行程序

```
                                    ┌──────────┐
                                    │   开始   │
                                    └────┬─────┘
                                         │
                          ┌──────────┐   │      ┌──────────┐
                          │接收外事接待│◄──┴──────│  来访申请 │
                          │   申请   │          └──────────┘
                          └────┬─────┘
                               │
   ┌──────┐    ┌──────┐   ┌──────────┐
   │ 审批 │◄───│ 审核 │◄──│填写"外宾公务│
   └──┬───┘    └──────┘   │接待审批表"│
      │                   └──────────┘
      │
      │         ┌──────────┐          ┌──────────┐
      └────────►│ 发出邀请函 │- - - - ►│ 接收邀请函 │
                └────┬─────┘          └──────────┘
                     │
          ┌──────────┐   │
          │ 下达外事  │◄──┘
          │ 接待任务  │
          └────┬─────┘  ┌──────────┐
               │        │拟订外事接待工│
               └───────►│  作计划   │
                        └────┬─────┘
   ┌──────┐    ┌──────┐      │
   │ 审批 │◄───│ 审核 │◄─────┘
   └──┬───┘    └──────┘
      │        ┌──────────┐
      └───────►│ 成立外宾  │
               │ 接待小组  │
               └────┬─────┘
                    │
               ┌──────────┐
               │ 准备接待  │
               └────┬─────┘
                    │
               ┌──────────┐      ┌──────────┐
               │ 接待外宾  │◄- - -│ 人员到达 │
               └────┬─────┘      └──────────┘
                    │
               ┌──────────┐
               │按日程开展活动│
               └────┬─────┘
                    │
               ┌──────────┐
               │ 安排返程事宜│
               └────┬─────┘
                    │
               ┌──────────┐
               │   结束   │
               └──────────┘
```

2.5.2 外事接待工作礼仪

制度名称	外事接待工作礼仪	编号	
		版本	

一、总体要求

热情友好，不卑不亢，谦虚谨慎，落落大方。

二、接待人员仪容仪表礼仪（略）

三、礼宾次序礼仪

1. 礼宾次序原则

在外事接待中，对出席活动的团体、人士按照国际惯例排列先后次序。其基本原则如下。

（1）女士优先。

（2）与国内以左为尊的习惯不同，国际上以右为尊。

（3）按职级高低排列礼宾次序。

（4）座谈时按照人员所在国的国名或人名的字母顺序排列次序。

（5）按到达日期的先后排列次序。

2. 乘车礼宾次序

在迎接外宾、安排座次时，应以"突出重要人士，方便重要人士""以座位舒适、上下车方便"为原则，并根据宾客的意愿灵活安排。一般来说，乘车座位的上下座安排原则是"后上前下"。

下表为上下车顺序礼仪的说明。

上下车顺序礼仪

车辆类型	顺序说明
轿车	职级较高者先上后下，职级较低者后上先下
公共汽车、火车或地铁	职级较高者后上后下

3. 外事座谈座次安排

外事接待涉及会见、谈判、签字仪式、合影等环节的，行政部应按照惯例安排好现场座次，确保座谈有序展开（各类外事座谈座次安排如下表所示）。

各类外事座谈座次安排

座谈类型	布置方式	具体说明
会见	相对式	宾主双方会见时面对面而坐。面对正门的一方为上，应请来宾就座；背对正门的一方为东道主
	并列式	双方会见时面对正门并排而坐，主人在左，来宾在右。宾主双方的其他人员按照职级高低，依次在主人、来宾的一侧排开
	自由式	多边会见时，宾主双方自由就座

（续）

（续表）

座谈类型	布置方式	具体说明
谈判	相对式（谈判桌横放）	（1）谈判桌就座的一面面对正门，客方面对正门而坐，主方背对正门而坐 （2）主要谈判者居中而坐，其他人员遵循右高左低的惯例，分别就座于主谈者的两侧，双方的翻译人员应就座于主谈者右侧相邻的位置
	相对式（谈判桌竖放）	（1）谈判桌两头面对门口，进门右侧请客方就座，进门左侧请主方就座 （2）主要谈判者居中而坐，其他人员遵循右高左低的惯例，分别就座于主谈者的两侧，双方的翻译人员应就座于主谈者右侧相邻的位置
签字仪式	—	东道主签字人的座位在签字桌的左侧，客方签字人的座位在签字桌的右侧，双方助签人员分别站立于各方签字人的外侧
合影	—	以右为尊，一般主人居中间位置，主宾居于主人右侧，其他人员按主左宾右依次排开

四、就餐招待礼仪

外事招待的宴请对象是外宾，由于各国的传统、文化及民俗习惯不同，在组织招待活动时，如果对用餐问题考虑不周，就可能会影响我方的形象和后续的往来。因此，在安排外事招待活动时，应遵循一定的规范。

1. 优雅环境

招待外宾的环境十分重要，应选择雅致、安静、整洁、卫生的用餐环境，营造出一种有利于双方进行交流的友好氛围。

2. 菜单精致

选择菜单时要周全考虑，菜品要有地方特色，在讲究风味和特色的同时，还要考虑外宾的饮食习惯。

3. 菜品适量

招待外宾时，应根据活动的规模、具体人数、招待档次等情况安排菜品，菜品应适当、适量。

4. 举止优雅

参加宴请的人员要注意个人卫生，衣着干净得体。在进餐时，应注意言行举止文明优雅。男士应穿着整洁，女士应化淡妆，穿适宜的礼服。

五、礼物馈赠礼仪（略）

编制日期		审核日期		批准日期	
修改标记		修改处数		修改日期	

2.5.3　外事接待管理制度

制度名称	外事接待管理制度	编号	
		版本	

第一章　总则

第 1 条　目的

为了规范公司的外事接待工作，塑造良好的公司形象，特制定本制度。

第 2 条　适用范围

本制度适用于公司所有外事接待的管理工作。

第 3 条　接待原则

1. 认真负责，热情周到。

2. 不卑不亢，言行得体。

第二章　外事接待准备工作

第 4 条　了解来访情况

接待人员应提前掌握来访外宾的基本情况及抵达的时间、地点等信息。

第 5 条　制定接待方案

接待人员应根据外宾的来访目的、接待规格及其兴趣、意愿等安排活动，拟定接待方案，并报公司总经理审批。

第 6 条　做好接待准备

1. 制定详细的日程安排。

2. 安排参观、考察的地点和路线。

3. 安排车辆及陪同人员。

4. 根据外宾来访的意图准备相应的外文版文字资料。

5. 明确宴请标准及席位安排。

6. 安排必要的文娱活动。

7. 准备纪念品。

第三章　外事会见和宴请礼仪

第 7 条　本公司员工须穿正装出席接待活动。

第 8 条　遵守会议时间，本公司人员一般提前____分钟到达会场。

第 9 条　按照对方出席人数，准备好名片及其他物品。

第 10 条　必要时提供翻译服务。

第 11 条　宴请应视具体情况，分别采用宴会、茶会、工作餐等形式，并在事先安排好的场所进行。

（续）

<table>
<tr><td colspan="6">第四章　外事接待注意事项</td></tr>
<tr><td colspan="6">第12条　在外事接待活动中，要尊重来宾的生活习惯。</td></tr>
<tr><td colspan="6">第13条　遵守公司保密制度。在交流与座谈时，要依照事先拟定的内容进行，避免谈及无关的话题。</td></tr>
<tr><td colspan="6">第14条　做好安全保卫工作，确保外事接待活动顺利进行。</td></tr>
<tr><td colspan="6">第五章　附则</td></tr>
<tr><td colspan="6">第15条　本制度自印发之日起实施。</td></tr>
<tr><td>编制日期</td><td></td><td>审核日期</td><td></td><td>批准日期</td><td></td></tr>
<tr><td>修改标记</td><td></td><td>修改处数</td><td></td><td>修改日期</td><td></td></tr>
</table>

2.6 前台接待

2.6.1 前台接待工作流程

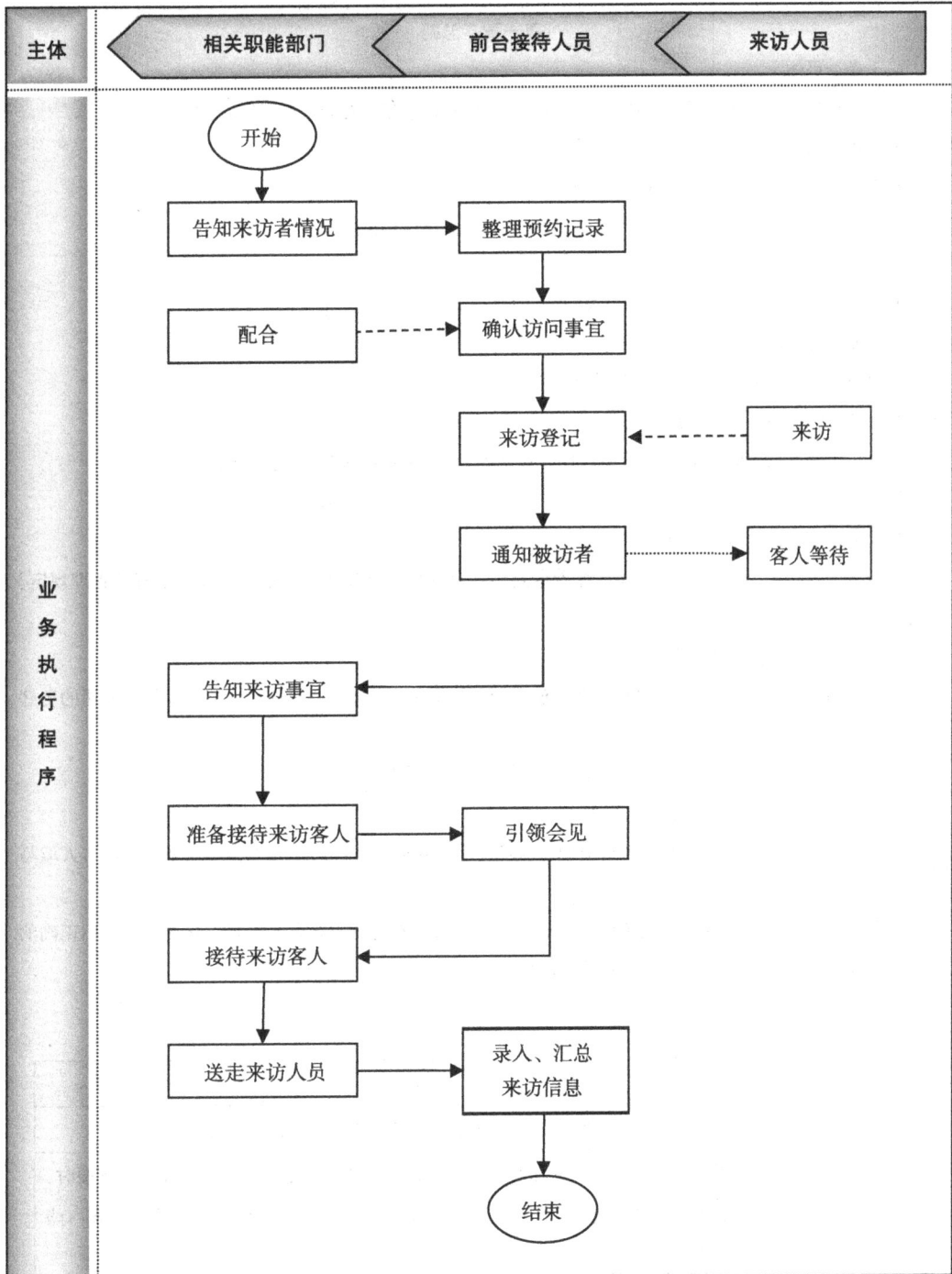

主体	相关职能部门	前台接待人员	来访人员

业务执行程序

```
                    开始
                     │
                     ▼
   告知来访者情况 ──────▶ 整理预约记录
                            │
                            ▼
   配合 ┄┄┄┄┄┄┄┄┄▶ 确认访问事宜
                            │
                            ▼
                        来访登记 ◂┄┄┄┄┄ 来访
                            │
                            ▼
                       通知被访者 ┄┄┄┄┄▶ 客人等待
                            │
   告知来访事宜 ◂───────────┘
        │
        ▼
   准备接待来访客人 ──────▶ 引领会见
                            │
   接待来访客人 ◂───────────┘
        │
        ▼
   送走来访人员 ──────────▶ 录入、汇总
                          来访信息
                            │
                            ▼
                          结束
```

2.6.2 前台接待管理制度

制度名称	前台接待管理制度	编号	
		版本	

第一章 总则

第1条 目的

为了实现公司前台接待工作的规范化，树立公司的良好形象，特制定本制度。

第2条 适用范围

本制度适用于公司前台接待的管理工作。

第二章 前台人员礼仪规范

第3条 前台人员仪容规范

前台人员应保持仪容整洁，具体要求如下。

1. 头发整齐，面部清洁。

2. 男员工不留长头发，女员工不化浓妆。

3. 保持口气清新，以便近距离交谈。

4. 手部干净，指甲修剪整齐。男员工不留长指甲，女员工不涂抹鲜艳的指甲油。

5. 宜使用清新、淡雅的香水。

第4条 前台人员仪表规范

前台人员应注重仪表，工作期间一律着职业装，具体服装礼仪要求参照公司《员工着装管理规定》执行。

第5条 前台人员仪态规范

前台人员应举止文明、尊重他人、精神饱满、仪态大方，要善于控制自己的情绪，展现公司的良好形象。

第三章 来访人员接待管理

第6条 前台人员在接待来访人员时应礼貌大方、热情周到。

第7条 有客人来访时，前台人员应面带微笑主动起身问好，问清楚客人身份及来意后请客人填写"来访客人登记表"（见附表1）。

第8条 前台人员在客人做完来访登记后，要立即通知被访者。如客人需要引导，则应使用正确的引导方法和引导姿势为其引导。引导规范如下表所示。

引导规范

引导方法	详细说明
在走廊的引导方法	接待人员应走在客人二三步之前并配合客人步调，让客人走在内侧
在楼梯的引导方法	引导客人上楼时，应让客人走在前面，接待人员走在后面；引导客人下楼时，接待人员应走在前面，客人在后面；上下楼梯时，接待人员应该注意客人的安全

（续）

（续表）

引导方法	详细说明
在电梯的引导方法	引导客人乘坐电梯时，接待人员应先进入电梯，待客人进入后再关闭电梯门；到达时，接待人员按"开"的按钮，让客人先走出电梯
在客厅的引导方法	当客人走入客厅时，接待人员应用手指示，请客人坐下；客人坐下后，行点头礼后方可离开

第9条　为来访人员安排接待地点时，应遵循下列原则。

1. 对于普通来宾，一般安排在公司会议室内接待。

2. 对于贵宾，根据其级别安排接待地点。

3. 对于面试人员，在会议室允许的条件下，尽量安排在会议室内接待。

第10条　如被访者因故不能马上接见来访人员，一定要向来访人员说明理由与等待时间。如来访人员愿意等待，应向其提供茶水和杂志，并为其适时更换茶水。

第11条　如被访者不在公司，应明确告知来访人员，问清来访事由并请其留下联系方式，以便转告被访者。

第12条　如来访人员未事前预约，应首先问清来访人员的姓名，委婉询问对方来意。前台人员经过初步判断后，不能直接回答"在"或"不在"，而应回答"让我看看他是否在"，并及时联系相关人员，最后决定是否安排被访者接待来访人员。

第四章　电话接待规定

第13条　公司电话铃声响起之后，应尽快拿起话筒并回答"您好，这里是××公司"。在电话铃声响三声之内必须接听电话。

第14条　电话接待的用语应简洁、礼貌、热情，要让对方感到心情舒畅，并给对方留下较好的印象。

第15条　对于指名找人的电话，前台接待人员应迅速把电话转给对方要找的人；若对方要找的人是部门领导，要尽量将电话转给其秘书或助理；如果要找的人不在，应明确告诉对方；如果对方需要留言，必须做好记录。

第16条　接听电话时要认真，前台接待人员应备电话记录本，重要的电话应做记录（"客户来电记录表"见附表2）。对于经常来电的人员，前台接待人员应备有其姓名和电话号码，以便查找。

第17条　结束通话时，前台接待人员应让对方先挂电话，并以"再见"作为结束语，待对方挂断电话之后，再轻轻地放下电话，以示尊重。

第18条　如果在电话中接到对方邀请或通知，应热情致谢。

第五章　附则

第19条　本制度由公司行政部负责制定与修改。

第20条　本制度自印发之日起实施。

（续）

附表1：来访客人登记表

附表2：客户来电记录表

附表1　来访客人登记表

序号	姓名	单位	来访人数	联系方式	是否预约	被访人	来访事由	时间	
								到达	离开

附表2　客户来电记录表

来电日期	来电时间	客户名称	联系方式	被访人	来电事由	预约来访时间	受理人	备注

编制日期		审核日期		批准日期	
修改标记		修改处数		修改日期	

第 3 章

会议管理

3.1 总结表彰会议

3.1.1 总结表彰会议管理流程

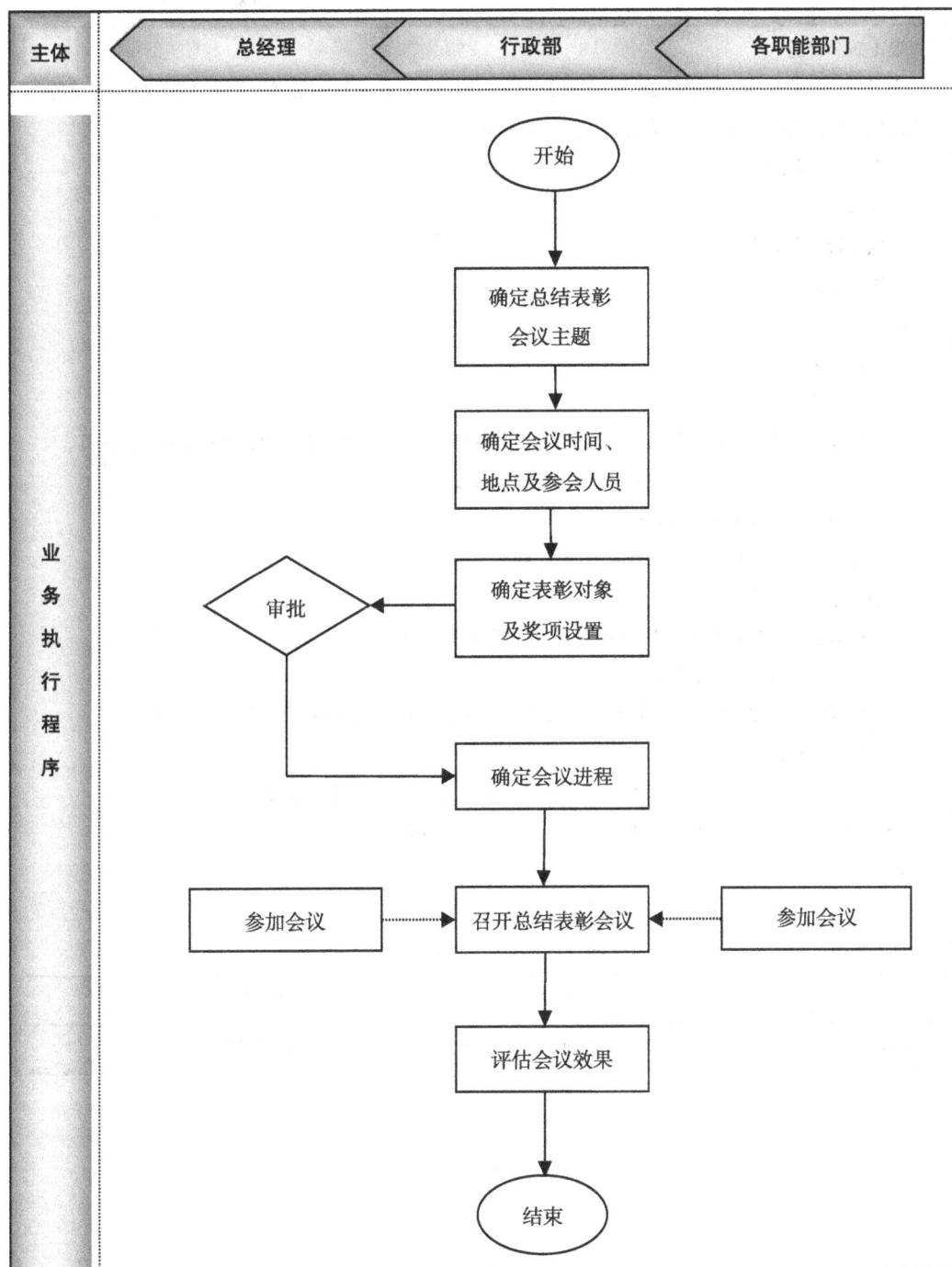

主体	总经理	行政部	各职能部门

开始

↓

确定总结表彰
会议主题

↓

确定会议时间、
地点及参会人员

↓

确定表彰对象
及奖项设置 → 审批

审批 → 确定会议进程

↓

参加会议 ⋯▸ 召开总结表彰会议 ◂⋯ 参加会议

↓

评估会议效果

↓

结束

业务执行程序

3.1.2 总结表彰会议管理办法

制度名称	总结表彰会议管理办法	编号	
		版本	

第1条 目的

为了对上一阶段的工作进行总结，明确公司下一阶段的工作重点和规划，并通过表彰优秀员工将公司全体员工的主观能动性充分调动起来，特制定本办法。

第2条 表彰的类型

1.优秀团队奖。

2.优秀管理人员奖。

3.先进个人奖、优秀员工奖。

4.杰出贡献奖。

第3条 会议的组织与管理

1.会前准备

（1）行政部先确定总结表彰会议的日程安排，再根据日程安排拟定具体的会议时间与参会人员。

（2）行政部根据总结表彰会议召开的时间选择开会地点。

（3）行政部根据设定的奖项选择奖品。

（4）行政部负责布置会议现场并准备会议资料。

2.会议进行中的服务管理

（1）行政部负责分发会议文件和资料，并安排录音和录像。

（2）行政部负责维持会场的纪律。

（3）涉及住宿与用餐时，行政部须按照事先制定的标准执行，保证员工的正常作息和饮食。

3.会议结束后的总结管理

（1）在会议结束后，行政部须做好会后总结，并对整个会议的组织和服务作出评价。

（2）行政部根据相关音频和录像记录会议的主要内容并编写会议纪要。

第4条 附则

1.本制度未尽事宜，参照公司的相关规定执行。

2.本制度由公司行政部负责起草和修订，总经理审批后生效。

编制日期		审核日期		批准日期	
修改标记		修改处数		修改日期	

3.2 专题会议

3.2.1 专题会议管理流程

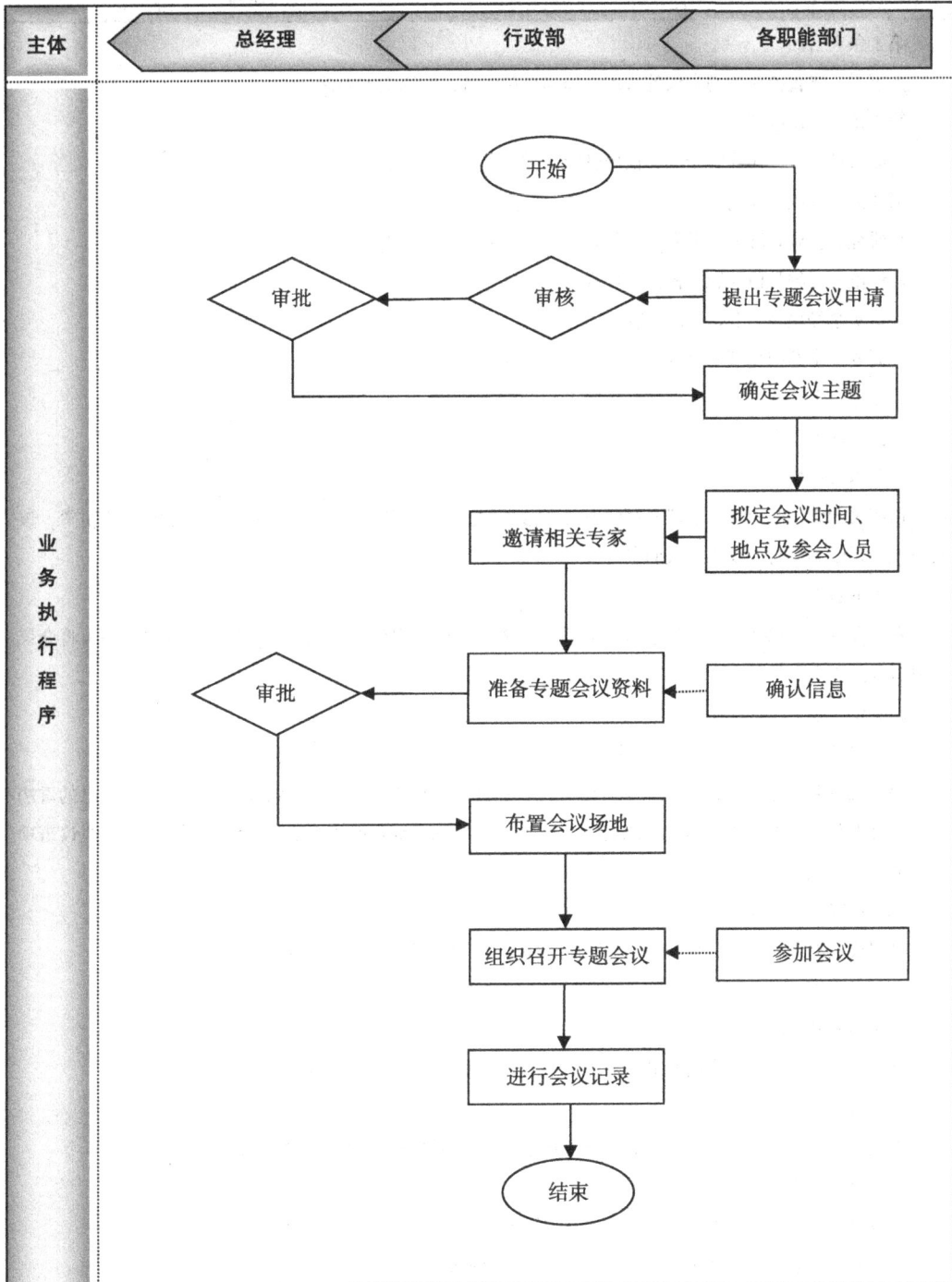

主体	总经理	行政部	各职能部门

业务执行程序

```
                              开始
                               │
                               ▼
   审批 ◀── 审核 ◀────────── 提出专题会议申请
    │
    ▼
   确定会议主题
    │
    ▼
   拟定会议时间、地点及参会人员
    │
邀请相关专家 ◀─┘
    │
    ▼
审批 ◀── 准备专题会议资料 ◀┈┈ 确认信息
 │
 ▼
布置会议场地
    │
    ▼
组织召开专题会议 ◀┈┈ 参加会议
    │
    ▼
进行会议记录
    │
    ▼
   结束
```

3.2.2　专题会议管理办法

制度名称	专题会议管理办法	编号	
		版本	

第1条　目的

为了进一步规范对专题会议的管理，提高会议质量，特制定本办法。

第2条　适用范围

本办法适用于公司各类专题会议的管理工作。

第3条　专题会议内容

1. 研究、协调处理公司的专项工作。

2. 讨论公司的具体问题并提出处理意见。

3. 落实总经理办公会议定的事项。

4. 需要多个部门相互配合的专项工作。

第4条　会议程序

1. 会议前期

（1）拟订计划。

由相关职能部门拟订"会议安排计划表"（见附表1），内容包括议题、时间、内容和参会人员等，该计划须经行政经理与会议主持人的审定。

（2）准备材料。

对于要在专题会议上讨论的事项，行政部应先征求职能部门的意见，并在举办会议的前一天将会议资料分发到参会人员手中。

2. 会议中期

（1）召开会议。

会议的准备、通知、组织记录等工作由行政部负责。参会人员应充分围绕会议议题发表自己的看法并积极参与讨论。会议主持人汇总各方意见，并在此基础上确定此次会议的决议事项，编制"决议事项确认表"（见附表2）。

（2）形成纪要。

会议决定的事项，由行政部起草专题纪要并编制"会议纪要表"（见附表3）。

3. 会后跟踪

（1）跟踪效果。

职能部门须认真执行会议的最终决议，在执行过程中遇到问题须及时向上级反馈。

（2）资料归档。

会议资料、记录、主持人签批的会议纪要等由行政部整理后，提交给总经理办公室归档。

第5条　附则

1. 本制度未尽事宜，参照公司的相关规定执行。

2. 本制度由公司行政部负责起草和修订，总经理审批后生效。

（续）

附表1：会议安排计划表

附表2：决议事项确认表

附表3：会议纪要表

附表1 会议安排计划表

会议名称		会议日期	
会议地点		会议召集部门	
会议主持人		计划参会人数	
计划开始时间		计划结束时间	
会议负责人		会议记录员	
拟邀请参会人员			
参会部门			
会议主题			
会议流程			
备注			

附表2 决议事项确认表

决议事项			
决议内容			
必须达到的目标			
所需支持			
执行措施		执行负责人	
备注			

附表3 会议纪要表

×××会议纪要				
会议决议内容				
决议事项	提出人	负责人	完成时间	其他说明

记录人：　　　　　　　　日期：　　　　　核准人：　　　　　　　　　　　　日期：

编制日期		审核日期		批准日期	
修改标记		修改处数		修改日期	

3.3 商务会议

3.3.1 商务会议管理流程

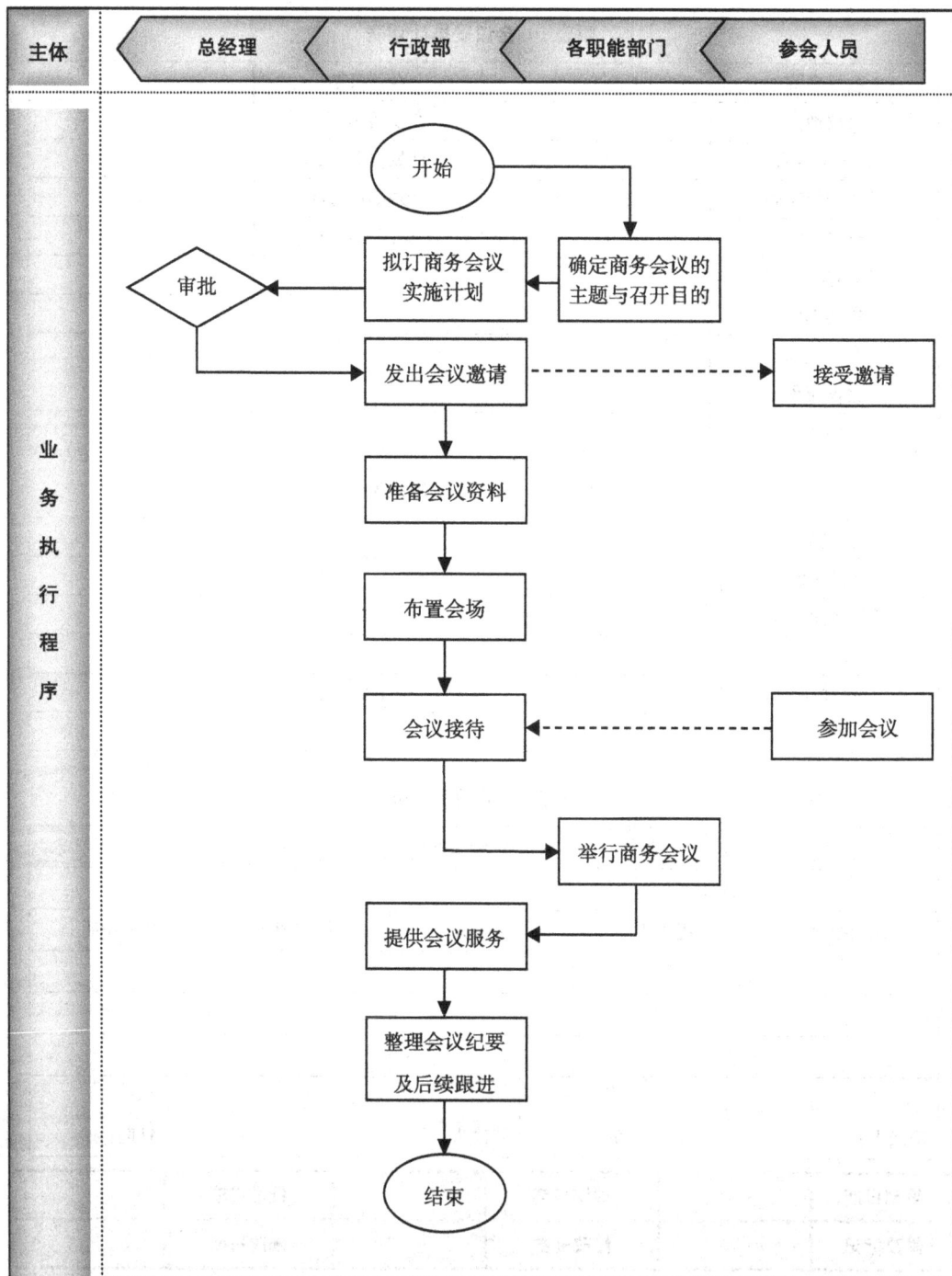

主体	总经理	行政部	各职能部门	参会人员

业务执行程序

```
                    ┌─────────┐
                    │  开始   │
                    └────┬────┘
                         │
            ┌─────────────┐   ┌─────────────┐
            │ 拟订商务会议 │◄──│ 确定商务会议的│
   ┌────┐   │ 实施计划    │   │ 主题与召开目的│
   │审批 │◄──└─────────────┘   └─────────────┘
   └─┬──┘
     │      ┌─────────────┐              ┌─────────┐
     └─────►│ 发出会议邀请 │- - - - - - ►│ 接受邀请 │
            └──────┬──────┘              └─────────┘
                   │
            ┌─────────────┐
            │ 准备会议资料 │
            └──────┬──────┘
                   │
            ┌─────────────┐
            │  布置会场    │
            └──────┬──────┘
                   │
            ┌─────────────┐              ┌─────────┐
            │  会议接待    │◄- - - - - - │ 参加会议 │
            └──────┬──────┘              └─────────┘
                   │
                   │          ┌─────────────┐
                   └─────────►│ 举行商务会议 │
                              └──────┬──────┘
            ┌─────────────┐          │
            │ 提供会议服务 │◄─────────┘
            └──────┬──────┘
                   │
            ┌─────────────┐
            │ 整理会议纪要 │
            │ 及后续跟进   │
            └──────┬──────┘
                   │
              ┌─────────┐
              │  结束   │
              └─────────┘
```

3.3.2　商务会议管理制度

制度名称	商务会议管理制度	编号	
		版本	

第 1 条　目的

为了规范对商务会议的管理，提升工作效率，特制定本制度。

第 2 条　适用范围

本制度适用于公司所有商务会议的管理工作。

第 3 条　商务会议的类型

1. 信息发布性会议是指为了发布信息而举办的会议，如新闻发布会。

2. 谈判商洽性会议是指为了达成合作事项而开展谈判、商洽的会议。

第 4 条　举办商务会议的程序（略）

第 5 条　商务会议的组织与管理

1. 会前准备

（1）商务会议应选在环境好且相对高端的酒店或会议室举行。

（2）会场内须设置醒目的门牌或会议标识，以便来宾参会。

（3）为重要参会人员的房间提前做好各项安防措施。

2. 会前的沟通

（1）应确保我方参会人员与对方参会人员的职位相匹配。

（2）会议开始前，各方应沟通好会议细节、流程和目标。

（3）行政部应提前与参会人员沟通好交通安排及接待细节。

3. 会议实施

（1）行政部须按照提前制定好的日程开会，并维护会议秩序。

（2）行政部须做好会议期间突发事件的处理。

4. 会议结束

（1）行政部须安排好参会人员的食宿。

（2）行政部须整理会议纪要，并跟进会后的后续工作。

第 6 条　本制度未尽事宜，参照公司的相关规定执行。

第 7 条　本制度由公司行政部负责起草和修订，总经理审批后生效。

编制日期		审核日期		批准日期	
修改标记		修改处数		修改日期	

3.4 视频会议

3.4.1 视频会议管理流程

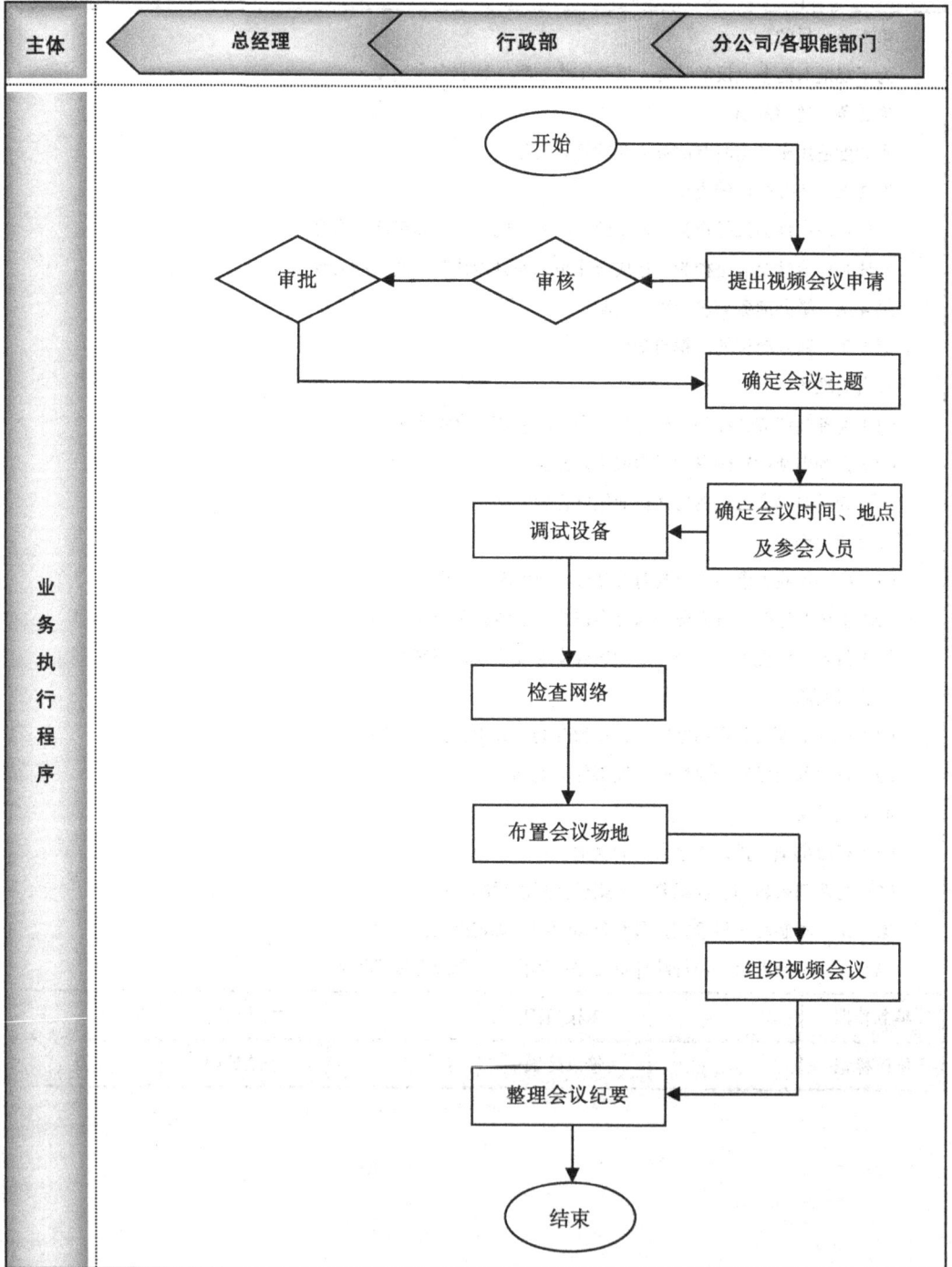

主体	总经理	行政部	分公司/各职能部门

业务执行程序

```
                                              开始
                                               │
                                               ▼
      审批  ◀──   审核   ◀──────────────  提出视频会议申请
       │
       │
       └──────────────────────────▶  确定会议主题
                                               │
                                               ▼
                  调试设备  ◀──────  确定会议时间、地点
                     │                     及参会人员
                     ▼
                  检查网络
                     │
                     ▼
                布置会议场地  ──────────┐
                                        │
                                        ▼
                                   组织视频会议
                                        │
                                        ▼
                整理会议纪要  ◀──────────┘
                     │
                     ▼
                   结束
```

3.4.2 视频会议管理办法

制度名称	视频会议管理办法	编号	
		版本	

第 1 条　目的

为了进一步规范对视频会议的管理，提高工作效率，特制定本办法。

第 2 条　适用范围

本办法适用于公司所有视频会议的管理工作。

第 3 条　职责分工

1.公司行政部负责视频会议设备的保管和维修工作。

2.视频会议系统只能由设备管理员操作，严禁其他人员操作。

第 4 条　会议的管理

1.会议前的注意事项

（1）分公司职能部门在接到参会通知后，应积极做好准备工作。

（2）开会前一小时，行政部须调试设备，避免视频会议在进行过程中出现技术问题。

（3）行政部须统计参会人数并事先准备好会议资料。

2.会议期间的注意事项

（1）行政部设备管理员应坚守岗位，保证电话畅通，随叫随应。

（2）保证画质清晰，声音洪亮，参会人员都可以听清。

（3）各分会场或各部门员工不发言时应将话筒调至静音状态。

第 5 条　会议视频设备的管理

1.各部门员工未经行政部同意，不得擅自使用视频会议系统及相关设备。

2.视频会议系统由专人管理和维护。

3.行政部须定期对视频电话等设备进行检测，发现问题要立即修复。

第 6 条　参会人员的管理

1.参会人员应于会前 10 分钟到达会场。

2.参会人员发言时应吐字清晰，言语简练，紧扣主题。

3.确保会场安静有序，通信工具处于静音状态。

第 7 条　附则

本制度由公司行政部负责起草和修订，总经理审批后生效。

编制日期		审核日期		批准日期	
修改标记		修改处数		修改日期	

3.5 座谈讨论会议

3.5.1 座谈讨论会议管理流程

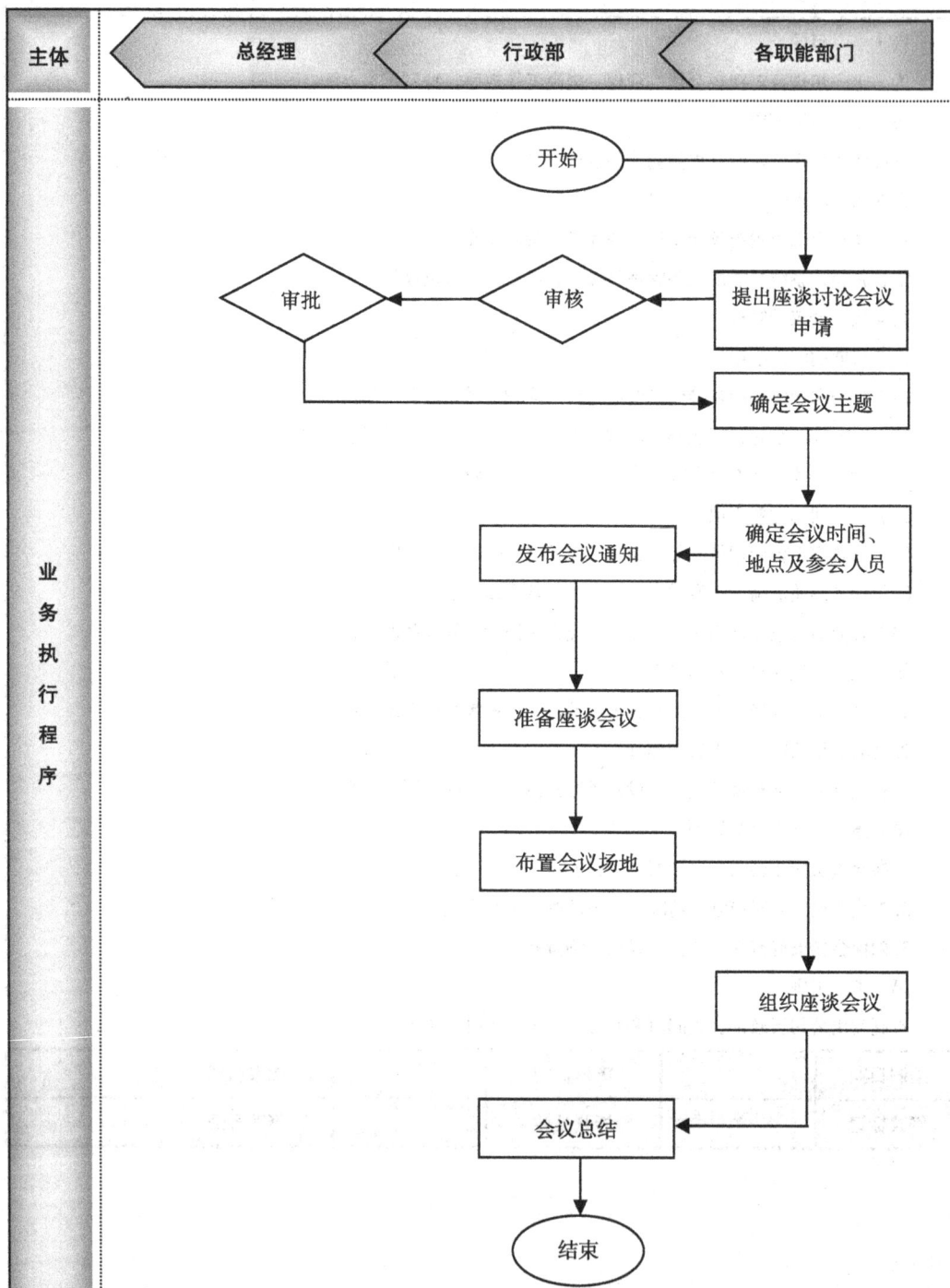

主体	总经理	行政部	各职能部门

业务执行程序

```
                                        开始
                                          │
                                          ▼
      审批  ◄──  审核  ◄──────────  提出座谈讨论会议申请
        │                                 
        └──────────────►  确定会议主题
                                │
                                ▼
        发布会议通知  ◄──  确定会议时间、地点及参会人员
              │
              ▼
        准备座谈会议
              │
              ▼
        布置会议场地 ──────────┐
                               ▼
                          组织座谈会议
                               │
        会议总结  ◄────────────┘
              │
              ▼
            结束
```

3.5.2　座谈讨论会议管理办法

制度名称	座谈讨论会议管理办法	编号	
		版本	

第1条　目的

为了进一步促进有效沟通，增强企业凝聚力，鼓励员工提出合理化建议，特制定本办法。

第2条　适用范围

本办法适用于公司所有座谈讨论会议的管理工作。

第3条　会议的主题

1.业务中存在的问题。

2.关于公司制度、流程的改进意见。

3.其他与工作相关的内容。

第4条　会议的组织与管理

1.会前准备

（1）行政部须在会议召开前____天之内确定参加座谈会的员工名单。

（2）行政部须提前一天准备好会议所需的资料，并完成会议场地的布置工作。

2.会议期间的安排

（1）会议主持人说明本次座谈会的主题和目的。

（2）由会议负责人致辞，并介绍公司目前的发展情况及工作中存在的问题。

（3）员工发表意见和建议。

3.会后总结

（1）会议主持人须对本次会议进行总结，编制"会议总结表"（见附表）。

（2）行政部须对座谈会内容进行整理。

第5条　会议的注意事项

1.会议召开前，行政部应与参会人员沟通会议的日程安排，确保会议的参会率。

2.行政部要提前告知参会人员做好发言准备。

3.注意控制议程，禁止偏离会议主题。

第6条　附则

1.本制度未尽事宜，参照公司的相关规定执行。

2.本制度由公司行政部负责起草和修订，总经理审批后生效。

附表：会议总结表

（续）

<table>
<tr><td colspan="4" style="text-align:center">会议总结表</td></tr>
<tr><td>座谈会主题</td><td colspan="3"></td></tr>
<tr><td>参会人员</td><td colspan="3"></td></tr>
<tr><td>会议时间</td><td></td><td>会议地点</td><td></td></tr>
<tr><td colspan="4">一、座谈会简况</td></tr>
<tr><td colspan="4"></td></tr>
<tr><td colspan="4">二、座谈会决议事项</td></tr>
<tr><td colspan="4"></td></tr>
<tr><td colspan="4">三、其他事项</td></tr>
<tr><td colspan="4"></td></tr>
<tr><td colspan="4"></td></tr>
</table>

编制日期		审核日期		批准日期	
修改标记		修改处数		修改日期	

3.6 会议管理

3.6.1 会议管理流程

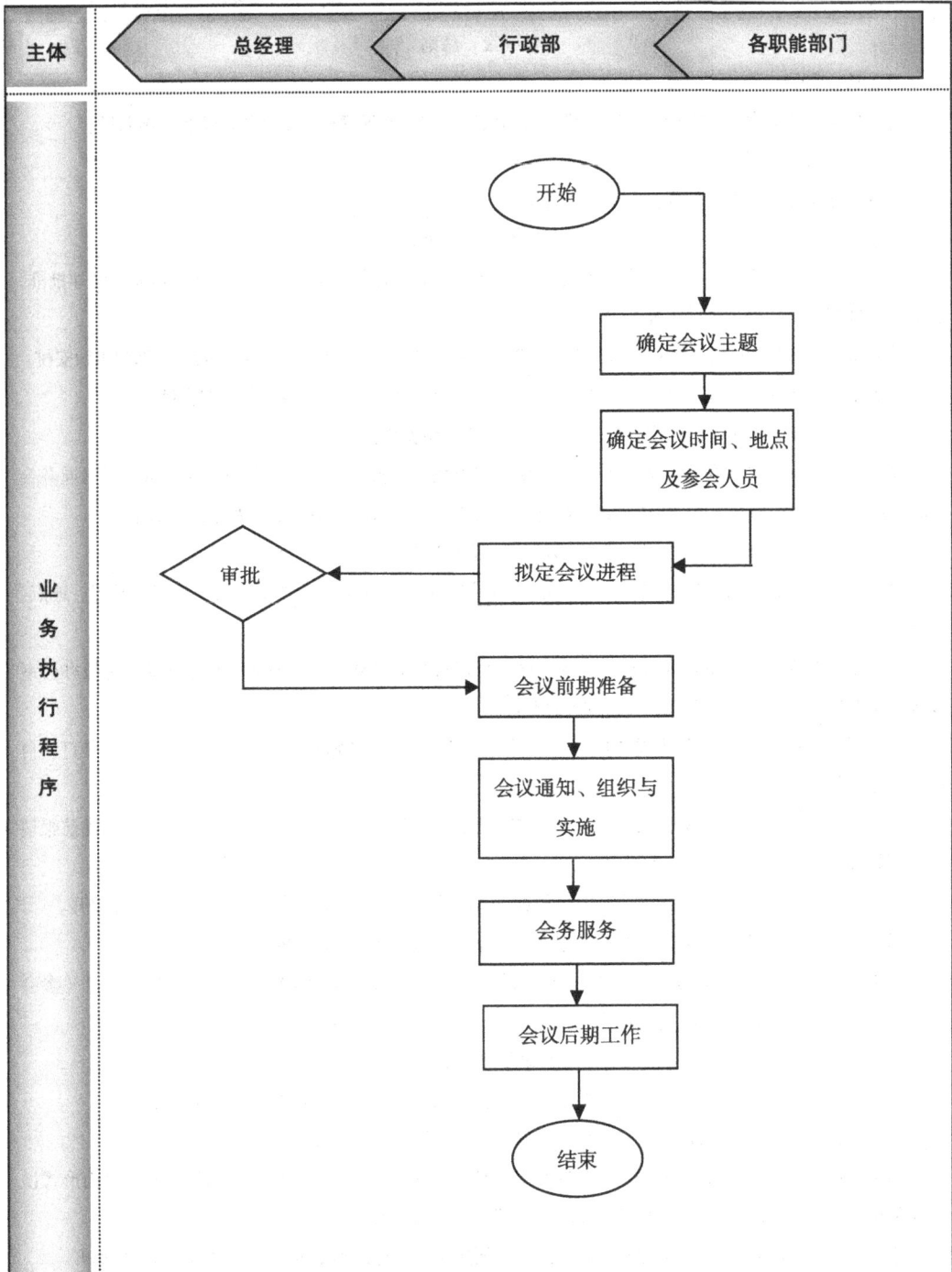

主体	总经理	行政部	各职能部门

业务执行程序

```
                                    ┌──────────┐
                                    │   开始   │
                                    └────┬─────┘
                                         │
                                  ┌──────────────┐
                                  │  确定会议主题  │
                                  └──────┬───────┘
                                         │
                                ┌──────────────────┐
                                │ 确定会议时间、地点 │
                                │   及参会人员      │
                                └────────┬─────────┘
                                         │
              ┌──────┐          ┌──────────────┐
              │ 审批 │◀─────────│  拟定会议进程  │
              └──┬───┘          └──────────────┘
                 │
                 │              ┌──────────────┐
                 └─────────────▶│  会议前期准备  │
                                └──────┬───────┘
                                       │
                                ┌──────────────┐
                                │ 会议通知、组织与│
                                │    实施       │
                                └──────┬───────┘
                                       │
                                ┌──────────────┐
                                │   会务服务    │
                                └──────┬───────┘
                                       │
                                ┌──────────────┐
                                │  会议后期工作  │
                                └──────┬───────┘
                                       │
                                 ┌──────────┐
                                 │   结束   │
                                 └──────────┘
```

3.6.2 会议管理制度

制度名称	会议管理制度	编号	
		版本	

第一章　总则

第1条　目的

为了规范对公司会议的管理，提高会议质量和效率，实现会议管理的规范化，特制定本制度。

第2条　适用范围

本制度适用于公司召开的各类会议的管理工作。

第二章　会议组织

第3条　公司级会议是指公司员工大会、公司全体技术人员大会及各种代表大会，须经总经理批准，由各相关部门组织安排，公司领导参加。

第4条　专业会议是指公司的技术、业务综合会，须经公司分管领导批准，由主管业务部门组织安排。

第5条　各车间、各部门召开的工作会由各车间、各部门的领导决定召开并组织安排。

第6条　班组（小组）会议由各班组长决定召开并组织安排。

第7条　上级或外单位在本公司召开的会议（如现场会、报告会、办公会等）或公司之间的业务会（如洽谈会、用户座谈会等）一律由公司行政部组织安排，职能部门协助行政部做好会务工作。

第三章　会议安排

第8条　为了避免会议过多或重复，公司正常会议一律按例会管理，原则上要按规定的时间、地点、内容组织召开。

第9条　凡多个部门负责人参加的会议，须在会议召开前经部门或公司分管领导批准，并报办公室备案，由总经理办公室统一组织安排，方可召开。

第10条　行政部每周五须汇总本周内全公司的所有例会和各种临时会议，编制会议计划并装订，再分发给相关部门。

第11条　已列入会议计划的会议，如需改期或遇特殊情况不能如期召开，会议组织部门须提前报请公司行政部并得到公司相关领导的同意。

第12条　对于参会人员相同、会议内容相近、时间接近的几个会议，行政部有权安排合并召开。

第13条　对于准备不充分、重复或作用不大的会议，行政部有权拒绝安排。

第14条　各部门的开会时间必须服从统一安排，各部门的小型会议不能与公司例会同期召开（参会人员不发生时间冲突的除外），应坚持小会服从大会、局部服从整体的原则。

第四章　会场纪律

第15条　开会前＿＿分钟内参会人员必须到达会场，同时将手机调至静音状态或关机。

第16条　会场内严禁吸烟，未经批准，不得在会议期间私自进行讨论。

第17条　参会人员因特殊原因不能按时出席会议，须在会前向会议组织部门请假，并以书面形式说明不能按时出席会议的原因（如遇特殊情况，可采取口头形式请假）。

第18条　会议期间参会人员如有急事需离开，须向会议主持人提出申请，得到批准后方可离开。

（续）

第五章　会议室管理

第 19 条　会议室由行政部指定专人管理，各部门如需使用会议室，须事先向行政部提交"会议室使用申请表"（见附表 1），行政部须在"会议室使用登记表"（见附表 2）做好登记。

第 20 条　会议室使用遵循先公司后部门、先紧急后一般的原则。如果不同会议在时间上发生冲突，由行政部负责协调。

第 21 条　在一般情况下，会议室按照申请的先后顺序使用。在特殊情况下，协商后可以调整使用顺序。

第 22 条　如部门或个人需临时取消会议室的使用，再使用时须重新提出使用申请。

第 23 条　使用部门及个人应在预约的时间达到会议室，超过____分钟未达到会议室的，行政部有权对会议室另作安排。

第 24 条　会议室电子设备的管理、使用和维护由专人负责，其他人不得擅自操作，造成设备损坏须照价赔偿。

第 25 条　参会人员应自觉保持会议室的清洁、卫生，禁止随地吐痰和乱扔杂物、废纸等。

第 26 条　未经允许，会议室的所有设施设备不得带出会议室。

第 27 条　在会议结束后，参会人员须及时与会议室管理员联系，并关好门窗，关闭会议室所有设备。

第六章　会后工作

第 28 条　在会议结束后，行政部须整理会议记录并编制会议纪要。

1. 会议记录的内容包括两个部分，一部分是会议的组织情况，要求写明会议名称、时间和地点、出席人数、列席人数、主持人、记录人等；另一部分是会议的内容，要求写明发言、决议、问题，这也是会议记录的核心内容。

2. 会议纪要的内容包括会议简况（包括时间、地点、参加人员、议题）和会议结果（如会议的决定、决议或表决等情况，这部分既是重点内容，也是召开会议的目的），会议纪要须真实、简明扼要。

3. 会议纪要等结论材料交上级领导审批后，由行政部打印、分发给各相关部门。

第 29 条　行政部负责督办和催办在会议上达成的决议或决定，将会议决议事项催办通知单于会后____日内发到相关负责人手中，并收集反馈意见。

第 30 条　行政部须做好会议总结，整理会议资料并归档。

第七章　附则

第 31 条　公司行政部负责本制度的起草工作。

第 32 条　公司总经理负责本制度的核准工作。

第 33 条　本制度自颁布之日起实施。

附表 1：会议室使用申请表

附表 2：会议室使用登记表

附表 1　会议室使用申请表

申请日期	使用日期	会议名称	参会人数	主持人	负责人	备注

申请部门			管理部门		
部门名称	填表人	部门负责人	管理部门	责任人	部门负责人

附表 2　会议室使用登记表

使用日期	使用时间	会议名称	使用部门	参会人数	负责人

编制日期		审核日期		批准日期	
修改标记		修改处数		修改日期	

第 4 章

文书写作与管理

4.1 文书写作

4.1.1 文书写作管理流程

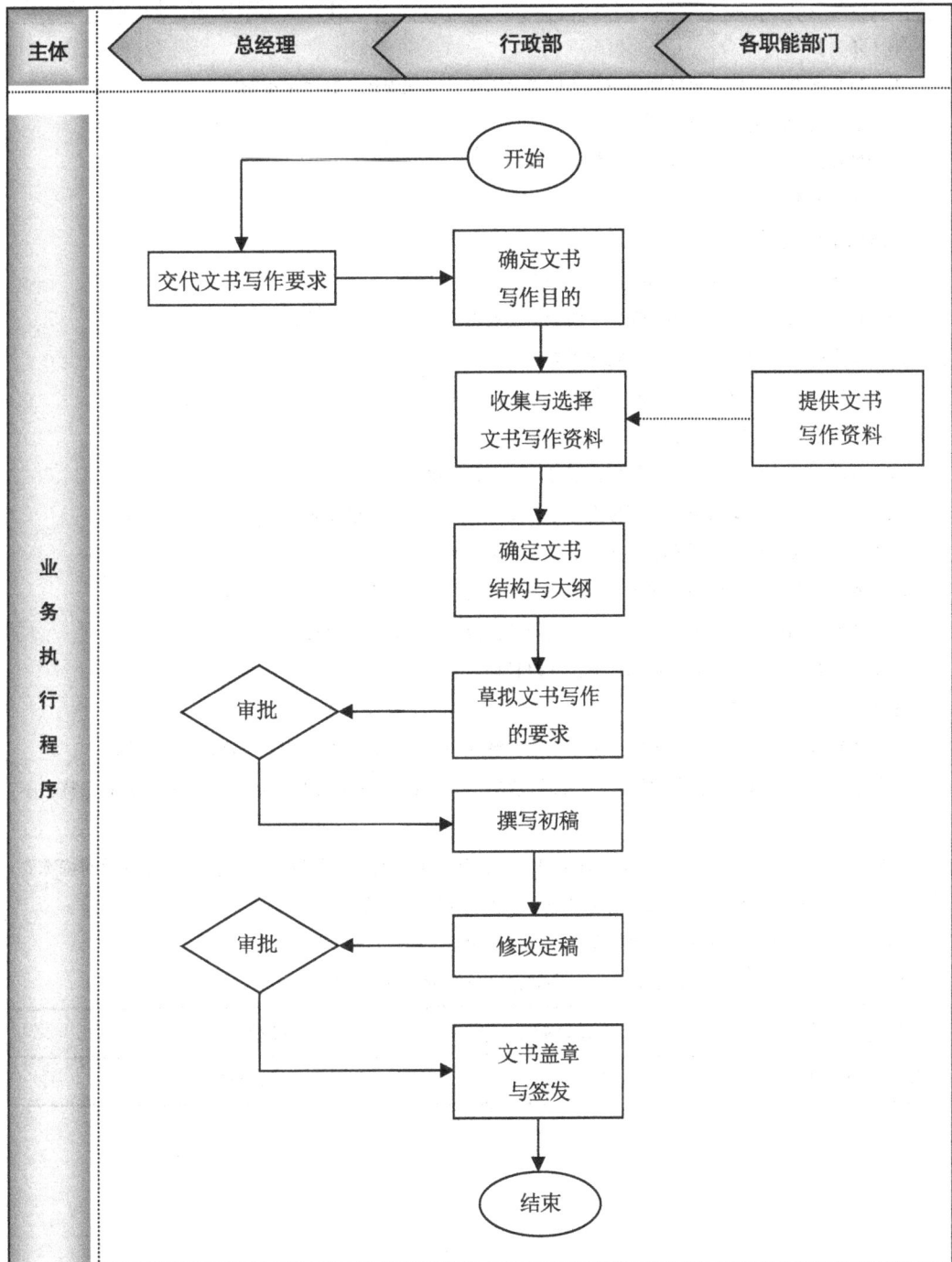

主体	总经理	行政部	各职能部门

业务执行程序

开始

交代文书写作要求 → 确定文书写作目的

收集与选择文书写作资料 ← 提供文书写作资料

确定文书结构与大纲

审批 ← 草拟文书写作的要求

撰写初稿

审批 ← 修改定稿

文书盖章与签发

结束

4.1.2　文书写作管理制度

制度名称	文书写作管理制度	编号	
		版本	

第1条　目的

为了规范文书的写作，更好地传达公司的经营策略及各项规定，特制定本制度。

第2条　适用范围

本制度适用于公司所有行政文书写作的管理工作。

第3条　文书格式规范

1. 纸张及页面要求

（1）纸张：一律用国际标准 A4 纸书写、打印。

（2）页面布局：上下页边距一般为 2 厘米，左右页边距一般为 2.5 厘米。

（3）文字颜色：如无特殊要求，均使用黑色。

（4）印刷和装订：双面印刷，左侧装订，一般采用平订。

2. 各部分的样式、字体与字号

（1）标题：字体为方正小标宋简体，字号为二号，居中。

（2）主送机关：字体为仿宋，字号为三号，排于标题下空一行的位置。

（3）正文：文书首页必须显示正文。字体为仿宋，字号为三号。

（4）附件说明：如有附件，在正文下空一行，然后左缩进两个字符编排"附件"二字。

（5）成文日期：一般右缩进四字编排，用阿拉伯数字将年、月、日标全。

（6）发文机关署名：在成文日期之上，并以日期为准居中编排。

第4条　文书的语言特点

1. 用语准确。文书用语要能如实地反映事物的情况和变化，确切地表达出领导的意图和要求。

2. 精炼简洁。文书用语须简明扼要、言简意赅，但要避免因片面追求简练而导致表达不完整、不清晰。

3. 规范、严谨。文书用语须规范，即语句不仅要合乎语法及逻辑规则，还要符合公务活动的特殊要求。文书用语须严谨，即语义确切，文句严谨，忌含混模糊、造成歧义。

第5条　本制度未尽事宜，参照公司的相关规定执行。

第6条　本制度由公司行政部负责起草和修订，总经理审批后生效。

编制日期		审核日期		批准日期	
修改标记		修改处数		修改日期	

4.2 文书发布

4.2.1 文书发布管理流程

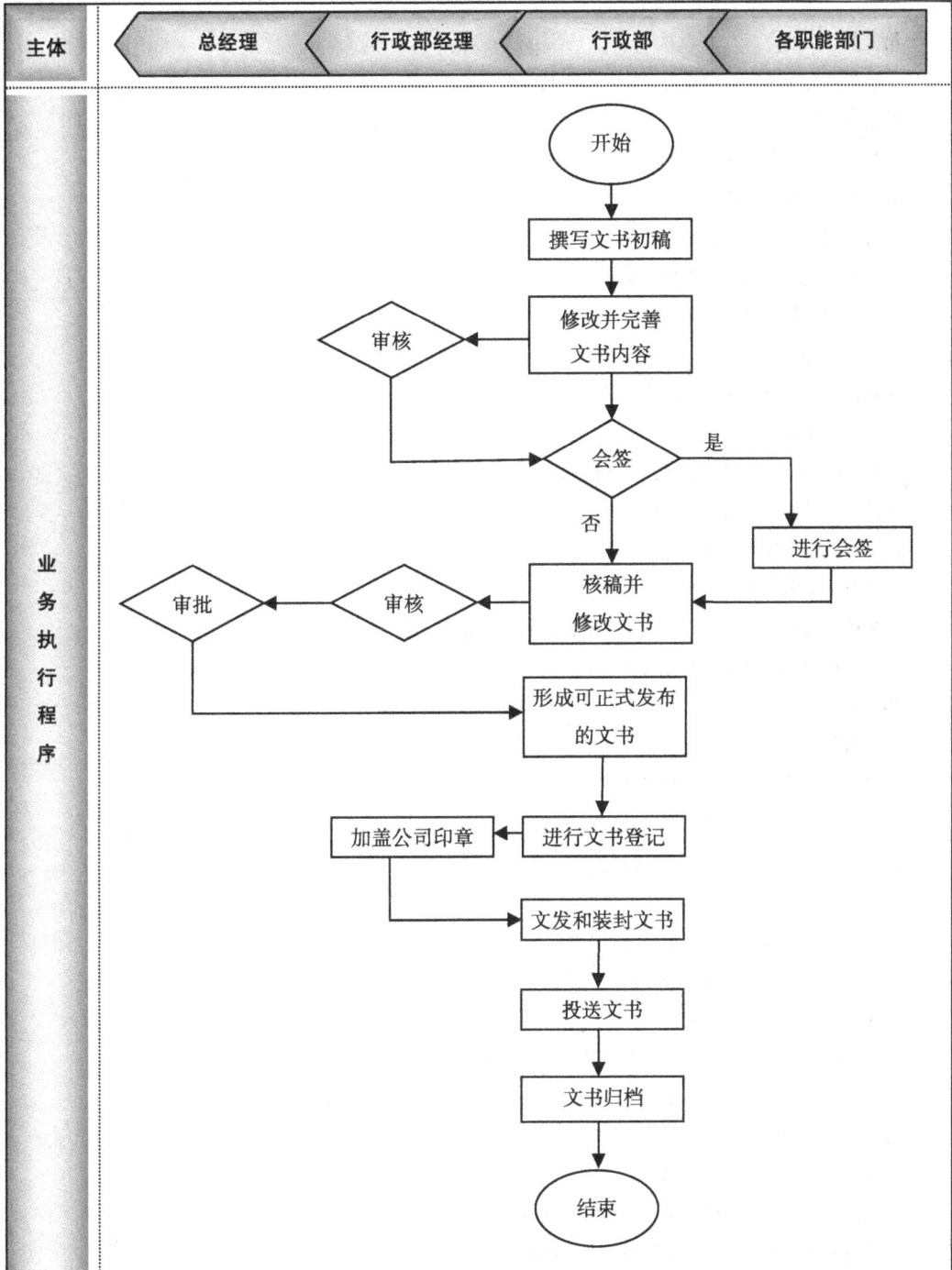

主体	总经理	行政部经理	行政部	各职能部门

业务执行程序

开始

撰写文书初稿

修改并完善文书内容

审核

会签 —— 是

否

进行会签

审批 ← 审核 ← 核稿并修改文书

形成可正式发布的文书

加盖公司印章

进行文书登记

文发和装封文书

投送文书

文书归档

结束

4.2.2 文书发布管理制度

制度名称	文书发布管理制度	编号	
		版本	

第1条 目的

为了规范对文书发布的管理，特制定本制度。

第2条 适用范围

本制度适用于公司所有文书发布的管理工作。

第3条 各部门的职责

1.行政部的职责

（1）对正式发布的文书进行登记。

（2）分发和装封文书。

2.各职能部门的职责

接收行政部发来的文书并认真阅读。

第4条 文书的形成

1.公司内部产生的规章制度，重要的通知、通报。

2.公司与外部合作交流产生的文书。

3.上级单位下发的文书。

第5条 文书的密级等级及发文形式

1.文件的密级分为普通、秘密、机密和绝密四个等级。

2.发文形式主要包括纸质文档和电子文档。

第6条 文书种类

公司内部使用的文书包括以下六类。

1.决定：对重要事件做出的安排。

2.通知：公司转发上级公文或发布制度等。

3.报告：下级汇报工作、反映情况。

4.请示：下级向上级请求指示、批准。

5.批复：上级答复下级请示事项。

6.会议纪要：记载和传达公司会议的情况与议定事项。

第7条 文书的签署与盖章

1.各部门无权对外发文，对外发文只能以公司名义进行。

2.以公司名义发布的文书须经公司董事长的审批，收文部门签字后方可对外发布。

3.行政部须对所有文书进行编号管理。

第8条 文书的发布与归档

1.未经相关负责人审核的文书不得对外发布。

2.不论是公司级文书还是部门级文书，都必须进行登记与归档。

（续）

3.行政部须对所发文书的编号、名称、份数、时间进行登记，收文部门须在"文件签收单"上签字后方可领取文书。 第 9 条　附则 　1.本制度未尽事宜，参照公司的相关规定执行。 　2.本制度由公司行政部负责起草和修订，经总经理审批后生效。					
编制日期		审核日期		批准日期	
修改标记		修改处数		修改日期	

4.3 文书管理

4.3.1 文书管理流程

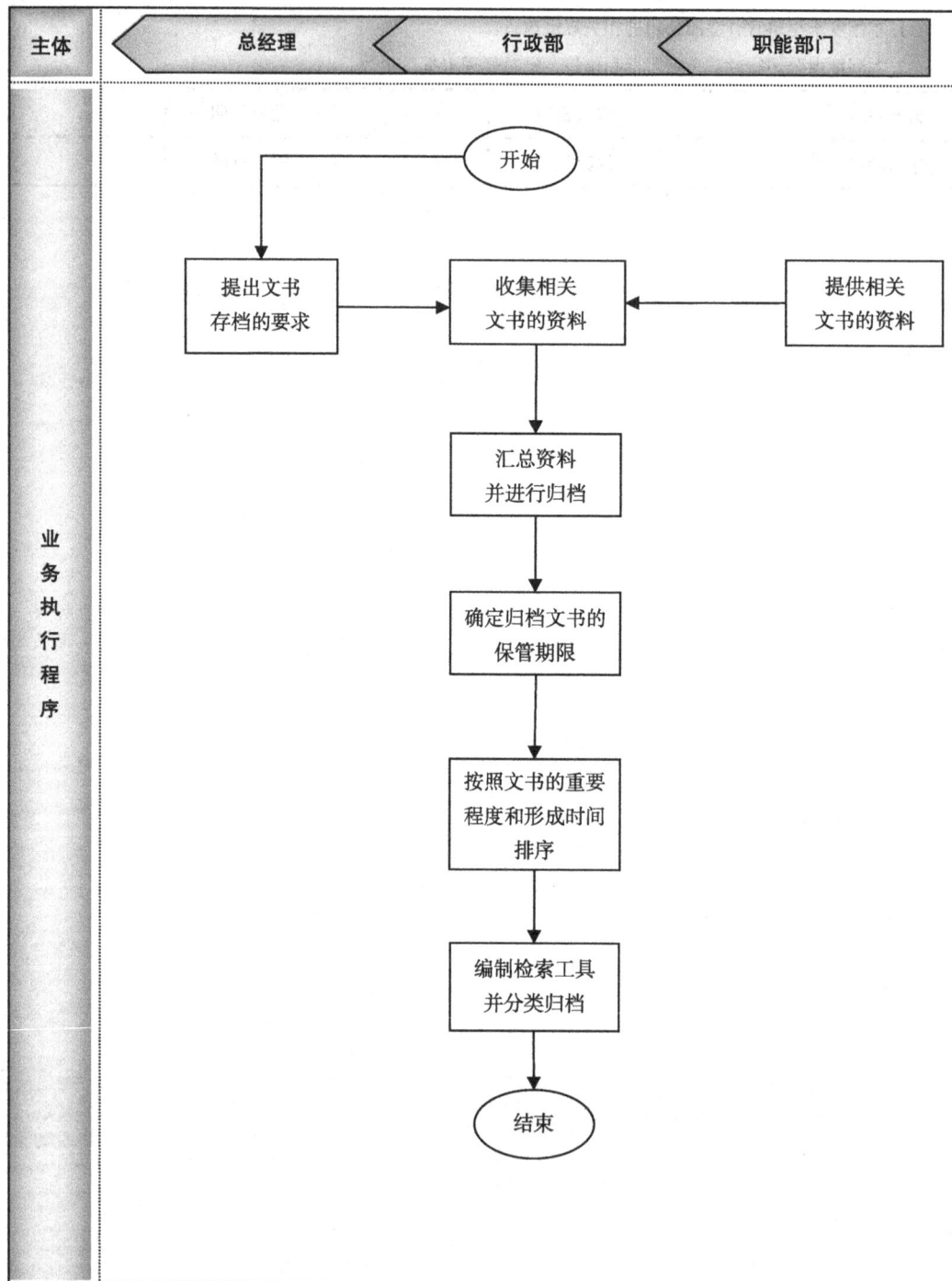

主体	总经理	行政部	职能部门
业务执行程序			

开始

提出文书
存档的要求

收集相关
文书的资料

提供相关
文书的资料

汇总资料
并进行归档

确定归档文书的
保管期限

按照文书的重要
程度和形成时间
排序

编制检索工具
并分类归档

结束

4.3.2 文书管理实施细则

制度名称	文书管理实施细则	编号	
		版本	

第一章 总则

第1条 目的

为了确保公司文书管理工作正常进行，提高文书处理的效率和文书管理的质量，特制定本细则。

第2条 管理原则

文书管理以准确、快速为原则。

第3条 适用范围

本细则适用于公司内部所有文书的管理工作。

第二章 文书的类型

第4条 文书的类型

公司文书包括因工作需要发布的往来公文、报告、会议决议、规定、合同书、专利许可证书、电报和各种账簿等文书。

第5条 文书保密等级

1.绝密文书，指极其重要且不得向无关人员透露内容的文书。

2.机密文书，指重要且不得向无关人员透露内容的文书。

3.秘密文书，指不宜向公司以外人员透露内容的文书。

4.普通文书，指非机密文书。如果附有其他调查问卷之类的重要资料，则另当别论。

第三章 文书的书写规范

第6条 文书的书写与修改要求

1.文书必须简明扼要，一事一议，语言措辞力求准确规范。

2.修改文书时，修改者必须认真审阅文书原件，修改后须署名。

第7条 文书的起草

起草文书之前必须取得相关部门主管的同意。起草重要文书须事先进行公证，并在正式文书形成前附上公证材料。

第8条 文书的署名

1.公司内部文书，如果是一般往来文书，只需相关部门主管署名；如果是单纯的上报文书或不涉及其他部门的文书，只需部门署名；如果是重要文书，按职责范围由总经理、副总经理、常务董事署名，或者由相关部门主管署名。

2.对外文书，如合同书、责任状、政府许可书、回执和公告等重要文书，一律由总经理署名。如果是总经理委托事项，可由指定责任人署名。其他文书须由分公司或分支机构主管署名。

第9条 文书的盖章

1.在文书正本上须加盖文书署名者的印章，副本可以加盖署名者或署名者所在部门的印章。

2.如果文书署名者不在，可加盖代理者或具体执行者的印章，但在文书存档前必须加盖署名者的印章。

（续）

3. 以部门或公司名义起草的文书，须加盖相关责任人的印章。

第四章　文书的格式要求

第 10 条　封面的要求

1. 一般情况下，10 页以内的文书可不加封面。

2. 规划、纲领性文件、规章制度、材料汇编等文书必须加封面。

3. 封面可使用必要的文字和公司标志，但不可使用花边和图案。

第 11 条　标准文书格式

标准文书由眉首、主体和版记三部分组成。文书的字体、颜色、行间距等须遵守公司的统一规定。

1. 文书眉首是指文书首页红色横线及以上的各要素，包括发文单位标识、发文字号、秘密等级和保密期限、紧急程度等内容。眉首部分占文书首页的 1/4 ~ 1/3。

2. 文书主体是指红色横线以下至主题词（不含）以上的各要素，包括标题、主送单位、正文、附件、发文单位、成文日期、印章等。

3. 文书版记是指主题词及以下的各要素，包括主题词、抄送（抄报、呈报）单位、印发栏（撰稿、核稿）等。

第 12 条　简化文书格式

简化文书一般保留标准文书的主体部分，省略标准文书的眉首（保留发文字号，并将发文字号移至正文标题正下方）和版记（保留抄送单位，不加下划线）。

第 13 条　标准文书和简化文书的选择

1. 对外正式文书采用标准文书格式，但可省略版记。

2. 命令（令）、决议、决定、通报必须采用标准文书格式。

3. 以公司名义下发（加盖公司印章）的通知和会议纪要须采用标准文书格式。

4. 报告、请示、批复、意见、函的行文格式须采用简化文书格式。

5. 以职能部门名义（加盖职能部门印章）在本部门下发的通知和会议纪要须采用简化文书格式。

第五章　文书的收发

第 14 条　文书主管部门负责接收文书，并按以下三个要求处理文书。

1. 如是一般文书，应予以启封并分送至各部门。

2. 私人信件应直接送交收信人。

3. 分送至各部门的文书若有差错，文书主管部门必须立即追回。

第 15 条　各部门的邮寄文书须于发送前在"函件寄送记录表"（见附表）上登记。

第 16 条　需要邮寄或由专人递交的文书须写明发送及接收单位、地址、收件人姓名等内容，必要时交办公室备案。如果是公司内部文书，原则上无须封缄。

第六章　文书的处理

第 17 条　普通文书的处理

1. 部门经理以上级别的主管人员负责对文书进行审批、答复、批办及做出其他必要的处理，或者由其指定人员对文书进行处理。

（续）

2.处理过程中如遇重大问题或异常情况，须及时向上级汇报，并按上级指示办理。

第18条　机密文书的处理

1.机密文书原则上由相关责任人或当事人自行处理。

2.亲启文书原则上由信封上指明的人自行开启，其他人不得擅自开启。

第19条　文书处理意见存在分歧时的解决办法

与多个部门有关的文书，如果各部门对其处理意见存在分歧，则由文书的主管部门出面协商；如果协商后仍无法达成一致，应请示上级领导，由上级领导裁决。

第七章　文书的整理与保存

第20条　文书的整理与保存

1.使用完毕的文书，应在使用完毕后三日内交行政部保存。行政部须按照完整、有序的原则对文件进行整理、检查，首先按类别、年代立卷，再按文书所属部门、文书机密程度、整理编号和保存年限进行整理与编辑，最后在"文书保存簿"上登记并归档保存。

2.个人不得保存公司文书，凡参加会议带回的文书，须及时交行政部登记保存。

3.分公司或分支机构的文书分为两类，一类是特别重要的文书，由相关主管保存；另一类是一般的文书，由各部门保存。

第21条　文书的保存年限

各类文书的保存年限如下表所示。

各类文书的保存年限

保存年限	文书的类别
永久	公司章程，股东大会及董事会议事记录，重要的制度性规定，重要的契约书、协议书、登记注册文书，股权关系文书和其他重要的文书
十年	请求审批的文书，人事任命文书，与奖金、工资与津贴有关的文书，财务会计账簿，会计报表及无需永久保存的重要文书
五年	不需要保存十年的较重要的文书
一年	无关紧要的或临时性的文书，若是调查报告，则由所在部门主管确定其保存年限

第22条　注意事项

1.重要的机密文件一律存放在保险柜或带锁的文件柜中。

2.对于保存期满或没必要继续保存的文书，经主管领导同意，列明销毁的理由和日期之后，以焚烧的方式予以销毁。任何个人不得擅自销毁文书。无需立卷的文书材料须逐件登记，报公司领导批准后方可销毁。

3.销毁秘密以上级别的文书须事先登记，由专人监督，保证不丢失、不遗漏。

4.借阅重要文书时必须做好登记工作，并注明归还日期。借阅前必须出示借阅证。

（续）

第八章 附则

第 23 条　本细则由公司行政部负责制定与修订，其解释权归行政部所有。

第 24 条　本细则报公司总经理审批通过后，自颁布之日起实施。

附表：函件寄送记录表

函件寄送记录表

序号	外发时间	函件信息			发件人信息		密级
		函件类别	外发地址	收件人	外发人	外发单位	

编制日期		审核日期		批准日期	
修改标记		修改处数		修改日期	

第 5 章

公共关系管理

5.1 媒体公关

5.1.1 媒体公关管理流程

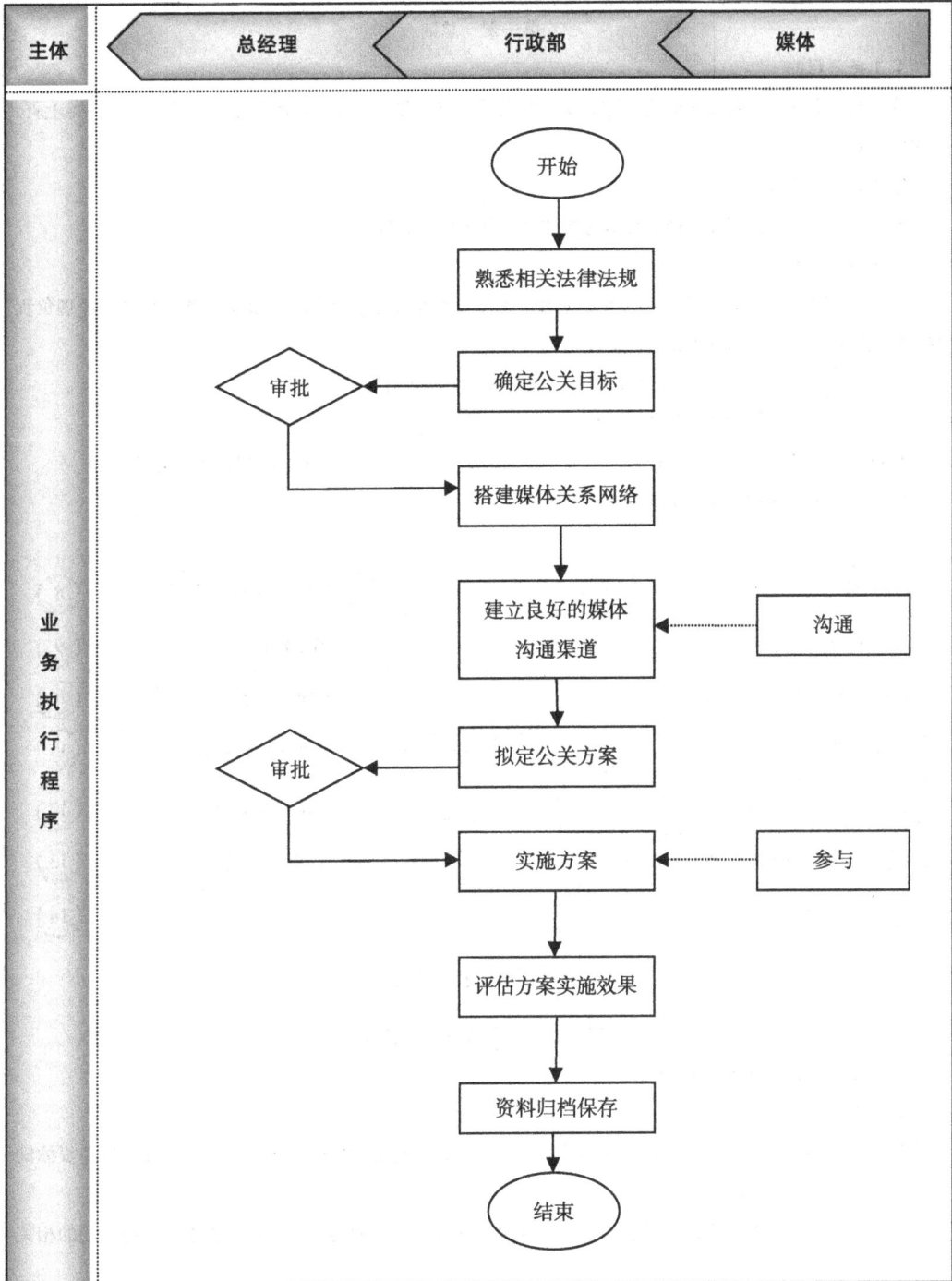

主体	总经理	行政部	媒体

业务执行程序

```
                        开始
                         │
                         ▼
                 熟悉相关法律法规
                         │
                         ▼
      审批  ◂──────  确定公关目标

                         
                 搭建媒体关系网络
                         │
                         ▼
                 建立良好的媒体  ◂····  沟通
                 沟通渠道
                         │
                         ▼
      审批  ◂──────  拟定公关方案

                         
                 实施方案  ◂····  参与
                         │
                         ▼
                 评估方案实施效果
                         │
                         ▼
                 资料归档保存
                         │
                         ▼
                        结束
```

5.1.2　媒体公关管理制度

制度名称	媒体公关管理制度	编号	
		版本	

第一章　总则

第 1 条　目的

为了规范公司的媒体公关管理工作，塑造公司的良好形象，提高公司的美誉度，及时化解各类矛盾，特制定本制度。

第 2 条　适用范围

本制度适用于公关媒体选择、合作与评估等方面的管理工作。

第 3 条　职责分工

公司的媒体公关工作由行政部负责，必要时其他部门应协助行政部完成相关工作。公司总经理负责媒体公关的整体协调与指导工作。

第二章　公关媒体的选择及注意事项

第 4 条　公关媒体的种类及选择流程

1. 可选择的公关媒体包括电视台、广播、网络论坛、微博、报纸、杂志、横幅和公交广告等。

2. 在选择公关媒体时应遵循下图所示的流程。

① 确定公关策略		⑧ 编制媒体选择方案
② 明确公关目标		⑨ 确定媒体
③ 确定对媒体的要求		⑩ 与确定的媒体联系
④ 收集媒体资料	公关媒体选择流程图	⑪ 与确定的媒体谈判
⑤ 列出待选媒体		⑫ 拟定合作合同
⑥ 对待选媒体进行评价与比较		⑬ 签订合作合同
⑦ 评估与论证		⑭ 与媒体合作

公关媒体选择流程图

第三章　与公关媒体的合作

第 5 条　与公关媒体合作的要求

1. 以维护公众利益为原则。

2. 以积极主动为原则。只有积极主动地与媒体打交道，将准确的信息传达给媒体，才能避免媒体向社会传播不准确的信息。

3. 与媒体保持适当互动。公司在举行大型营销会或公益活动时可邀请一些媒体参加，将活动的相关信息提供给媒体。

（续）

第四章 媒体公关评估

第 6 条 媒体公关评估的目的

为了规范公司媒体公关工作，提高媒体公关的质量，强化媒体公关的意识，在每次媒体公关结束后，行政部都要对媒体公关工作进行评估。

第 7 条 媒体公关评估的内容

媒体公关评估的内容如下表所示。

媒体公关评估的内容

评估项目	具体说明
媒体公关方案	在实施方案的过程中验证媒体公关方案是否合理，发现问题要及时记录并提出改进意见
媒体公关过程	在公关过程中发生了哪些突发事件，合作媒体的表现及公众的反应如何
媒体公关的资料	相关资料是否完备并及时归档
合作媒体满意度	通过统计媒体公关过程中正面报道与负面报道的次数来评估

第 8 条 媒体公关评估结果的应用

媒体公关评估结果主要应用于下列三项工作。

1. 为下一次公关媒体的选择提供依据。

2. 为下一次媒体公关工作提供参考。

3. 作为确定相关工作人员奖金的依据。

第五章 附则

第 9 条 本制度由公司行政部制定并负责解释。

第 10 条 本制度经公司总经理审批同意，自颁布之日起实施。

编制日期		审核日期		批准日期	
修改标记		修改处数		修改日期	

5.2 公关管理

5.2.1 公关管理流程

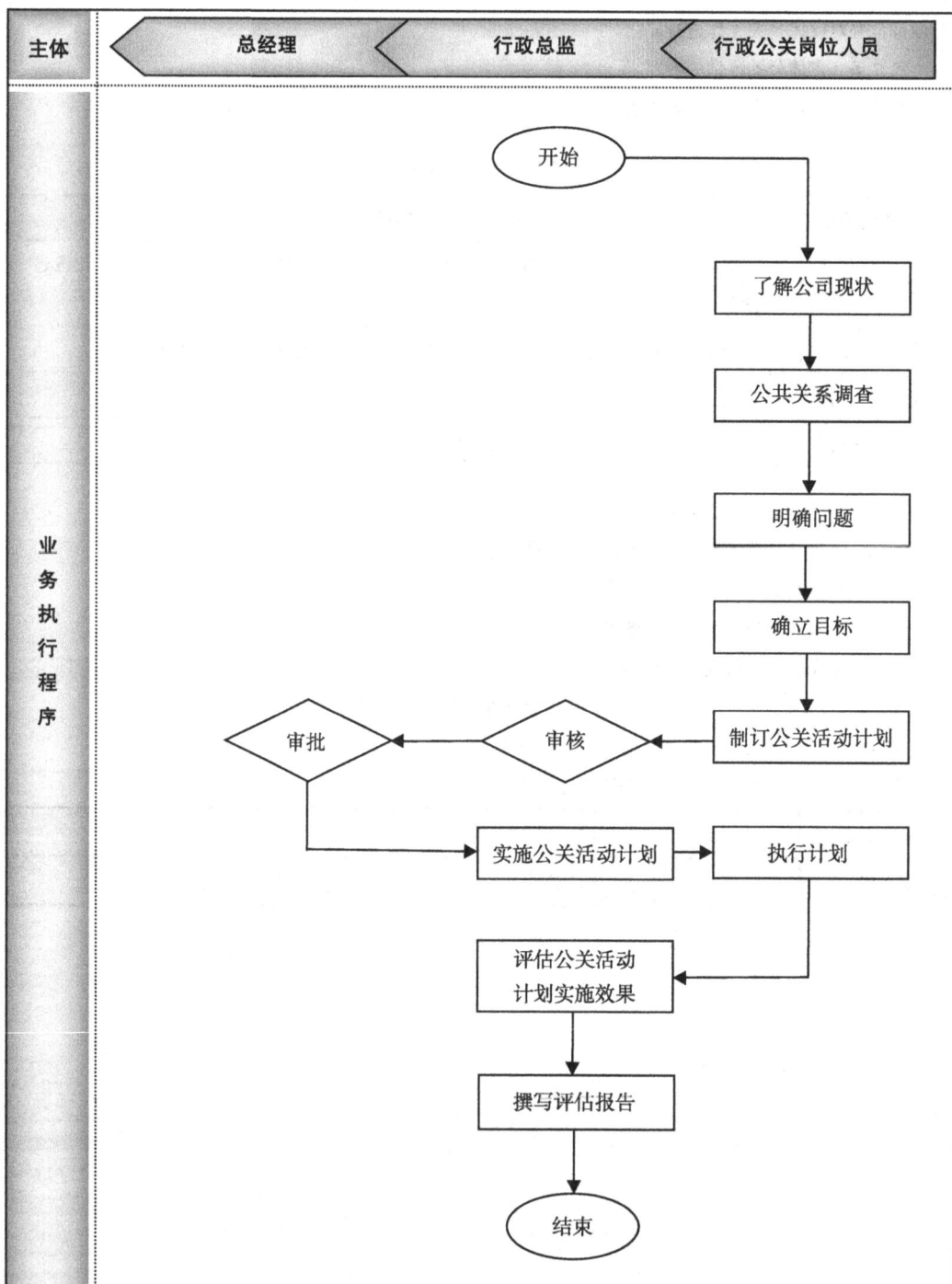

主体	总经理	行政总监	行政公关岗位人员

```
                                    ┌─────────┐
                                    │  开始   │
                                    └────┬────┘
                                         │
                                    ┌────▼────────┐
                                    │ 了解公司现状 │
                                    └────┬────────┘
                                         │
                                    ┌────▼────────┐
                                    │ 公共关系调查 │
                                    └────┬────────┘
                                         │
                                    ┌────▼────┐
                                    │ 明确问题 │
                                    └────┬────┘
                                         │
                                    ┌────▼────┐
                                    │ 确立目标 │
                                    └────┬────┘
                                         │
                     ┌──────┐  ┌──────┐  ┌────▼──────────┐
                     │ 审批 │◀─│ 审核 │◀─│ 制订公关活动计划 │
                     └──┬───┘  └──────┘  └───────────────┘
                        │
              ┌─────────▼──────┐   ┌────────┐
              │ 实施公关活动计划 │──▶│ 执行计划 │
              └────────────────┘   └───┬────┘
                                       │
              ┌──────────────┐         │
              │  评估公关活动  │◀────────┘
              │ 计划实施效果  │
              └──────┬───────┘
                     │
              ┌──────▼───────┐
              │  撰写评估报告  │
              └──────┬───────┘
                     │
                ┌────▼────┐
                │  结束   │
                └─────────┘
```

业务执行程序

5.2.2　公关管理制度

制度名称	公关管理制度	编号	
		版本	

第一章　总则

第 1 条　目的

为了提升企业的公众形象，规范公司公关活动和公关人员的行为，特制定本制度。

第 2 条　管理职责

本公司所有公关事务统一由行政部管理。公司总经理负责公关工作的整体协调。

第 3 条　公关管理原则

1. 对外保持口径一致。

2. 积极动员公司全体员工参与公关。

3. 根据公关目标、任务、对象精心设计公关方案。

4. 忌弄虚作假、夸夸其谈。

第 4 条　公关人员的素质要求

公关人员应具备丰富的知识（包括公关理论知识、实务知识及其他相关知识）、较强的能力（如语言表达能力、应变能力等）和良好的心理素质。

第二章　公关管理的内容

第 5 条　公关的对象

1. 业务关系单位包括客户、供应商、竞争对手等。

2. 公司内部对象包括员工、股东等。

3. 公司外部对象包括政府部门、新闻媒体、公众等。

第 6 条　公关的主要方式

公司公关人员可根据公关项目的不同自主选择公关方式，主要公关方式如下表所示。

公关的主要方式

公关的主要方式	具体说明
宣传方式	包括广告、新闻宣传、新闻报道、专题报道、记者专访等
服务方式	提供优质产品、服务等，如提供三包、送货、延长保修期等服务
社会方式	举办纪念会、庆祝会、赞助、展览会、联欢会等活动
征询方式	包括满意度测试、问卷调查和有奖征询等

第三章　公司形象管理

第 7 条　公司视觉识别系统是公司对内对外形象管理的重要工具。

（续）

| 第 8 条　公司各部门及各分支机构应按照《公司标识使用管理办法》的要求推广公司视觉识别系统。 |

第四章　公司新闻宣传管理

第 9 条　公司的新闻发布及新闻宣传应采取召开新闻发布会、记者招待会，邀请记者来公司采访或向新闻媒体提供新闻通稿等形式进行。相关人员可根据具体的情况和要求，采取不同的新闻发布及新闻宣传形式。

第 10 条　相关人员按照集中管理，统一发布的要求，做好公司的新闻发布工作，保证新闻信息发布的准确性和权威性。公司推行新闻发言人制度，公司新闻发言人由_____担任。

第 11 条　凡对公司发展有重大影响且需及时对外介绍的事项，可根据需要不定期举行新闻发布会。

第 12 条　公司举行重要新闻发布活动，行政部应根据发布内容拟定新闻发布计划，上报公司领导批准后组织实施。

第 13 条　新闻发布会结束后，行政部应及时做好相关新闻报道的反馈、总结及资料归档等工作。

第五章　重大公共关系活动管理

第 14 条　重大公关活动须由公司总经理亲自组织。必要时可聘请专业公关公司或人员策划公关方案。

第 15 条　分公司举办重大公关活动后须将该活动的文字、照片、音像等资料于活动结束之日起____日内提交至行政部。

第六章　附则

第 16 条　本制度的解释权归公司行政部所有。

第 17 条　本制度自颁布之日起实施。

编制日期		审核日期		批准日期	
修改标记		修改处数		修改日期	

5.3 危机公关

5.3.1 危机公关管理流程

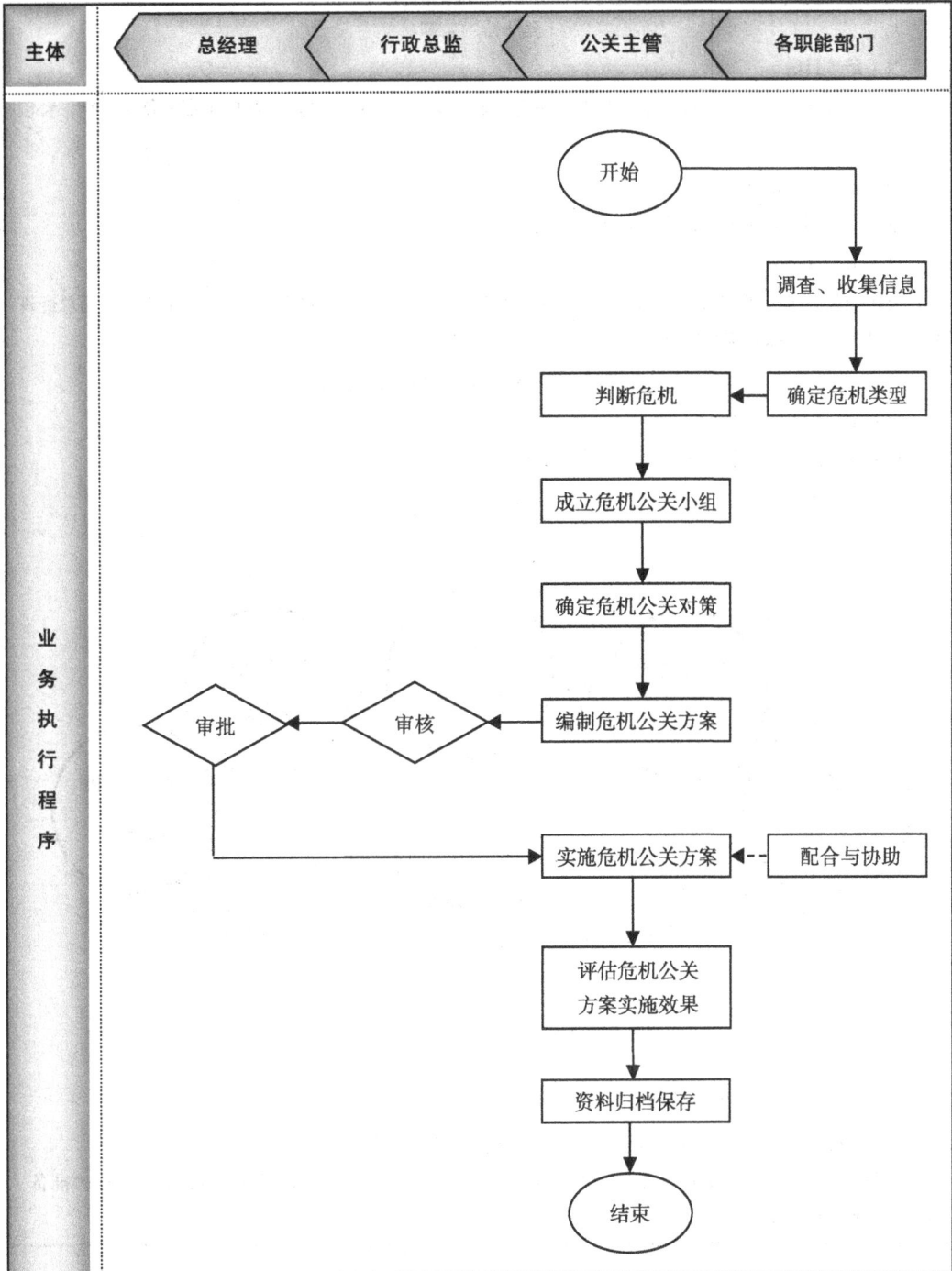

主体	总经理	行政总监	公关主管	各职能部门

业务执行程序

开始

调查、收集信息

确定危机类型

判断危机

成立危机公关小组

确定危机公关对策

编制危机公关方案

审核

审批

实施危机公关方案 ◂-- 配合与协助

评估危机公关方案实施效果

资料归档保存

结束

5.3.2 危机公关管理制度

制度名称	危机公关管理制度	编号	
		版本	

第一章 总则

第1条 目的

为了消除潜在危机，将危机带来的损失降至最低，防止危机给公司声誉和信用带来负面影响，特制定本制度。

第2条 适用范围

本制度适用于公司所有危机公关的管理工作。

第3条 职责分工

公司的危机公关工作由行政部负责，必要时其他部门应协助行政部完成危机公关工作。公司总经理负责危机公关的整体协调与指导工作。

第二章 危机的种类及日常应对准备

第4条 危机的种类

根据性质的不同，危机可分为下图所示的几类。

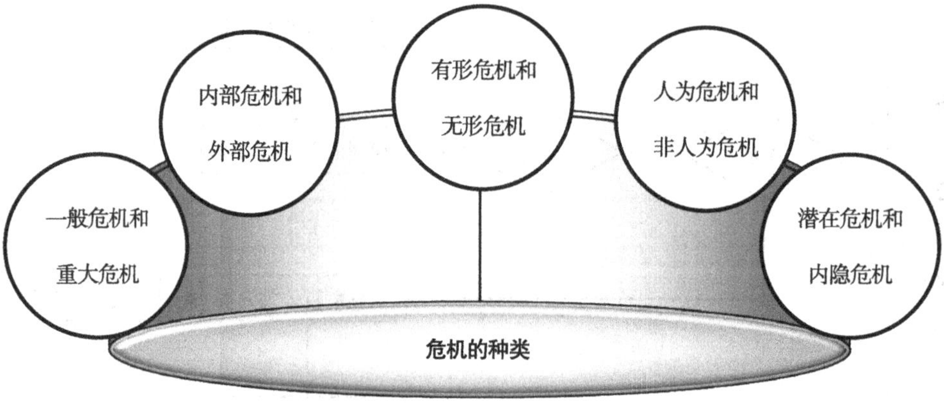

第5条 危机的日常应对准备

1.行政部分析公司有哪些潜在的危机，并制定相应的公关策略。

2.行政部须定期举办危机防范与处理培训，组织员工演练相关危机处理方案，做好危机处理准备，提高员工的危机意识。

（续）

3.行政部须成立危机公关小组，培养危机处理专业人员。

4.行政部须与政府部门、媒体、客户等保持良好的关系。

5.各部门要严格执行公司各项管理制度和工作程序，做好本职工作，把工作做好、做细，防止发生突发事件。

6.如发生突发事件，尽量在内部解决，及时化解矛盾，防止不良影响向外扩散。

7.对于本部门无法解决的突发事件，行政部要按程序迅速、准确地向上级领导汇报。公司各部门的员工应尽职尽责，不得互相推诿。

8.各部门平时要认真分析、准确判断并及时处理各种潜在的危机。一旦发生突发事件，须及时向主管领导汇报。

第三章　危机公关

第 6 条　危机公关的原则

发生危机后，如果公司相关工作人员处理不当，不仅不能及时化解危机，还会使危机进一步扩大，因此，危机公关通常应遵循下图所示的四大原则。

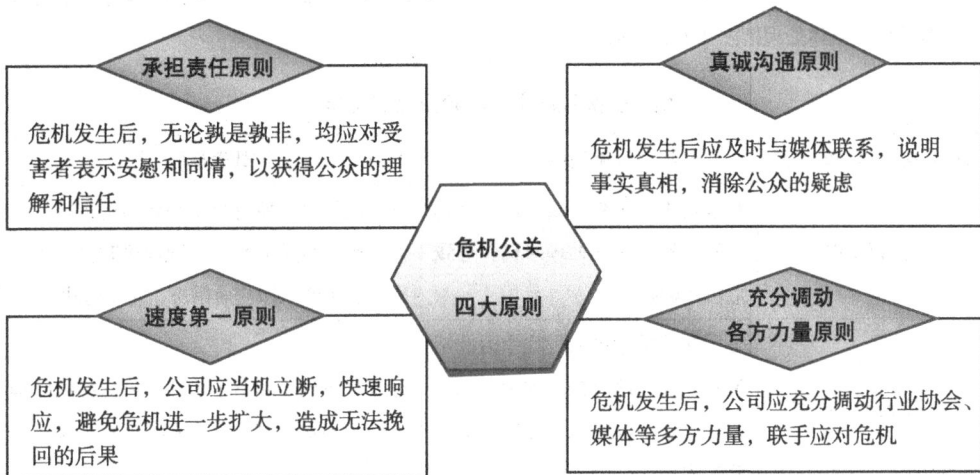

承担责任原则

危机发生后，无论孰是孰非，均应对受害者表示安慰和同情，以获得公众的理解和信任

真诚沟通原则

危机发生后应及时与媒体联系，说明事实真相，消除公众的疑虑

危机公关四大原则

速度第一原则

危机发生后，公司应当机立断，快速响应，避免危机进一步扩大，造成无法挽回的后果

充分调动各方力量原则

危机发生后，公司应充分调动行业协会、媒体等多方力量，联手应对危机

危机公关四大原则

第 7 条　危机公关管理流程

公司在进行危机公关管理时应遵循下图所示的流程，以免因为慌乱、考虑不周、处理不及时而使危机进一步扩大。

（续）

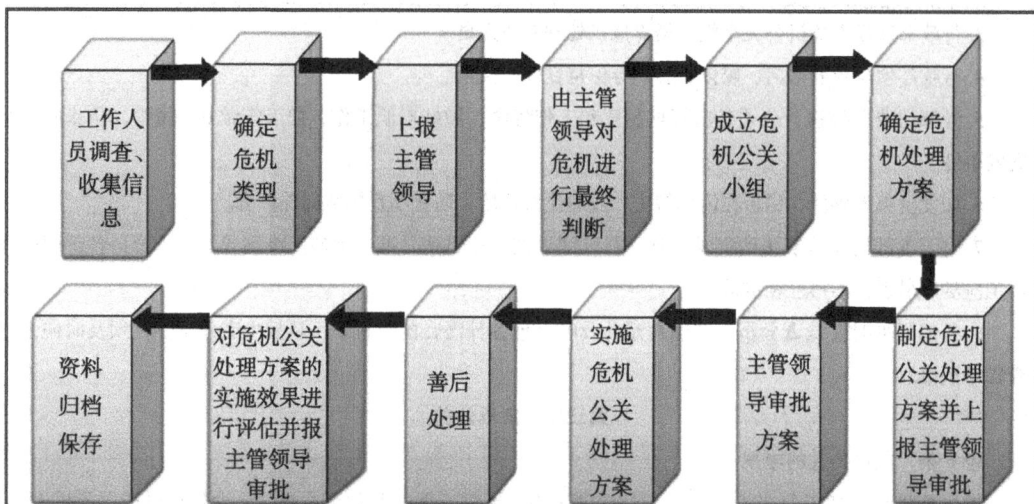

危机公关管理流程

第8条　危机公关存在的风险及预防措施

公司在危机公关的过程中常常面临一定的风险，行政部人员应正确认识这些风险并采取合理的措施，及时将其化解，具体处理措施如下表所示。

危机公关过程中的风险及处理措施

危机公关过程中的风险	风险说明	处理措施
反应速度慢	对危机不够重视或缺乏危机处理经验而错过最佳处理时机，导致危机不断扩大	发生危机时，所有员工均要高度重视，谨慎对待，相关人员在处理危机时要从大局出发，果断采取应对措施，化解危机
无法抓到本质问题	公司在公关危机的过程中治标不治本，没有解决根源问题，也就无法彻底解决危机，导致危机不断扩大	客观全面地了解整个事件，再冷静地处理危机，必要时可请专门机构处理危机
态度不端正	危机发生后，相关责任部门冷漠、推诿的态度引起公众的不满，使危机不断扩大	危机发生后把所有责任全部承担下来，用最负责任的态度与迅速的行动对事件做出回应
缺乏主动性	危机发生后未及时与受害者、媒体、公众进行沟通，社会上出现了许多负面的猜测、论断，竞争对手也可能恶意散播虚假消息，导致危机不断扩大	与公司内部员工沟通，让大家了解事件的所有细节，配合危机公关活动；主动与受害者沟通，平复其不满情绪，并向媒体通报事件的真实情况；请第三方权威机构介入

（续）

第四章　危机公关的后续工作

第 9 条　与公众沟通

1. 通过媒体及时公布事件的经过、处理办法和今后的预防措施。

2. 广泛听取公众的意见和建议。

3. 向公众表示诚恳的歉意。

第 10 条　与公众沟通

1. 及时准确地向客户传递相关信息，以书面形式说明公司所采取的应对措施。

2. 事件处理完毕后，须及时向公众表示诚恳的歉意。

第 11 条　慰问受害者

公司应及时派人慰问受害者并致歉，赔偿其损失，并做好各项服务工作。

第 12 条　完善危机公关方案

危机处理完毕后，应及时总结危机公关过程中存在的问题，对原方案进行修改和完善。

第 13 条　对危机公关效果进行评价

危机处理完毕后，行政部应及时对危机的处理过程进行分析、评价、总结并编制书面报告，上报主管领导审批。

第五章　附则

第 14 条　本制度由公司行政部负责制定与解释。

第 15 条　本制度经总经理审批同意，自颁布之日起实施。

编制日期		审核日期		批准日期	
修改标记		修改处数		修改日期	

5.4 新媒体管理

5.4.1 新媒体管理流程

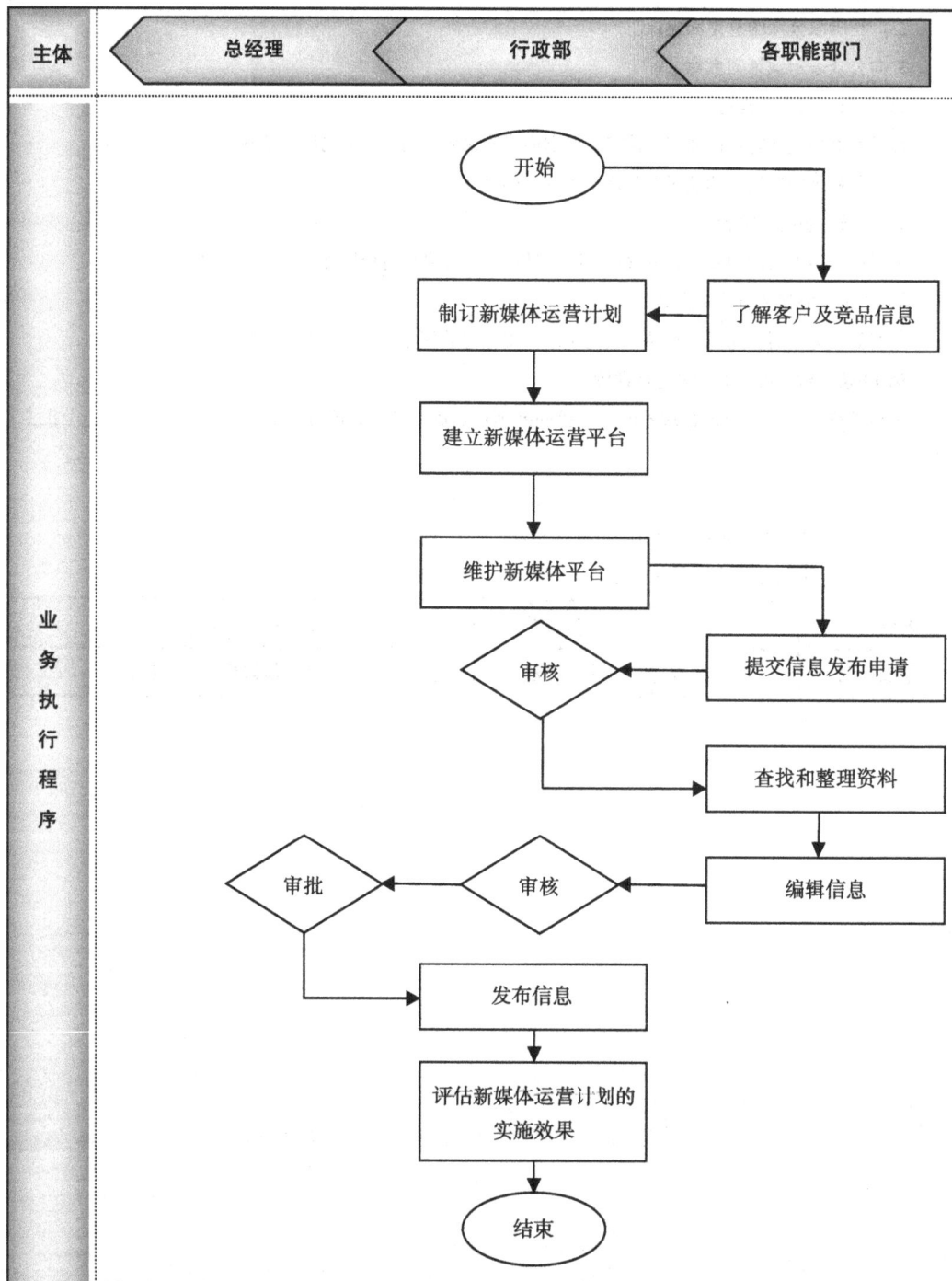

主体	总经理	行政部	各职能部门

业务执行程序

- 开始
- 了解客户及竞品信息
- 制订新媒体运营计划
- 建立新媒体运营平台
- 维护新媒体平台
- 提交信息发布申请
- 审核
- 查找和整理资料
- 编辑信息
- 审核
- 审批
- 发布信息
- 评估新媒体运营计划的实施效果
- 结束

5.4.2　新媒体管理制度

制度名称	新媒体管理制度	编号	
		版本	

第 1 条　目的

为了更好地运用新媒体平台服务客户，特制定本制度。

第 2 条　职责分工

1.公司行政部是新媒体管理的责任部门，负责新媒体平台的日常管理工作。

2.公司新媒体平台的信息供稿实行分工负责制，所有部门负责将本部门的业务信息提供给平台。

3.行政部负责人应指定专人负责拟发布信息的收集与整理工作。

第 3 条　新媒体平台的类别

本公司建立的新媒体平台包括但不限于微博、微信、博客和移动客户端等。

第 4 条　信息发布要求

1.公司在新媒体上发布的信息须经过严格审核，否则不得发布。

2.发布和转载相关信息必须符合相关规定，禁止发布涉密信息。

3.发布的信息主要包括以下四类：

（1）促销活动和公司重要活动信息及最新市场动态；

（2）公司重大事件；

（3）企业形象、产品、文化、公益活动等宣传信息；

（4）经营管理心得或其他经过审核的信息。

第 5 条　信息发布程序

1.行政部负责收集、整理信息并提出发布申请。

2.重要或紧急信息须提前一个工作日提出发布申请。

3.审核通过的信息由行政部在公司建立的新媒体平台上发布。

第 6 条　附则

1.本制度未尽事宜，参照公司的相关规定执行。

2.本制度由行政部负责起草和修订，经公司总经理审批后生效。

编制日期		审核日期		批准日期	
修改标记		修改处数		修改日期	

第 6 章

文件的保密管理

6.1 文件起草保密管理

6.1.1 文件起草保密管理流程

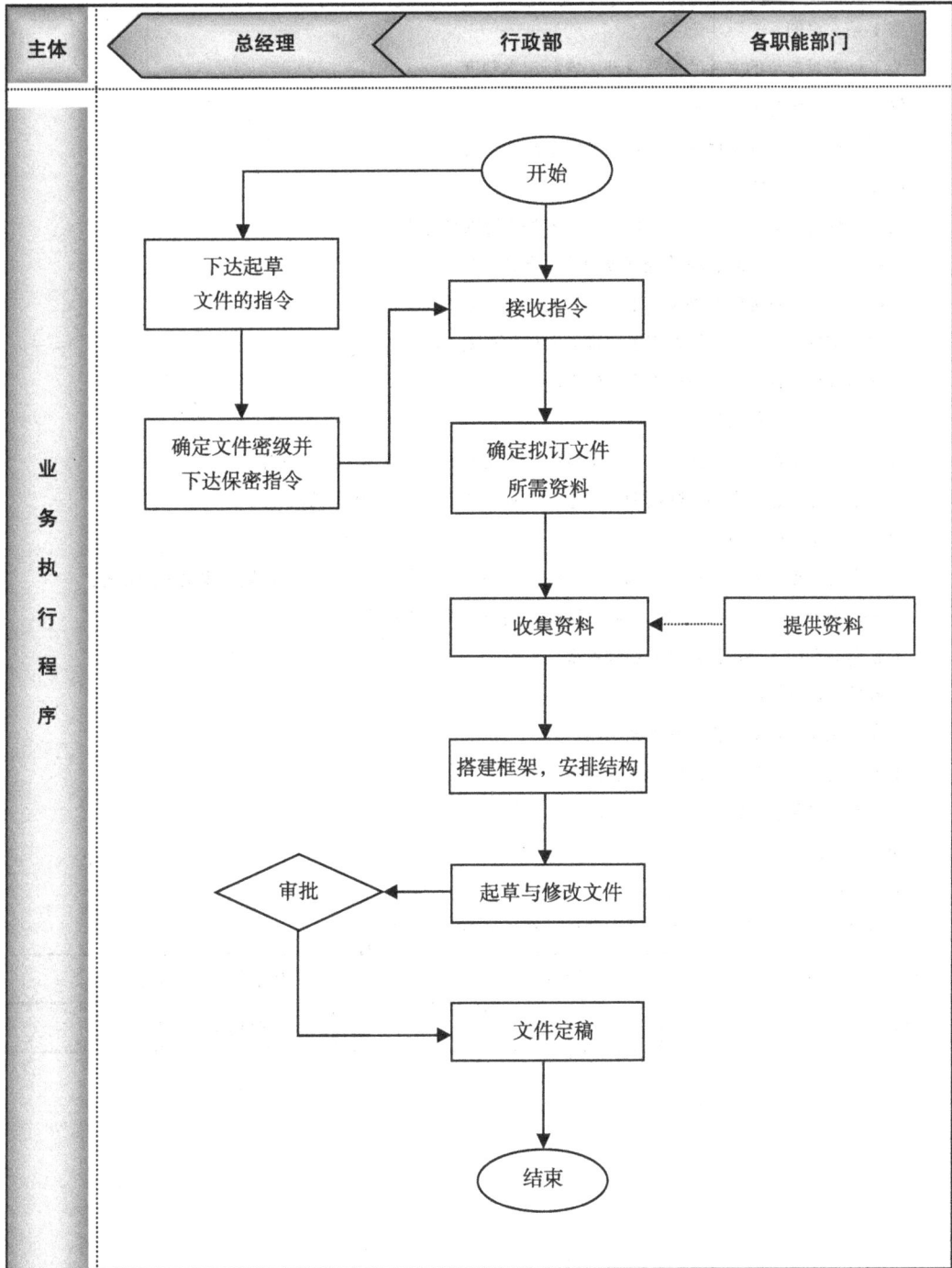

主体	总经理	行政部	各职能部门

业务执行程序

- 开始
- 下达起草文件的指令
- 接收指令
- 确定文件密级并下达保密指令
- 确定拟订文件所需资料
- 收集资料 ← 提供资料
- 搭建框架，安排结构
- 起草与修改文件 → 审批
- 文件定稿
- 结束

6.1.2 文件起草保密制度

制度名称	文件起草保密制度	编号	
		版本	

第1条　目的

为了加强对起草的文件的保密管理，特制定本制度。

第2条　适用范围

公司所有文件的起草保密工作均须按照本制度执行。

第3条　文件密级

公司文件的密级可分为绝密、机密、秘密和普通四个等级。

1.绝密文件，总经理、副总经理级别的人员可参阅。

2.机密文件，各部门经理及以上级别的人员可参阅。

3.秘密文件，各部门主管及以上级别的人员可参阅。

4.普通文件，普通员工及以上级别的人员可参阅。

第4条　起草文件所需资料的收集

1.收集的范围包括相关法律法规、上级单位下发的文件、工作会议记录等。

2.收集的方式包括运用互联网搜索信息、查阅归档资料、实地调研等。

第5条　文件的起草

1.行政部根据文件的类型和要求起草文件，并确保起草文件的消息不会传播到规定范围之外。

2.文件内容涉及多个部门时，行政部须将初稿送至相关部门会签。

3.起草完毕的文件须报公司总经理审批。

第6条　保密措施

1.文件起草人员对文件负有保密责任。

2.各部门负责人为本部门保密工作的负责人。

3.涉密文件须进行保密管理，避免泄密事件发生。

第7条　附则

1.本制度未尽事宜，参照公司的相关规定执行。

2.本制度由公司行政部负责起草和修订，经总经理审批通过后生效。

编制日期		审核日期		批准日期	
修改标记		修改处数		修改日期	

6.2 文件流转管理

6.2.1 文件转发流程

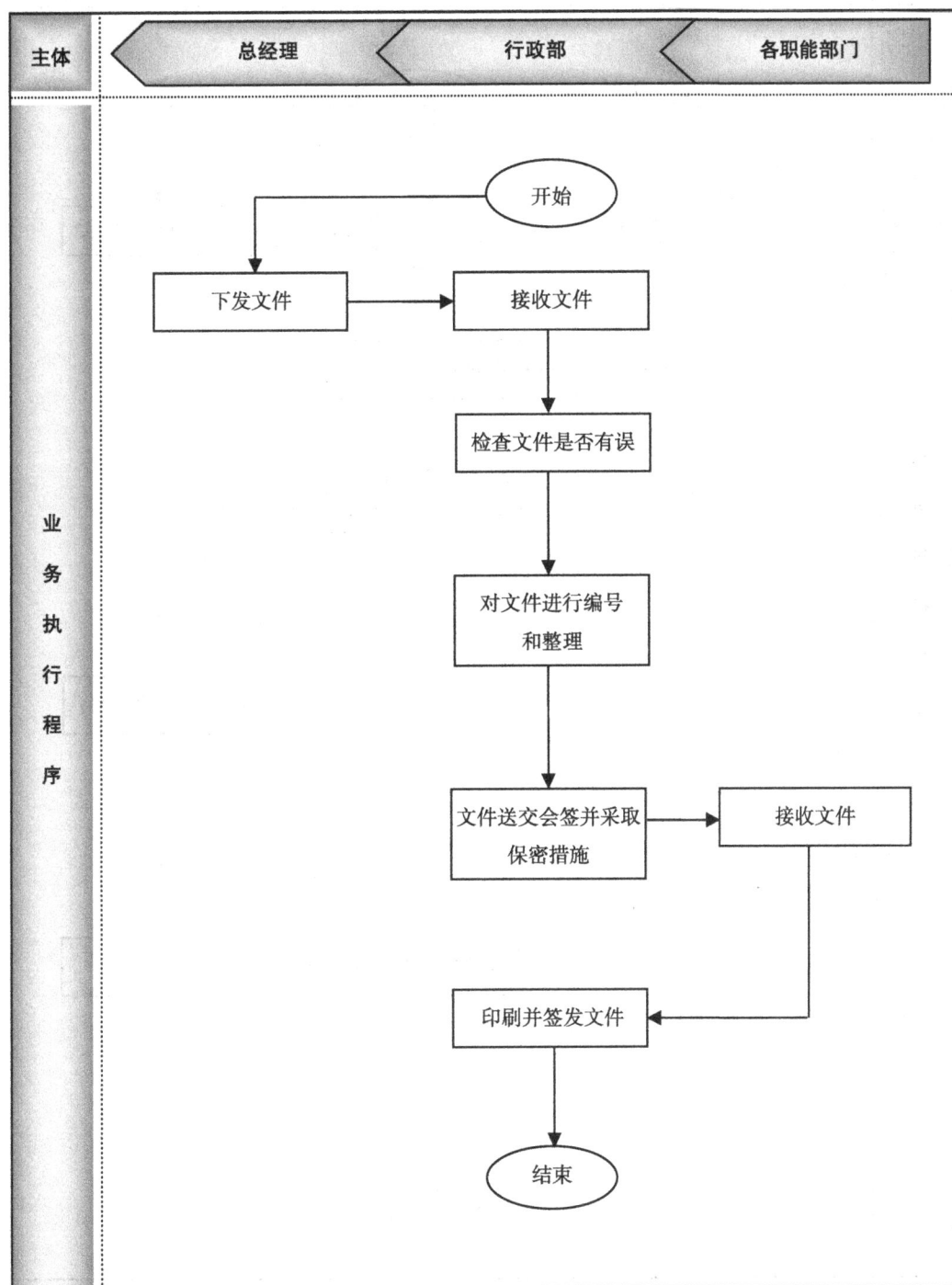

主体	总经理	行政部	各职能部门

业务执行程序

```
                                    ┌─────────┐
                                    │  开始   │
                                    └────┬────┘
                                         │
  ┌──────────┐         ┌──────────┐
  │ 下发文件 │────────▶│ 接收文件 │
  └──────────┘         └────┬─────┘
                            │
                            ▼
                    ┌───────────────┐
                    │ 检查文件是否有误 │
                    └───────┬───────┘
                            │
                            ▼
                    ┌───────────────┐
                    │ 对文件进行编号  │
                    │   和整理       │
                    └───────┬───────┘
                            │
                            ▼
              ┌───────────────┐      ┌──────────┐
              │ 文件送交会签并采取 │─────▶│ 接收文件 │
              │   保密措施      │      └────┬─────┘
              └───────────────┘           │
                    ▲                      │
                    │                      │
              ┌───────────────┐           │
              │ 印刷并签发文件  │◀──────────┘
              └───────┬───────┘
                      │
                      ▼
                 ┌─────────┐
                 │  结束   │
                 └─────────┘
```

6.2.2 文件借阅流程

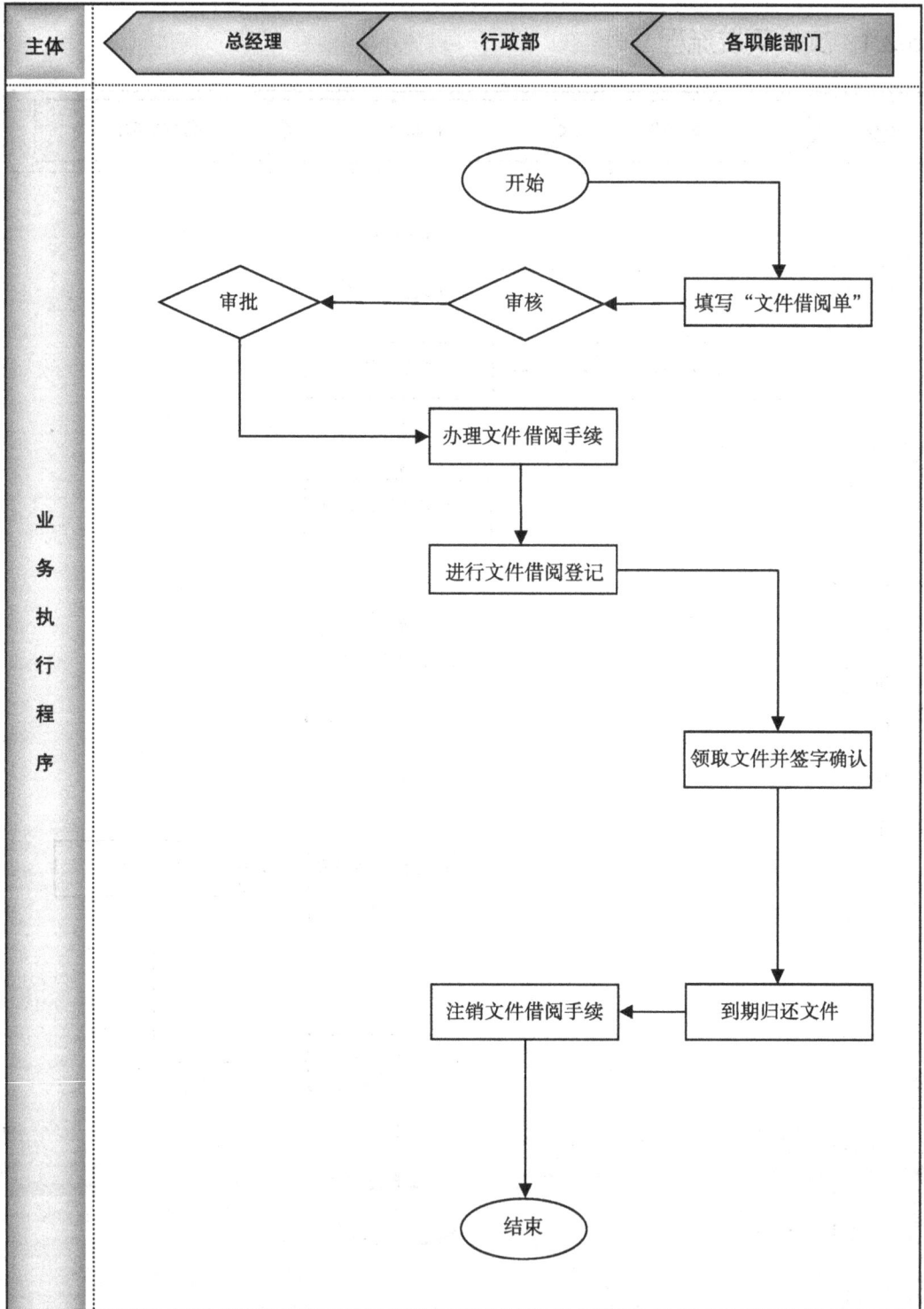

主体	总经理	行政部	各职能部门

业务执行程序

```
                              开始
                               │
                               ▼
   审批  ◄──  审核  ◄──  填写"文件借阅单"
    │
    ▼
  办理文件借阅手续
    │
    ▼
  进行文件借阅登记
                    │
                    ▼
              领取文件并签字确认
                    │
                    ▼
  注销文件借阅手续 ◄── 到期归还文件
    │
    ▼
   结束
```

6.2.3 文件传阅流程

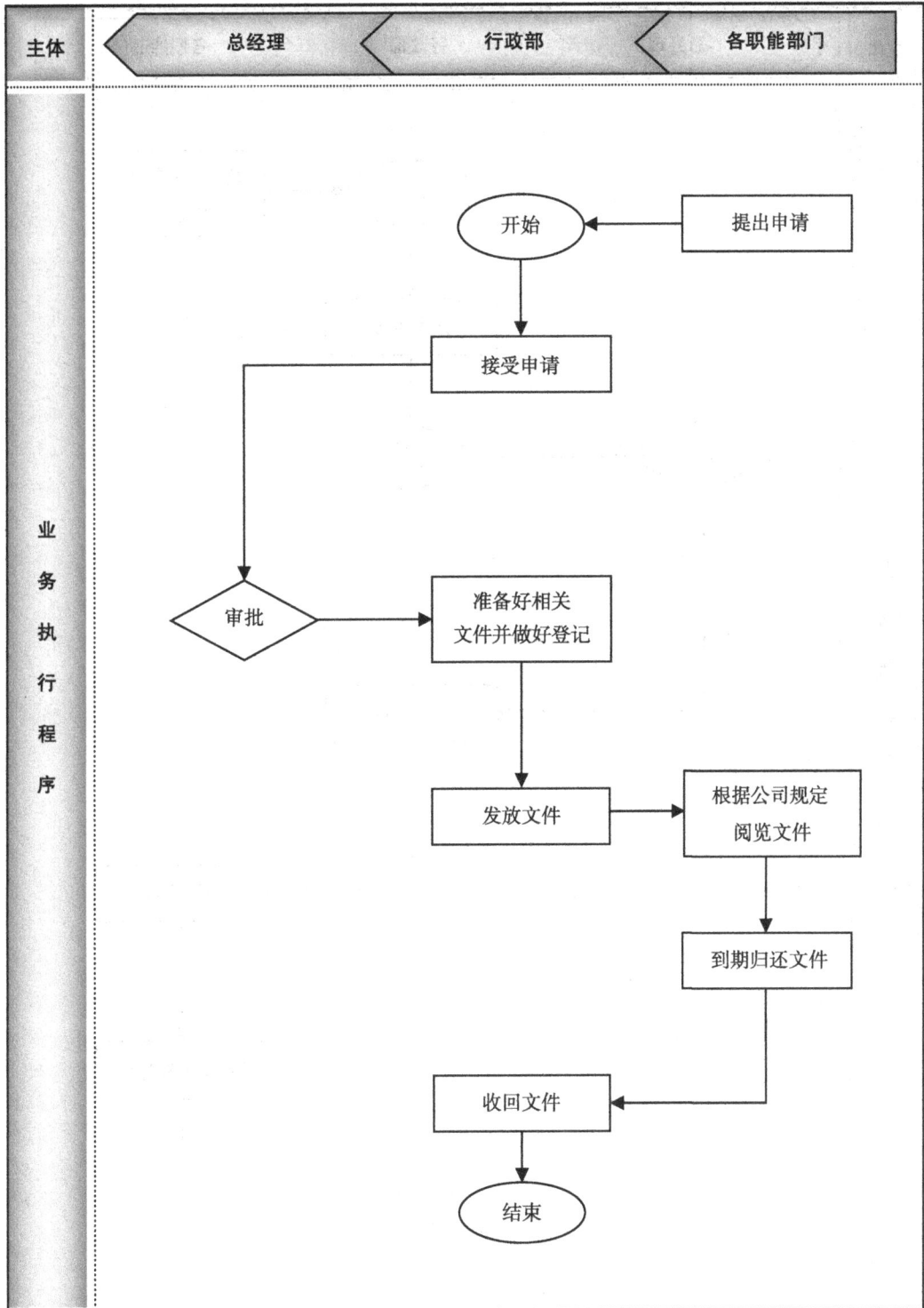

主体	总经理	行政部	各职能部门

业务执行程序

```
                              开始  ◄────────  提出申请
                               │
                               ▼
                             接受申请
        ┌──────────────────────┘
        │
        ▼
      审批  ──────►  准备好相关
                    文件并做好登记
                         │
                         ▼
                      发放文件  ──────►  根据公司规定
                                         阅览文件
                                            │
                                            ▼
                                         到期归还文件
                                            │
                      收回文件  ◄───────────┘
                         │
                         ▼
                       结束
```

6.2.4 文件复制流程

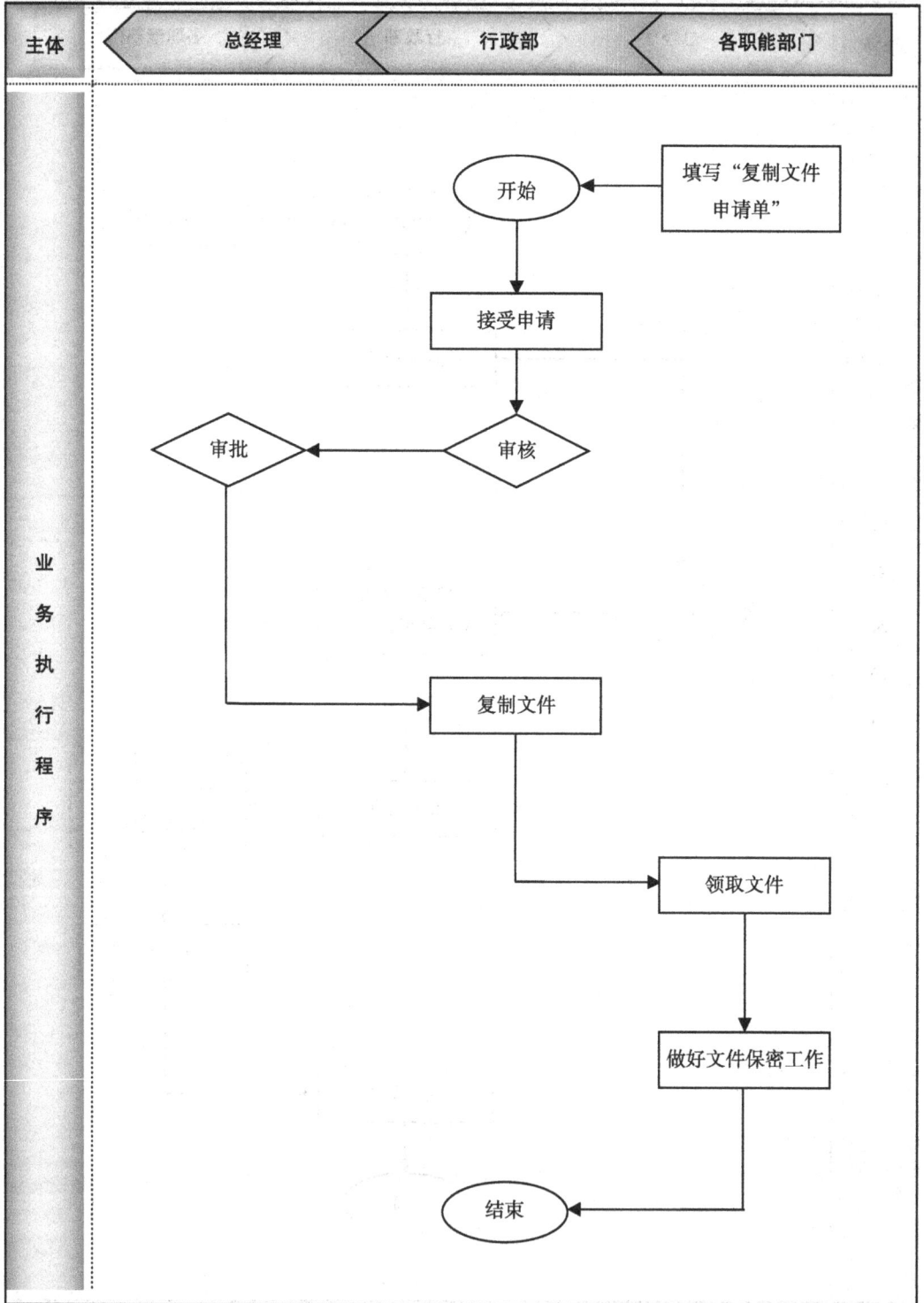

主体	总经理	行政部	各职能部门

业务执行程序

填写"复制文件申请单"

开始

接受申请

审核

审批

复制文件

领取文件

做好文件保密工作

结束

6.2.5 文件流转管理制度

制度名称	文件流转管理制度	编号	
		版本	

第 1 条　目的

为了规范文件的流转管理，提高文件签批、流转效率，特制定本制度。

第 2 条　适用范围界定

本制度所称文件，是指公司在生产、经营活动中，因工作需要产生的文字、图片、影像、声音等资料及外部单位发来的文书。

第 3 条　文件类型

文件类型主要包括内部文件、外来文件和下属单位文件。

1. 内部文件：公司内部文件和对外业务文件。

2. 外来文件：上级机关、其他单位发来的文件等。

3. 下属单位文件：请示公文、报告、付款单据和报销单等。

第 4 条　文件流转规定

文件流转分为收文和发文两个方面。收文包括传递、签收、登记、分发等环节；发文包括草拟、会签、审核、签发、复核等环节。

1. 收文管理

（1）外来文件由公司行政部签收并在"收文登记表"（见附表 1）上登记。

（2）收文登记完成后，由行政部将文件及"文件传阅单"提交分管领导提出初步处理意见，然后报总经理批示。

（3）外来文件或经公司领导批示传阅的文件，传阅人员须在"文件传阅单"上签字确认，并严格遵守保密规定。

（4）行政部对公司所有文件负管理责任，其他部门接收到文件、函电后应及时指定专人送交行政部，由行政部统一管理。

2. 发文管理

（1）各部门需要发文时，应事先向行政部提出申请。

（2）行政部审批发文后，各部门负责草拟文件初稿，部门经理审核初稿后将其提交至行政部。

（3）行政部对各部门提交的文件初稿进行审查和修改，形成可正式发布的最终文稿。

①行政部对文件初稿的内容、格式、逻辑进行审查。对于不符合要求的文稿，行政部有权退回并要求相关部门重拟。

②文件初稿经审查修改后，呈报行政总监审批。

（4）会签和签发。

需要会签的文件，由行政部组织相关部门进行会签。会签结果须由行政经理进行审批签发。

（5）印发。

行政部对批准签发的文稿进行统一编号、打印，并在"发文登记表"（见附表 2）上登记，之后按文件发送范围进行分发。

（续）

3. 文件传阅规定

（1）阅读文件须在办公室内进行，不得将文件携带至公共场所。

（2）不得随意抽取传阅夹内的文件阅读。若确有工作需要，必须取得行政部同意，并办理借阅手续。

（3）严格遵守公司保密规定，不得随意泄露文件内容。

（4）因工作需要继续使用文件时，须到行政部办理续借手续。

（5）文件阅读或使用完毕须及时交回指定的负责人，不得擅自将文件转给其他人员。

4. 其他文件流转规定

（1）文件审核时间不得超过两天，审批人须给出明确意见。

（2）由总经理或部门经理审核的文件，审核时间不得超过四天。

（3）跨公司流转文件时必须直线传播，不得在收文公司内部传播。

（4）严格遵守文件的保密规定，不得泄露含有公司机密的文件。

（5）爱护传阅的文件。

第 5 条　附则

1. 本制度未尽事宜，参照公司的相关规定执行。

2. 本制度由公司行政部负责起草和修订，经总经理审批通过后生效。

附表 1：收文登记表

附表 2：发文登记表

附表 1　收文登记表

日期	来文单位	文号	事由	份数	有无附件	签收

附表 2　发文登记表

填制部门			文件编号			
日期	发文部门	文件名称	文号	份数	密级	收件单位

编制日期		审核日期		批准日期	
修改标记		修改处数		修改日期	

6.3 文件保管保密管理

6.3.1 文件保管保密管理流程

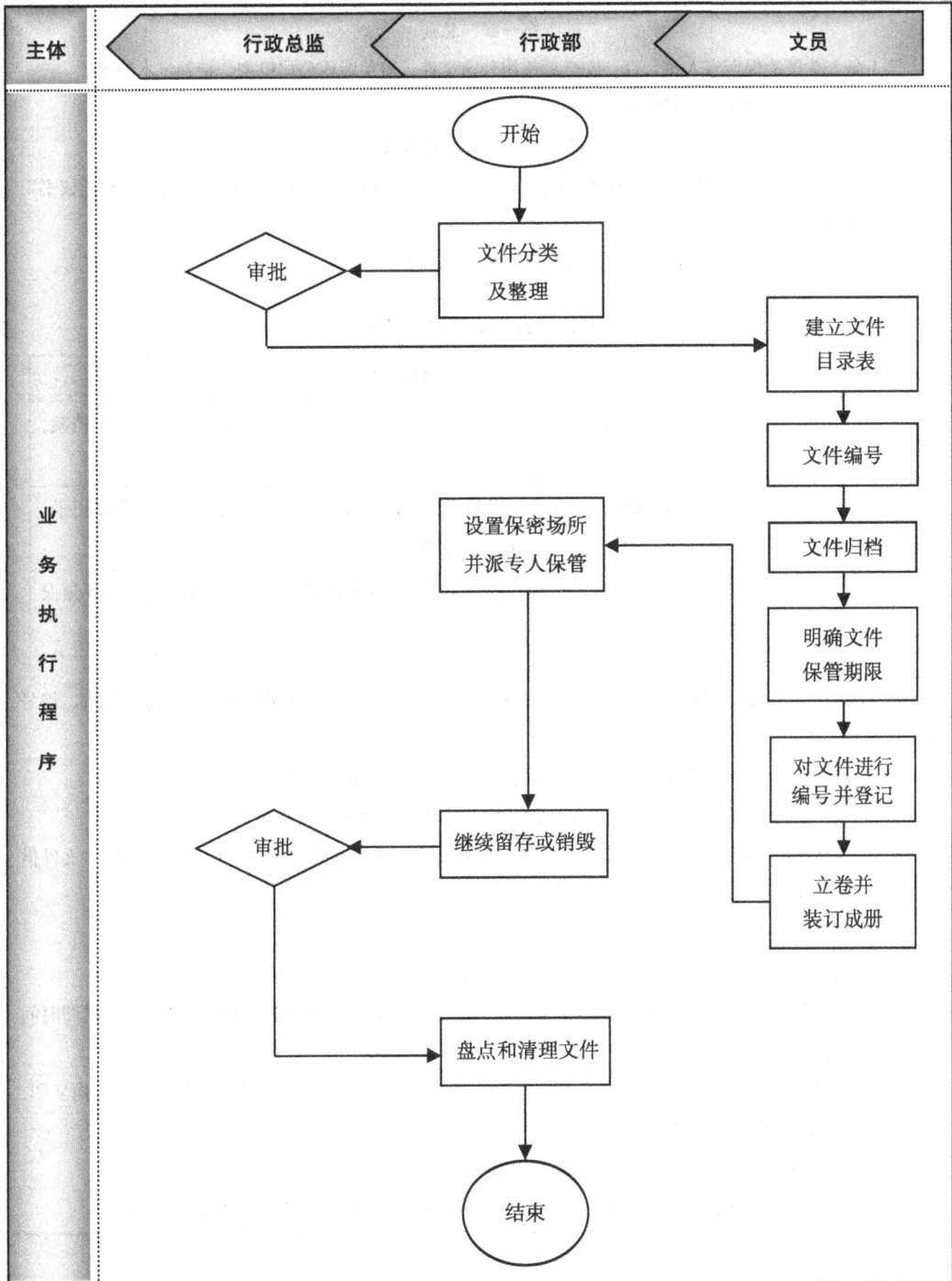

主体	行政总监	行政部	文员

业务执行程序

开始

文件分类及整理

审批

建立文件目录表

文件编号

文件归档

设置保密场所并派专人保管

明确文件保管期限

对文件进行编号并登记

继续留存或销毁

审批

立卷并装订成册

盘点和清理文件

结束

6.3.2 文件保管保密管理制度

制度名称	文件保管保密管理制度	编号	
		版本	

第一章　总则

第1条　为了确保所有人员合理、安全地使用公司文件，避免泄露公司机密，特制定本制度。

第2条　本制度适用于公司保密文件的管理和使用。

第二章　文件密级管理

第3条　行政部根据文件的具体内容，在相关部门的配合下划分文件密级，编制"文件密级建议书"，报行政经理审核，报总经理审批。

第4条　文件可分为A、B、C三个密级，密级的划分依据如下表所示。

文件的密级及其划分依据

密级	具体说明
A级	直接影响公司利益的决策性文件，与客户、供应商相关的文件，专利技术档案，技术图纸
B级	与公司发展规划、经营情况相关的文件，财务资料，统计资料，重要会议记录，公司在对外交往过程中签订的各类文件
C级	公司人事档案，员工薪酬报表，尚未公开的各类信息，A级、B级文件以外须保密的文件

第5条　将文件按照密级高低排序，编制"文件密级明细表"，在该表中注明文件名称、类别、编号和密级等。

第6条　行政部将文件及其复印件按照类别、编号、密级归档，并存放至指定的安全位置。

第三章　保密文件的借阅及保管

第7条　公司各部门员工如有需要，可向行政部提出借阅保密文件的申请。申请人须填写"文件借阅申请表"，经部门总监审查，报行政总监审批。

1.部门经理以上级别的人员可借阅A级保密文件。

2.部门主管、技术人员可借阅B级、C级保密文件。

第8条　借阅A级、B级保密文件时不得复印拍照，也不能带离行政部。C级保密文件的借阅时间不得超过三天。

第9条　如因工作需要须复印保密文件，须经总经理审批。待审批通过后，在指定复印机构复印，复印的文件使用完毕后应立即销毁。

第10条　严禁携带保密文件出入公共场所。

第11条　在销毁保密文件的复印件时，须至少有两人在场，并填写"保密文件销毁记录"。

（续）

第12条　行政部须仔细检查归还的文件档案，如无损毁、缺失，由双方签字确认；如发生损毁、缺失，行政人员须立即报上级主管，根据主管批示对借阅人进行惩处。

第13条　借阅人归还C级保密文件时，应在"保密文件借阅登记表"中详细填写归还时间、借阅人、经办人等信息。

第14条　一旦发生泄密事件，相关责任人须立刻上报部门经理、行政经理和总经理。

第15条　行政部负责调查文件泄密原因、总结教训，避免类似情况再次发生，并追究相关责任人的责任。

第四章　文书档案密级调整

第16条　行政部须对所有保密文件进行定期审查与整理。

第17条　对于需要解密和降级的文件，行政部须填写"文件密级调整表"，待行政经理审批通过后按照相关规定重新划分密级。

第五章　附则

第18条　本制度由公司行政部负责制定与修订，其解释权归行政部所有。

第19条　本制度报总经理审批通过后实施。

编制日期		审核日期		批准日期	
修改标记		修改处数		修改日期	

6.4 文件销毁管理

6.4.1 文件销毁管理流程

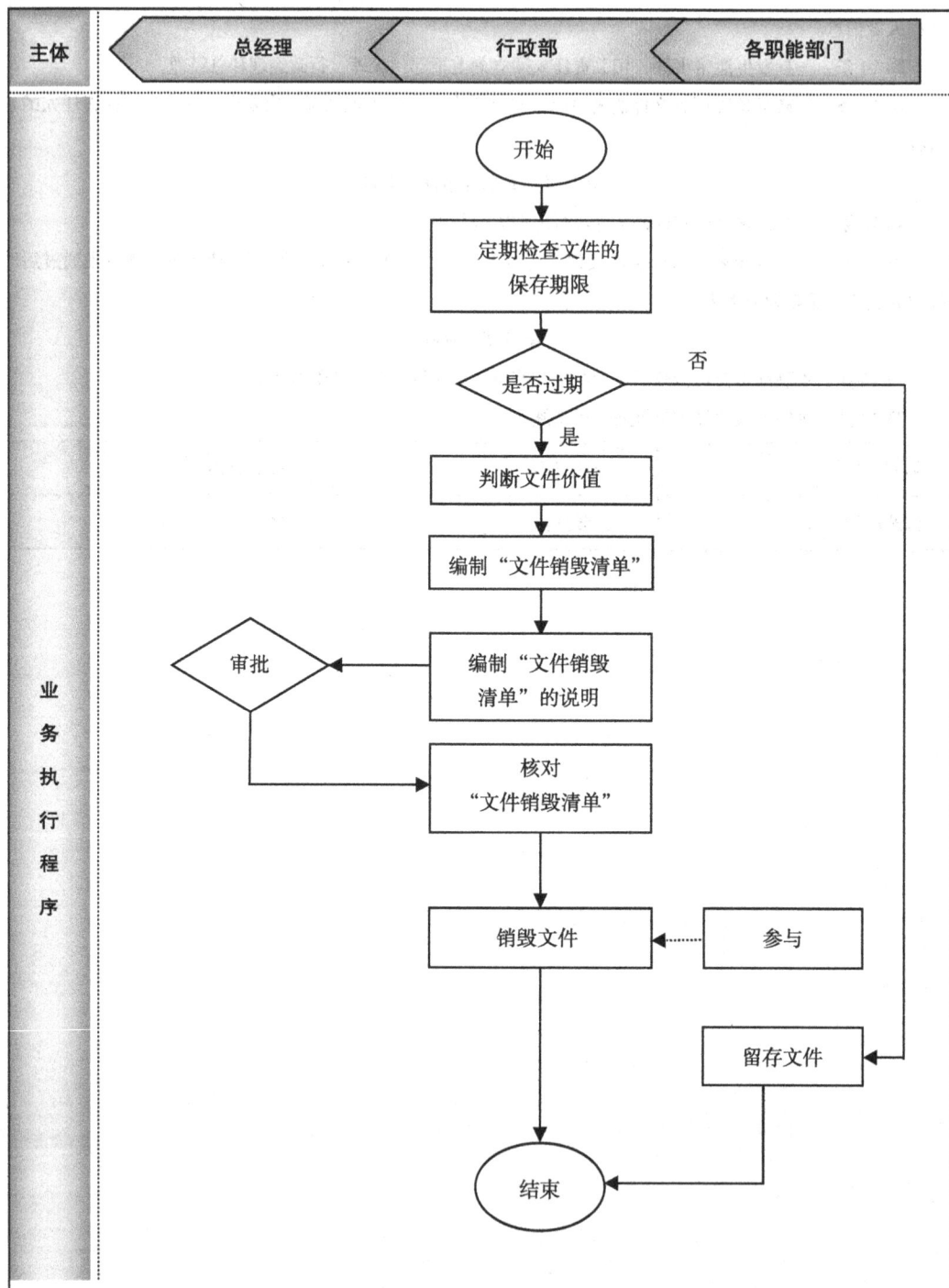

主体	总经理	行政部	各职能部门

业务执行程序

开始

定期检查文件的保存期限

是否过期 — 否

是

判断文件价值

编制"文件销毁清单"

审批 ← 编制"文件销毁清单"的说明

核对"文件销毁清单"

销毁文件 ← 参与

留存文件

结束

6.4.2 文件销毁管理制度

制度名称	文件销毁管理制度	编号	
		版本	

第1条 目的

为了规范文件销毁工作，确保公司信息安全，杜绝泄密事件的发生，特制定本制度。

第2条 须销毁文件的类型

1.工作中不再使用的涉密文件。

2.经公司领导批准可复制使用的涉密文件的复制品。

3.其他需要销毁的涉密文件。

第3条 职责分工

1.公司行政部负责具体的文件销毁工作。

2.其他部门须配合行政部完成文件的销毁工作。

第4条 文件销毁程序

1.行政部文件管理人员填写"公司文件资料销毁审批表"报部门经理、办公室主任审核，涉密文件须经总经理批准方可销毁。

2.文件管理人员须统计、整理被批准销毁的文件，认真核对后编制"文件销毁清单"。

3.总经理或分管副总经理指定两名监销人，由监销人在销毁文件前，对拟销毁文件进行清点复核。文件被销毁后，监销人分别在"文件销毁清单"上签字确认。

4.文件销毁工作结束后，文件管理人员应及时做好文件的整理、检索、调整等工作，并做好对已销毁文件的登记造册与存档工作。

第5条 需要销毁的内部文件、资料、图表等应登记造册，统一由行政部处理，个人不得擅自销毁。

第6条 因违反本制度而使公司遭受损失、造成泄密的，公司将追究相关责任人的法律责任。

第7条 公司行政部拥有本制度的解释权。

第8条 本制度自颁发之日起实施。

编制日期		审核日期		批准日期	
修改标记		修改处数		修改日期	

第 7 章

设备与资产管理

7.1 办公用品

7.1.1 办公用品采购流程

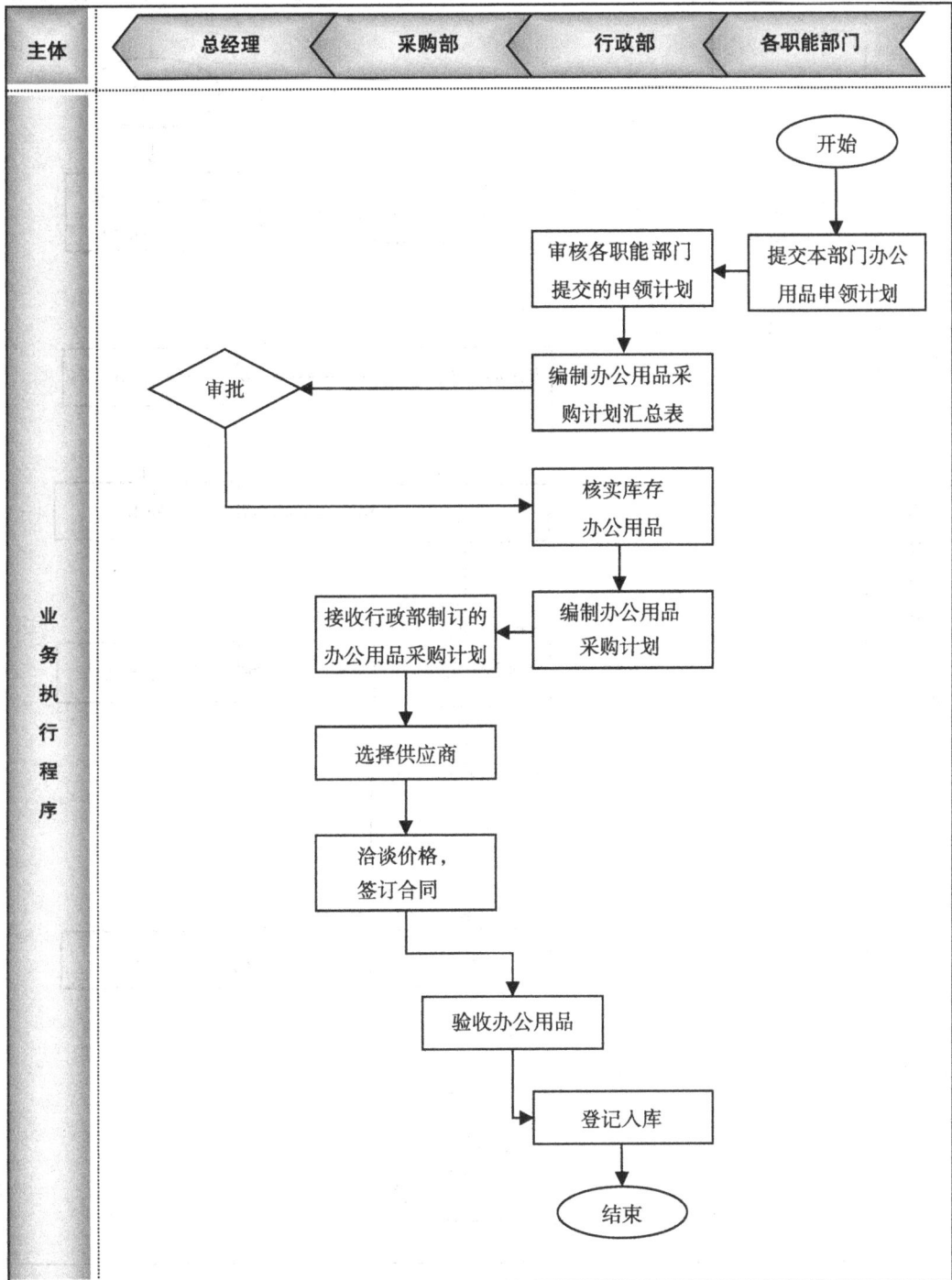

主体	总经理	采购部	行政部	各职能部门

业务执行程序

```
                                                              ┌──────────┐
                                                              │   开始   │
                                                              └────┬─────┘
                                                                   │
                                   ┌─────────────┐         ┌───────▼──────┐
                                   │审核各职能部门│◄────────│提交本部门办公│
                                   │提交的申领计划│         │用品申领计划  │
                                   └──────┬──────┘         └──────────────┘
                                          │
                                   ┌──────▼──────┐
              ◇────────◄───────────│编制办公用品采│
              审批                  │购计划汇总表  │
              ◇                     └─────────────┘
               │
               │                    ┌─────────────┐
               └──────────►─────────│核实库存      │
                                    │办公用品      │
                                    └──────┬──────┘
                                           │
                  ┌──────────────┐  ┌──────▼──────┐
                  │接收行政部制订的│◄─│编制办公用品  │
                  │办公用品采购计划│  │采购计划      │
                  └──────┬───────┘  └─────────────┘
                         │
                  ┌──────▼──────┐
                  │选择供应商    │
                  └──────┬──────┘
                         │
                  ┌──────▼──────┐
                  │洽谈价格，    │
                  │签订合同      │
                  └──────┬──────┘
                         │
                  ┌──────▼──────┐
                  │验收办公用品  │
                  └──────┬──────┘
                         │
                  ┌──────▼──────┐
                  │登记入库      │
                  └──────┬──────┘
                         │
                   ┌─────▼─────┐
                   │   结束    │
                   └───────────┘
```

7.1.2 办公用品领用流程

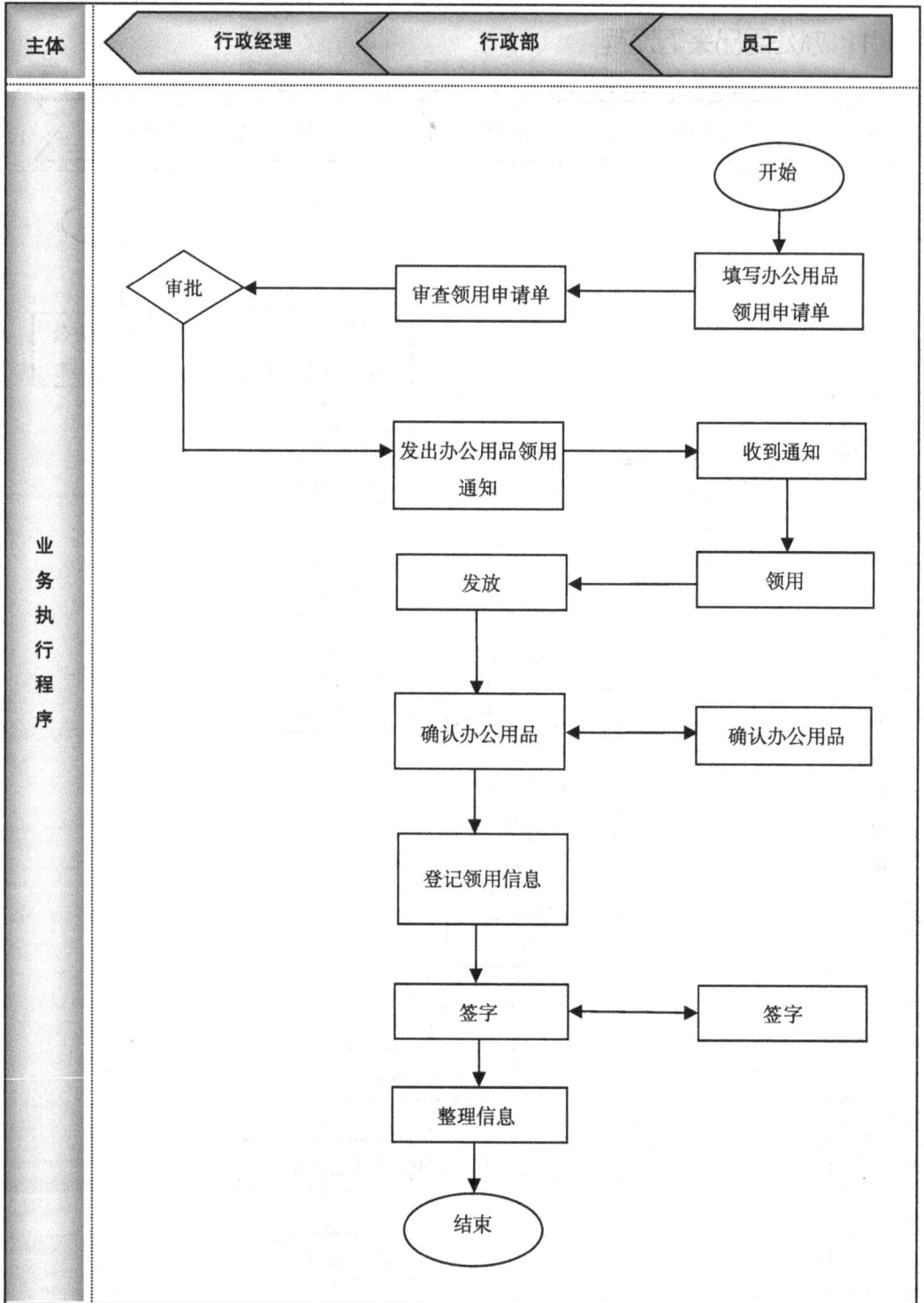

```
主体 │  行政经理  │  行政部  │  员工

                                              ┌──────────┐
                                              │   开始   │
                                              └────┬─────┘
                                                   │
                                                   ▼
        ┌─────┐      ┌──────────────┐      ┌──────────────┐
        │审批 │◄─────│ 审查领用申请单 │◄─────│  填写办公用品   │
        └──┬──┘      └──────────────┘      │  领用申请单    │
           │                               └──────────────┘
           │
           │         ┌──────────────┐      ┌──────────────┐
           └────────►│ 发出办公用品领用 │─────►│   收到通知    │
                     │    通知       │      └──────┬───────┘
                     └──────────────┘             │
                                                  ▼
                     ┌──────────────┐      ┌──────────────┐
                     │     发放     │◄─────│    领用      │
                     └──────┬───────┘      └──────────────┘
                            │
                            ▼
                     ┌──────────────┐      ┌──────────────┐
                     │  确认办公用品  │◄────►│  确认办公用品  │
                     └──────┬───────┘      └──────────────┘
                            │
                            ▼
                     ┌──────────────┐
                     │  登记领用信息  │
                     └──────┬───────┘
                            │
                            ▼
                     ┌──────────────┐      ┌──────────────┐
                     │     签字     │◄────►│     签字     │
                     └──────┬───────┘      └──────────────┘
                            │
                            ▼
                     ┌──────────────┐
                     │   整理信息    │
                     └──────┬───────┘
                            │
                            ▼
                       ┌─────────┐
                       │   结束   │
                       └─────────┘
```

业务执行程序

7.1.3 办公耗材领用流程

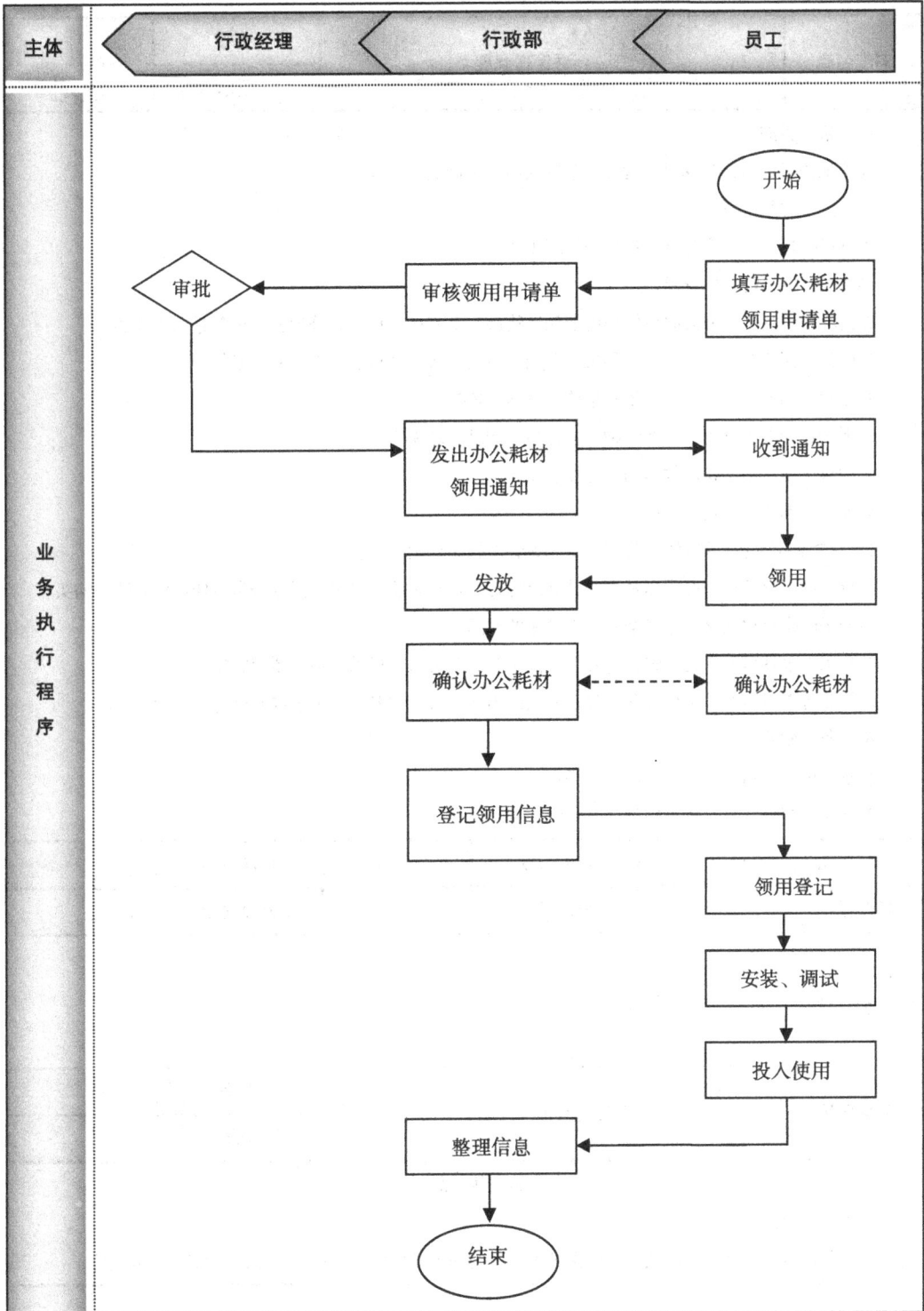

主体	行政经理	行政部	员工

业务执行程序

```
                                                              ┌─────────┐
                                                              │   开始   │
                                                              └─────────┘
                                                                   │
                                                                   ▼
         ┌─────┐        ┌──────────────┐        ┌──────────────┐
         │ 审批 │◄───────│ 审核领用申请单 │◄───────│  填写办公耗材  │
         └─────┘        └──────────────┘        │  领用申请单    │
            │                                    └──────────────┘
            │
            │           ┌──────────────┐        ┌──────────────┐
            └──────────►│  发出办公耗材  │───────►│   收到通知     │
                        │  领用通知      │        └──────────────┘
                        └──────────────┘                │
                                                         ▼
                        ┌──────────────┐        ┌──────────────┐
                        │    发放        │◄───────│    领用       │
                        └──────────────┘        └──────────────┘
                                │
                                ▼
                        ┌──────────────┐        ┌──────────────┐
                        │  确认办公耗材  │◄- - - -│  确认办公耗材  │
                        └──────────────┘        └──────────────┘
                                │
                                ▼
                        ┌──────────────┐        ┌──────────────┐
                        │  登记领用信息  │───────►│   领用登记     │
                        └──────────────┘        └──────────────┘
                                                         │
                                                         ▼
                                                 ┌──────────────┐
                                                 │   安装、调试   │
                                                 └──────────────┘
                                                         │
                                                         ▼
                        ┌──────────────┐        ┌──────────────┐
                        │   整理信息     │◄───────│   投入使用     │
                        └──────────────┘        └──────────────┘
                                │
                                ▼
                        ┌──────────────┐
                        │    结束        │
                        └──────────────┘
```

7.1.4　办公耗材管理制度

制度名称	办公耗材管理制度	编号	
		版本	

第 1 条　目的

为了加强对公司办公耗材的管理，节约成本，特制定本制度。

第 2 条　适用范围

本制度适用于公司所有办公耗材的管理工作。

第 3 条　办公耗材的分类

办公耗材是指员工办公时所使用的消耗性物品，本制度所称的办公耗材主要包括以下几类。

1. 硒鼓：用于激光打印机、复印机和激光一体机，每一种机器对应不同的硒鼓。

2. 墨盒：用于喷墨打印机、喷墨型传真机和一体机。

3. 纸张：独立于设备的消耗性物品，包括复印纸、彩喷纸等。

4. 刻录光盘：用于备份数据的消耗性物品。

第 4 条　购买办公耗材的规定

1. 公司对办公耗材采取统一管理、专人保管、领用登记的管理办法。

2. 行政部须统计每个部门当月需要的办公耗材，填写采购申请单，报办公室主任审核后统一购买。

3. 购买时须货比三家，务必购买物美价廉的产品。

4. 购买办公耗材时，先报销，再发放。报销时，购买人须提供购买发票及收据。

5. 纸张等耗材由行政部保管和发放，行政部须做好入库记账，员工领取时须进行登记。

第 5 条　附则

1. 本制度由公司行政部负责制定和解释。

2. 本制度报公司总经理审核批准后实施，修改时亦同。

编制日期		审核日期		批准日期	
修改标记		修改处数		修改日期	

7.1.5　办公用品管理制度

制度名称	办公用品管理制度	编号	
		版本	
	第一章　总则		

第 1 条　目的

为了规范办公用品的发放流程，确保员工以节约为原则领取、使用办公用品，特制定本制度。

（续）

第2条　适用范围

本制度适用于公司所有办公用品的发放和管理工作。

第二章　办公用品的申请与购买

第3条　办公用品的申请

申请部门填写"办公用品申请单"（见附表1），报主管领导签字确认后，到行政部登记、领取。

第4条　办公用品的购买

1.由公司行政部门统一购买办公用品，如有特殊情况，允许各部门在提交"办公用品订购审批单"的前提下就近采购。行政部负责审核各部门的办公用品采购情况，并把审核结果连同审批单一起交给监督检查部门保存，作为日后《办公用品使用情况报告书》的审核与检查依据。

2.采购人员须根据办公用品的库存情况和消耗水平确定订购数量。

3.行政部在购买办公用品时要货比三家，选择其中价格、质量最优者。

4.行政部须依据"办公用品申请单"填写"订购进度控制卡"（见附表2），卡中应写明订购日期、订购数量、单价及物品来源等。

5.收到采购来的办公用品后，行政部要按"送货单"验收，核对品种、规格、数量与质量，确定无误后，在"送货单"上加盖印章，然后在"订购进度控制卡"上登记，写明到货日期等信息。

6.行政部要对照"订货单"与"订购进度控制卡"，开具支付票据，经主管签字、盖章，做好登记后由财务部进行结算。

第三章　办公用品的核发

第5条　在所需物品全部到库后，公司行政部须填写"办公用品分发通知单"（见附表3）。

第6条　办公事务专员依据各部门递交的"办公用品申请单"将办公用品分发给各部门。

第7条　办公用品分发完毕后，办公事务专员须做好登记，写明分发日期、品名与数量等，将一份"办公用品申请单"连同"办公用品分发通知单"交办公用品管理室存档；另一份连同分发物品一起交给各部门。

第四章　办公用品的保管

第8条　行政部须对所有入库办公用品登记台账。

第9条　办公事务专员必须掌握办公用品的库存情况，并做好防虫等保护工作。

第10条　办公用品仓库一年盘点两次。盘点工作须由专人负责。盘点时要做到账物相符，如果不相符，必须查出原因，然后调整台账，保证两者一致。

第11条　印刷制品与各种用纸的管理以台账为准，随时记录领用数量并计算余量。一批消耗品用完，须立即报告相关负责人。

第12条　非易耗类办公用品如有故障或损坏，应及时更换；如发生遗失，应由个人或部门赔偿。

第13条　无特殊原因，严禁将办公用品带出公司。

第五章　办公用品的报废处理

第14条　对于各部门提交的"报废物品清单"（见附表4），办公事务专员要认真审核，确认其不能再次利用后，经行政经理签字确定后方可作报废处理。

第15条　对于决定报废的办公用品，办公事务专员要做好登记，在"报废处理册"上列明报废用品的名称、价格、数量及其他相关信息。

第16条　不得随意丢弃报废的办公用品，应集中存放、集中处理。

第六章　办公用品使用情况的监督

第17条　行政部须定期核对各部门的办公用品使用情况。

第18条　行政部须不定期核对办公用品的领用记录与办公用品台账。

第19条　行政部须不定期检查各部门的办公用品使用情况，杜绝浪费办公用品的行为。

第七章　附则

第20条　本制度自发布之日起实施。

附表1：办公用品申请单

附表2：订购进度控制卡

附表3：办公用品分发通知单

附表4：报废物品清单

附表1　办公用品申请单

编号：　　　　　　　　　　　　　　　　　　　　　　　　　编制日期：

品名	规格	部门	数量	单位	金额

附表2　订购进度控制卡

项目 物品名称	订购日期	订购数量	单价	物品来源	到货日期
办公事务人员（签字）：			主管领导确认（签字）：		

（续）

附表3　办公用品分发通知单

申请部门		申请人		到货时间	
物品名称	规格	数量	单位	用途	单价
合计					
物品已于＿＿年＿＿月＿＿日到达本部门，请于＿＿年＿＿月＿＿日之前领取					
接收人员（签字）：			主管领导确认（签字）：		

附表4　报废物品清单

物品编号	物品名称	数量	单价	出厂时间	使用时间	报废类型	报废原因
以上物品本部门申请报废处理	部门主管（签字）：						
办公事务专员	□同意报废处理□不同意报废处理　　办公事务专员（签字）：						
行政经理	□同意报废处理□不同意报废处理　　行政经理（签字）：						

编制日期		审核日期		批准日期	
修改标记		修改处数		修改日期	

7.2 办公设备

7.2.1 办公设备采购申请流程

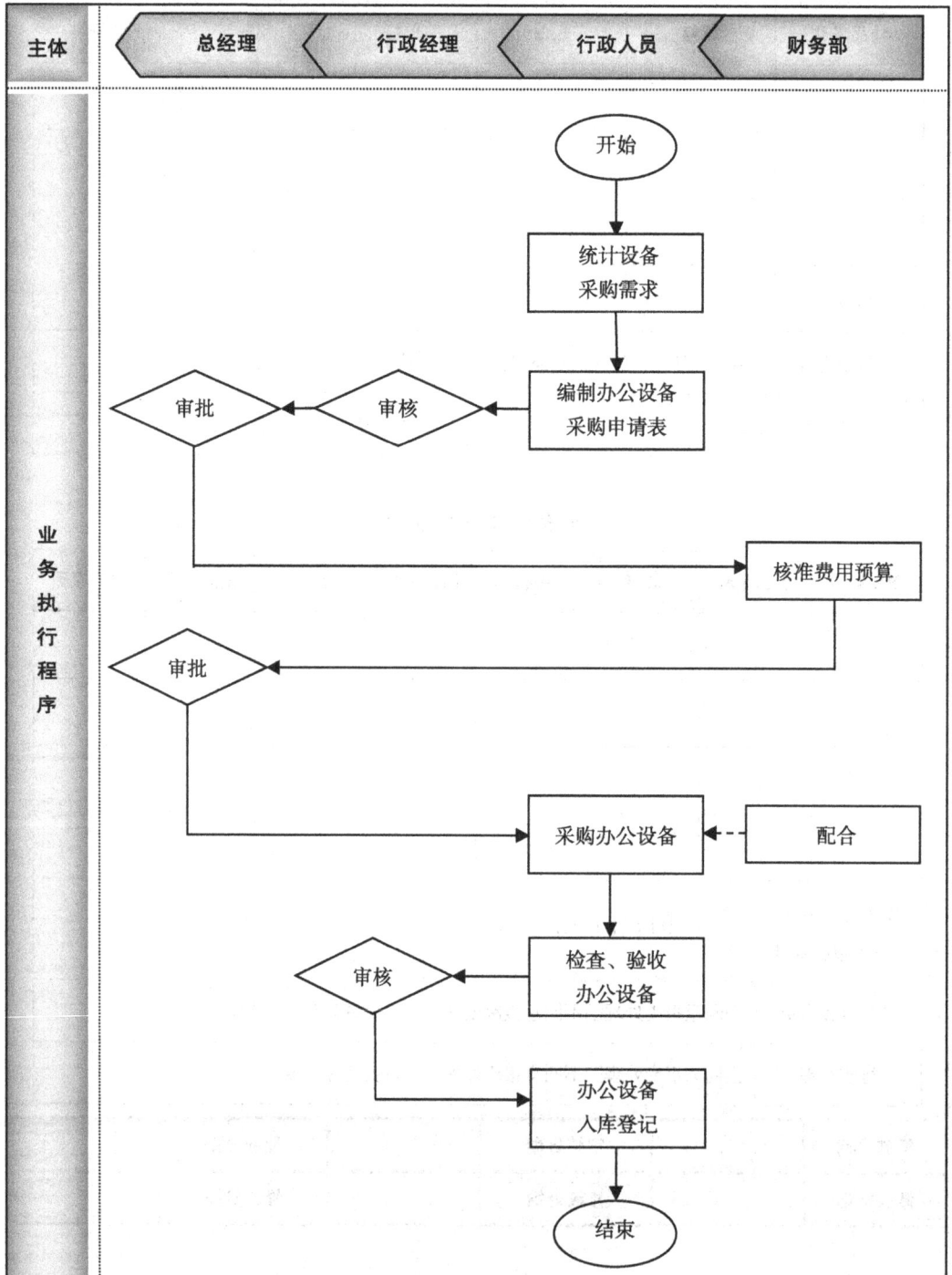

主体	总经理	行政经理	行政人员	财务部

业务执行程序

```
                              ┌─────────┐
                              │  开始   │
                              └────┬────┘
                                   │
                              ┌─────────┐
                              │ 统计设备 │
                              │ 采购需求 │
                              └────┬────┘
                                   │
   ┌──────┐      ┌──────┐     ┌─────────┐
   │ 审批 │◄─────│ 审核 │◄────│编制办公设备│
   └──┬───┘      └──────┘     │采购申请表 │
      │                       └─────────┘
      │
      │                                  ┌─────────┐
      └─────────────────────────────────►│核准费用预算│
                                         └────┬────┘
   ┌──────┐                                   │
   │ 审批 │◄──────────────────────────────────┘
   └──┬───┘
      │
      │                       ┌─────────┐     ┌──────┐
      └──────────────────────►│采购办公设备│◄- - │ 配合 │
                              └────┬────┘     └──────┘
                                   │
                              ┌─────────┐
   ┌──────┐                   │检查、验收│
   │ 审核 │◄──────────────────│办公设备 │
   └──┬───┘                   └─────────┘
      │
      │                       ┌─────────┐
      └──────────────────────►│办公设备 │
                              │入库登记 │
                              └────┬────┘
                                   │
                              ┌─────────┐
                              │  结束   │
                              └─────────┘
```

7.2.2 办公设备维修管理流程

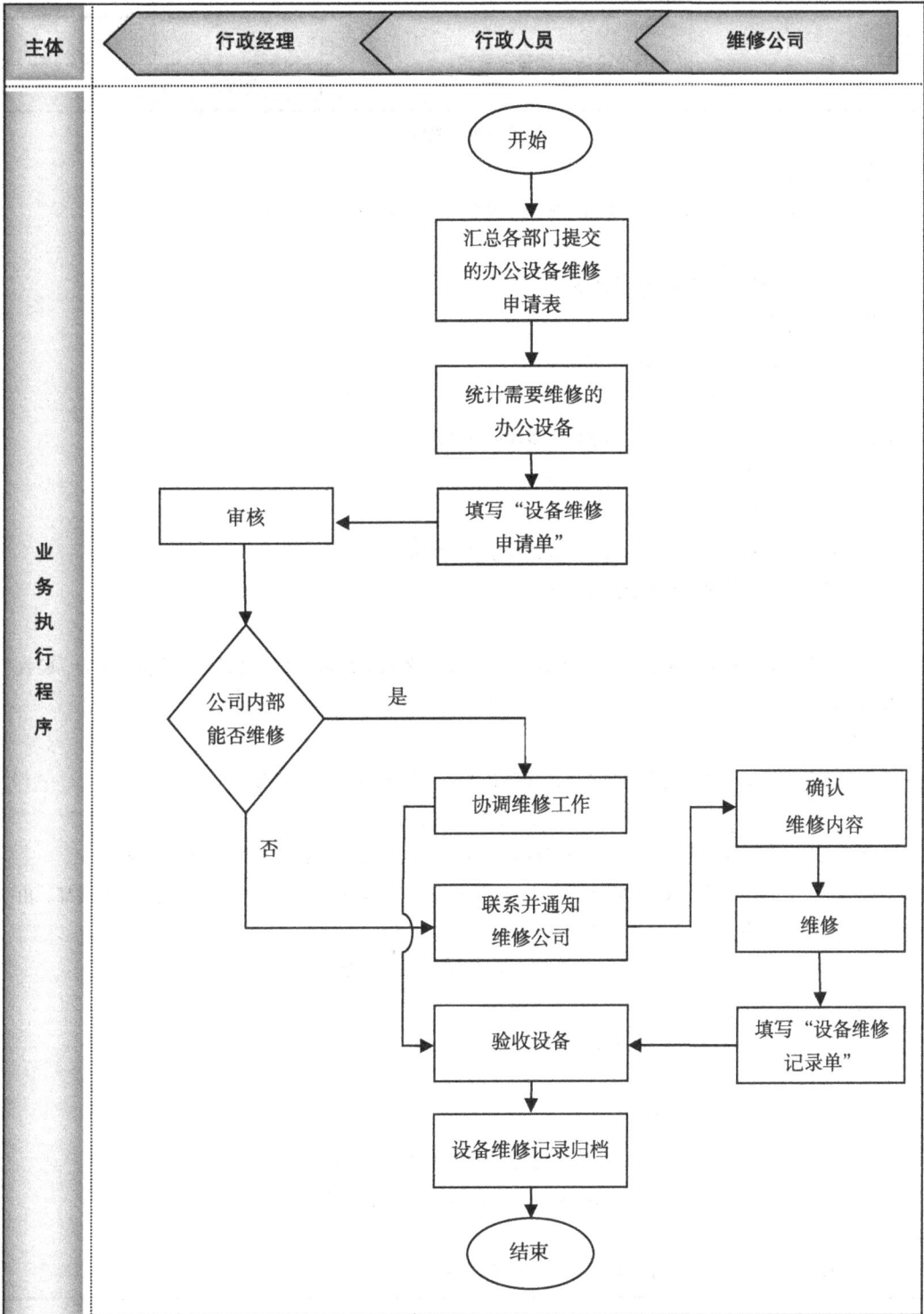

主体	行政经理	行政人员	维修公司

业务执行程序

```
                              开始

                       汇总各部门提交
                       的办公设备维修
                          申请表

                       统计需要维修的
                          办公设备

      审核      ←      填写"设备维修
                          申请单"

      公司内部      是
      能否维修

         否         协调维修工作   →   确认
                                      维修内容

                    联系并通知              维修
                     维修公司

                     验收设备    ←    填写"设备维修
                                         记录单"

                   设备维修记录归档

                          结束
```

7.2.3 办公设备采购管理规定

制度名称	办公设备采购管理规定	编号	
		版本	

第一章　总则

第 1 条　目的

为了满足公司的办公需要，并合理控制办公成本，特制定本制度。

第 2 条　适用范围

公司内所有办公设备采购事项的管理工作。

第 3 条　范围界定

本制度中所称的办公设备包括下列物品。

1. 办公桌椅、档案柜等物品。

2. 计算机、传真机、复印机、扫描仪、多媒体等设备。

第 4 条　职责划分

1. 各职能部门的职责

（1）负责汇总本部门所需采购的办公设备并报给行政部。

（2）协同行政部验收采购来的办公设备。

2. 行政部的职责

行政部负责汇总公司所有部门需采购的办公设备，并做好对所需采购办公设备的询价、采购、验收入库等工作。

3. 财务部的职责

财务部负责根据行政部提交的办公设备付款申请和采购合同及时支付费用。

第二章　办公设备购买计划

第 5 条　各部门须在每年 12 月____日前制订本部门年度办公设备采购计划并报给行政部。

第 6 条　各部门须按月采购办公设备，由各部门制订月度采购计划并于每月月底前报给行政部，由行政部负责统筹安排。

第三章　办公设备的审批权限

第 7 条　审批权限

1. 行政经理审批权限：____元之内。

2. 行政总监审批权限：____ ~ ____元。

3. 总经理审批权限：____元以上。

第 8 条　各审批负责人必须在采购计划表单上写明审批意见并签名。

第四章　办公设备采购的相关规定

第 9 条　办公设备采购的流程

1. 各职能部门须将制订好的月度采购计划提交给行政部。

（续）

2.行政部汇总各职能部门提交的月度采购计划并审核是否超出预算。如在预算内，便可制订公司月度办公设备采购计划，并交给总经理审批。

3.办公设备采购计划经总经理审批通过后，由行政部指定专门的采购员采购。

4.接到指示后，采购员负责寻找供应商并询价，然后填写询价单。

5.询价单经行政经理批准后，采购员根据采购计划向财务部借款。

第10条　各职能部门需采购的办公设备的费用超出预算时，须说明预算外采购办公设备的理由并报相关负责人批准，各审批负责人须在权限范围内进行审批。

第11条　采购单笔金额在＿＿＿元以上时，采购员必须报行政经理批准。

第12条　采购员在采购时必须了解需采购办公设备的品名、规格、数量及其他特殊要求，做到货比三家、质优价廉。

第13条　采购回来的办公设备必须经行政经理检查，检查合格后行政人员方可出具入库凭证。

第14条　采购回来的办公设备经检查不合格的，采购人员须退货并重新采购，所造成的损失由采购员自行负责。

第15条　行政经理负责审核入库凭证，审核入库凭证与办公设备实物是否一致。

第五章　附则

第16条　本制度由公司总经理办公室负责制定，其解释权与修改权归总经理办公室所有。

编制日期		审核日期		批准日期	
修改标记		修改处数		修改日期	

7.2.4　办公设备维修管理制度

制度名称	办公设备维修管理制度	编号	
		版本	

第1条　各部门的办公设备由各部门指定专人负责保管。

第2条　各部门发现办公设备发生故障时，要及时报告行政部，禁止私自维修。

第3条　行政部接到各部门的报修信息后，须立即派行政人员对办公设备的故障进行鉴定。

第4条　如因操作失误或使用不当造成设备故障，行政人员能够当场处理、不需要维修的，由行政人员当场处理。

第5条　若行政人员无法当场处理，需要拆卸、维修，行政人员须填写"设备维修申请单"并报行政经理审批，严禁擅自拆卸、维修办公设备。

第6条　是否维修设备由行政经理根据公司实际情况及设备重要程度进行判断。

1.行政人员可以修理的或不重要的设备，由行政部自行处理。

2.行政人员修理不了的或重要的设备则须通知供应商或联系专业维修公司修理。

（续）

第7条　办公设备修理好后，行政人员须及时填写"设备维修记录单"并由办公设备保管人员签字确认。				
第8条　行政人员须按顺序整理设备维修记录单，并存档备查。				
编制日期		审核日期		批准日期	
修改标记		修改处数		修改日期	

7.2.5　办公设备日常管理制度

制度名称	办公设备日常管理制度	编号	
		版本	

第一章　总则

第1条　目的

为了保证公司电话、计算机、打印机、复印机、传真机等办公设备正常运转，提高办公设备的运行效率，特制定本制度。

第2条　适用范围

公司内部所有办公设备的管理工作。

第二章　办公设备采购

第3条　公司各部门在年初部门计划中统一将需采购的办公设备列入预算，经公司总经理审批通过后由行政部统一采购。

第4条　如需临时采购办公设备，须报总经理审批。

第三章　计算机使用管理

第5条　专人专管

1.每台计算机须指定专人负责保管和日常操作，其他人员不得随意操作计算机。

2.计算机须设密码，密码属公司机密，未经批准不得向任何人泄露。

第6条　操作规定

1.严禁在计算机上进行与本职工作无关的活动。

2.不得使用未经病毒检查的光盘，以防感染病毒。

3.严禁私自拷贝、泄露涉及公司机密的资料。

第7条　病毒防护

1.需要安装软件时，须由专业人员提出书面报告，经部门主管同意后，由专业人员负责安装。

2.所有计算机不得安装游戏。

3.数据备份工作由行政部负责管理，备用的光盘由行政部提供。

4.在使用软件前，必须进行杀毒，确保无病毒后方可使用。

（续）

第8条　硬件保护

1. 除了负责硬件维护的人员，任何人不得随意拆卸计算机。

2. 硬件维护人员在拆卸计算机时必须采取必要的防静电措施。

3. 硬件维护人员在作业完毕后必须将所拆卸的设备复原。

4. 各部门负责人必须认真落实所辖计算机及配套设备的使用和保养措施。

5. 各部门负责人须采取必要措施，确保计算机及外设始终处于良好状态。

6. 对于重要的计算机须配备必要的断电、继电设备。

第9条　计算机保养

1. 保持计算机的清洁，严禁在计算机前吸烟、吃东西等，严禁用手、锐物触摸屏幕。使用人在离开前应退出系统，关闭计算机，并盖上防尘罩。确保所用的计算机及外设始终处于良好状态。

2. 定期（每月月末）对计算机内资料进行整理，做好备份，并删除不必要的文件，保证计算机运行顺畅。备份的磁盘由行政部负责保管。

3. 定期（每月一次）由指定的计算机维护机构对本公司计算机进行维护和保养。

第四章　电话使用管理

第10条　对于长途电话，须配置长途电话专用记录表，并由专人逐次记录使用人、受话人、起止时间、联络事项及交涉结果。该表每月转办公事务主管审阅。

第11条　长途电话限主管以上级别人员使用，其他人员使用长途电话须经办公事务主管批准。

第12条　禁止员工使用公司电话处理私事。

第五章　其他规定

第13条　办公设备使用人员须正确使用设备，如因使用人员过失造成办公设备损坏，要追究其责任。

第六章　附则

第14条　公司行政部对本制度拥有解释权。

第15条　本制度自公布之日起实施。

编制日期		审核日期		批准日期	
修改标记		修改处数		修改日期	

7.3 固定资产

7.3.1 固定资产管理流程

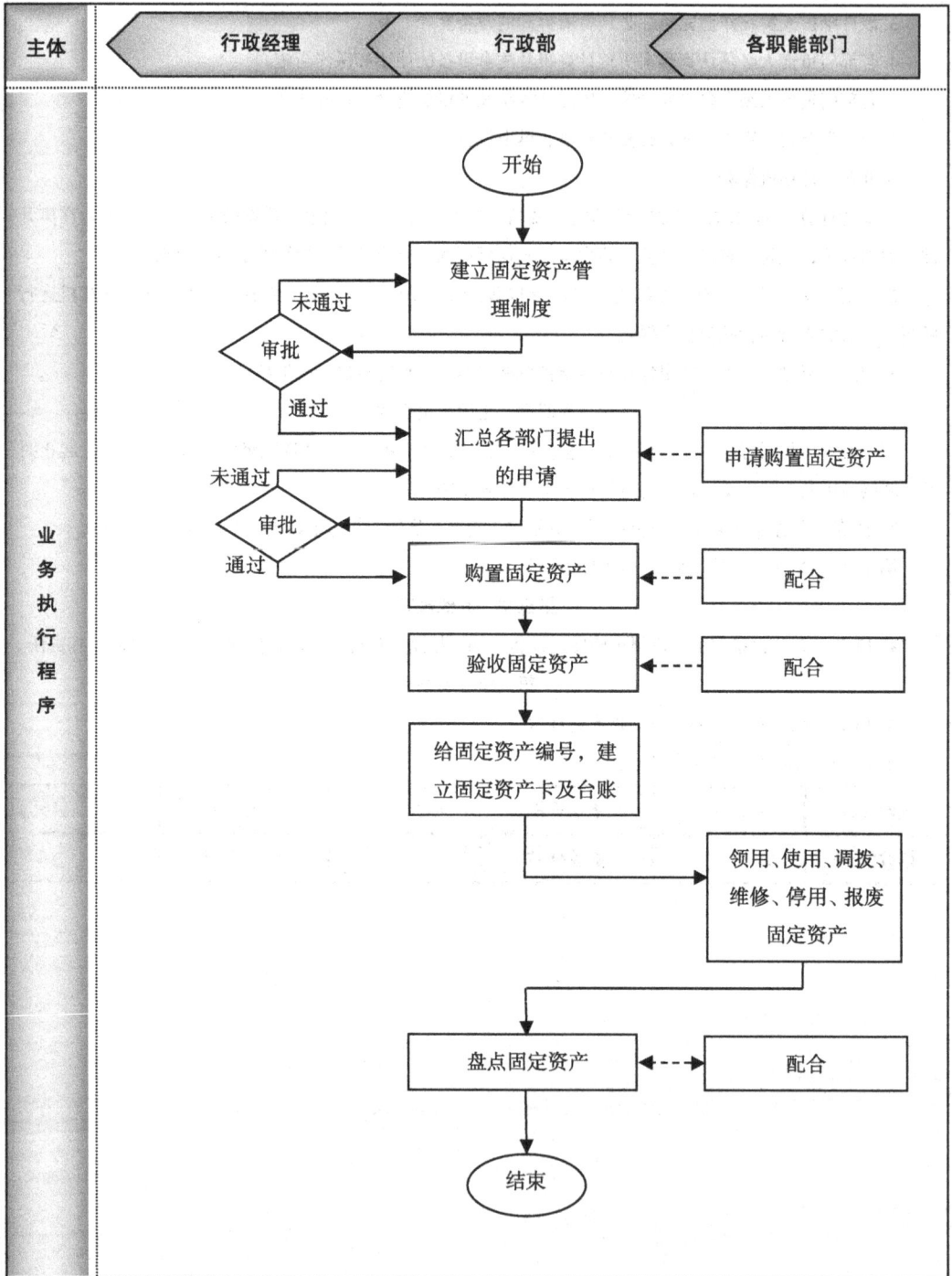

主体	行政经理	行政部	各职能部门

业务执行程序

开始

↓

建立固定资产管理制度

审批 — 未通过 → 建立固定资产管理制度

通过 ↓

汇总各部门提出的申请 ← --- 申请购置固定资产

审批 — 未通过 → 汇总各部门提出的申请

通过 ↓

购置固定资产 ← --- 配合

↓

验收固定资产 ← --- 配合

↓

给固定资产编号，建立固定资产卡及台账

↓

领用、使用、调拨、维修、停用、报废固定资产

↓

盘点固定资产 ←--→ 配合

↓

结束

7.3.2 固定资产盘点流程

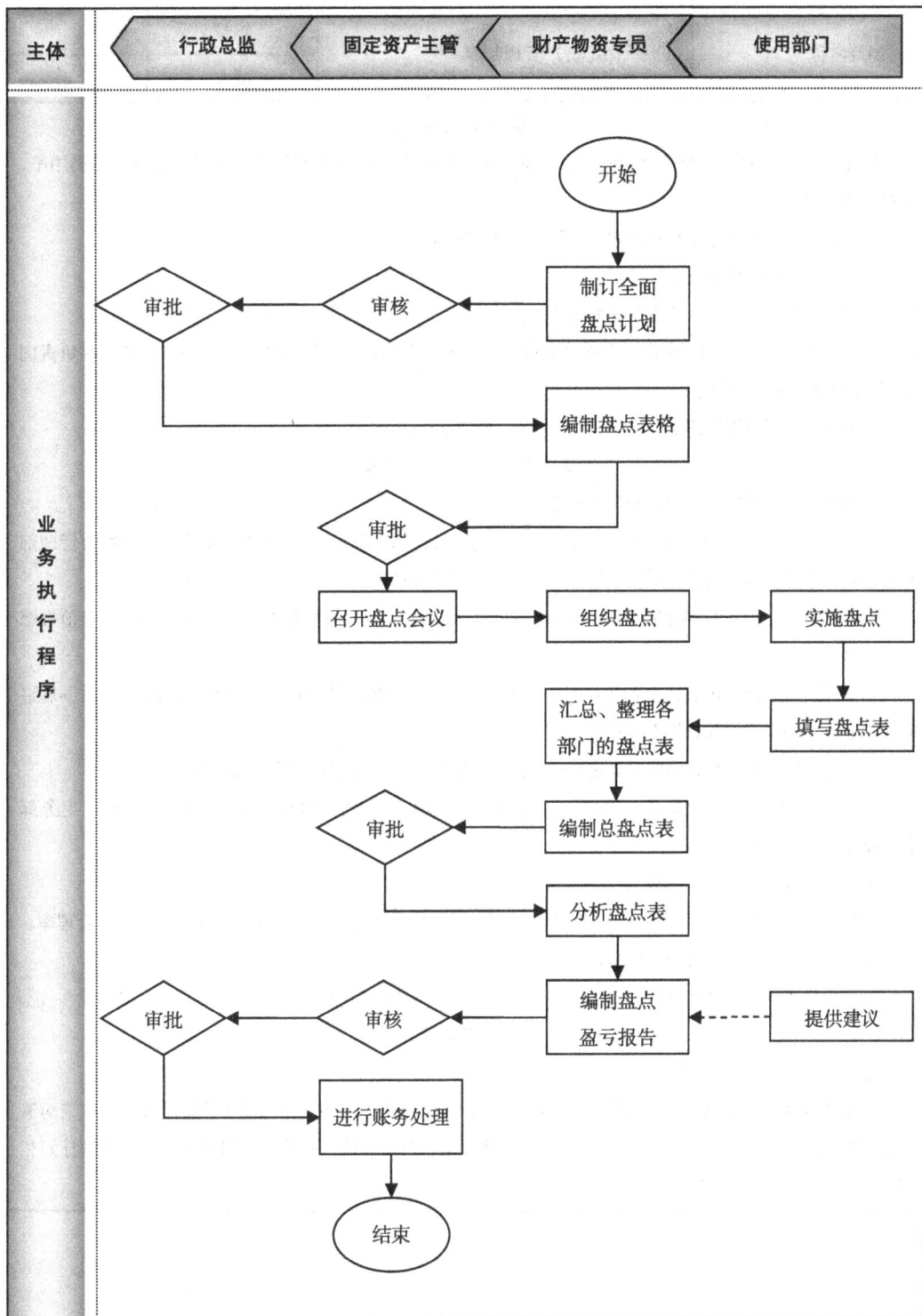

主体	行政总监	固定资产主管	财产物资专员	使用部门

业务执行程序

```
                                          ┌──────────┐
                                          │   开始    │
                                          └────┬─────┘
                                               ↓
            ◇审批◇ ← ◇审核◇ ← ┌──────────┐
                                 │制订全面  │
                                 │盘点计划  │
                                 └──────────┘
                                          ┌──────────┐
                                          │编制盘点表格│
                                          └──────────┘
            ◇审批◇ ←
               ↓
        ┌──────────┐    ┌────────┐    ┌────────┐
        │召开盘点会议│ → │组织盘点│ → │实施盘点│
        └──────────┘    └────────┘    └────────┘
                        ┌──────────┐    ┌──────────┐
                        │汇总、整理各│ ← │填写盘点表│
                        │部门的盘点表│    └──────────┘
                        └──────────┘
            ◇审批◇ ← ┌──────────┐
                        │编制总盘点表│
                        └──────────┘
                        ┌──────────┐
                        │分析盘点表│
                        └──────────┘
            ◇审批◇ ← ◇审核◇ ← ┌──────────┐      ┌────────┐
                                 │编制盘点  │ ←--- │提供建议│
                                 │盈亏报告  │      └────────┘
               ↓
        ┌──────────┐
        │进行账务处理│
        └──────────┘
               ↓
            ┌──────┐
            │  结束 │
            └──────┘
```

7.3.3 固定资产管理制度

制度名称	固定资产管理制度	编号	
		版本	

第一章　总则

第1条　为了加强和规范公司固定资产的采购、验收与盘点等管理工作，提高固定资产的利用率，特制定本制度。

第2条　本制度适用于公司内部所有固定资产的管理工作。

第3条　具体管理职责如下。

1.综合管理部负责统一管理公司固定资产。

2.财务部负责核算固定资产，全面掌握固定资产的变化情况，对固定资产进行账务处理，并负责固定资产的调拨、折旧等工作。

3.公司总经理负责对固定资产的调拨、折旧与报废进行审批。

第二章　固定资产的购置

第4条　提出固定资产购置申请的规定

1.购置固定资产所产生的费用不得超过公司预算额度。各部门如需购置固定资产，须向综合管理部提出申请，经总经理审批通过后，由综合管理部统一购买和调配。

2.公司各部门须按月制订固定资产购置计划，填写"固定资产购置申请表"，并于每月＿＿日前报综合管理部审批。

3.如遇特殊情况，确实需要购置计划外的固定资产，须先填写"固定资产购置申请表"，然后办理追报审批手续，追报手续与报批手续相同。

4.各部门须严格按照计划购置固定资产。商用固定资产由公司综合部统一安排采购。

5.经审批的"固定资产购置申请表"（见附表1）均为一式三份，审批人和申报人各留一份，财务部按审批结果拨付款项。

第5条　购置固定资产的规定

1.综合管理部负责购置固定资产，并负责和财务部对供应商进行认证，建立供应商信息数据管理库。

2.公司各部门不得以任何理由自行购置固定资产。

3.综合管理部按照采购计划与供应商签订采购合同，与供应商约定采购时间、地点和采购数量。

第三章　固定资产的验收

第6条　固定资产的验收

1.供应商将公司采购的固定资产运送到公司后，由综合管理部和使用部门（或技术部门）按采购清单进行验收，主要检验收到的固定资产的实物和数量是否与采购清单相符，规格型号是否与采购计划相符，外包装是否存在破损等。

（续）

2. 检验无误后，综合管理部和使用部门（或技术部门）应填写"固定资产验收单"（见附表2）并签字，供应商凭"固定资产验收单"和正式发票到财务部报账。

第7条　房屋建筑物的验收

房屋建筑物经施工单位施工完成后，综合管理部会同工程部门、使用部门共同验收，依据决算金额确定房产价值，对与工程有关的各种合同、图纸等原始材料进行整理、归档，并填写"工程项目登记表"。

第8条　固定资产的编号、建账与建卡管理

1. 综合管理部按照"固定资产分类代码"对固定资产进行编号，并将编号标签装订在固定资产上。

2. 固定资产入库后，依据"固定资产验收单"的相关内容填写实务账，包括日期、物品名称、规格型号、单位、数量及单价。

3. 建立实务账后，综合管理部根据"固定资产验收单"将资产情况详细填入"固定资产管理卡"。"固定资产管理卡"一式两份，经使用部门签字后，综合管理部和使用部门各存一份。

4. 综合管理部根据"固定资产验收单"和相关凭证建立固定资产台账。

第四章　固定资产的盘点

第9条　综合管理部须定期对公司所有固定资产进行全面盘点，应于每年____月____日前全面盘点一次，并填写"固定资产盘点表"（见附表3）。根据公司内部管理、评估、审计等外部要求，综合管理部可随时对公司固定资产进行全面盘点。

第10条　综合管理部会同财务部每月对公司固定资产进行抽盘，并负责撰写《固定资产抽盘报告》。

第11条　综合管理部和财务部组织全面盘点时，应先编制"固定资产盘点清册"，经盘点人员和使用部门负责人签字后，由使用部门负责查明盘盈、盘亏的原因，填写"盘盈、盘亏清单"，并将其交至综合管理部、财务部会签。

第12条　盘盈的净收入和盘亏的净损失报财务总监和总经理核准后，由财务部进行账务处理。

第13条　盘盈的固定资产，根据财务部对盘盈的财务规定进行账务处理；盘亏的固定资产，正常报废盘亏的，由综合管理部统一办理报废手续；非正常报废盘亏的，应追究当事人或当事部门的责任。

第五章　固定资产的调拨

第14条　公司创建时的固定资产、租出的固定资产及新增的固定资产等均属调拨范围，而租入的固定资产不在此范围。

第15条　调配公司固定资产时，须由综合管理部开具"固定资产调拨单"（见附表4），经公司总经理和综合管理部、财务部、调出或调入部门的主管领导签字盖章后方可执行。

第16条　调拨公司固定资产时，须由综合管理部会同财务部和调出或调入部门办理。调拨单一式四联，综合管理部、财务部、调出或调入部门各保管一份。

第17条　固定资产的调拨手续应于每月____~____日办理。

第18条　调拨固定资产的停提、续提应按相关规定办理。调出部门应将固定资产的技术档案随同"固定资产调拨单"一起转给调入部门。

（续）

第19条　调拨固定资产时的入账时间、折旧均以"固定资产调拨单"规定的日期为准，财务部当月必须进行账务处理。

第六章　固定资产的折旧与报废

第20条　须进行折旧处理的固定资产如下图所示。

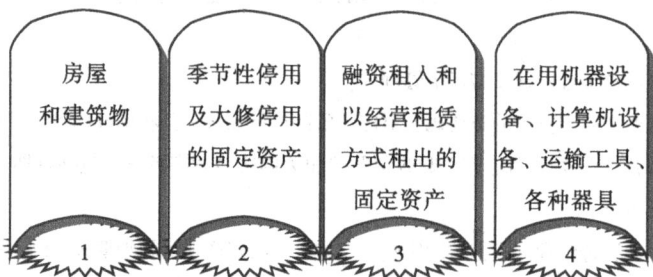

房屋和建筑物	季节性停用及大修停用的固定资产	融资租入和以经营租赁方式租出的固定资产	在用机器设备、计算机设备、运输工具、各种器具
1	2	3	4

第21条　固定资产的报废条件如下。

1. 使用年限过长，已丧失使用价值或无修复价值的。

2. 附件损坏，主体尚可使用，可部分报废的。

3. 产品技术落后，属淘汰技术或技术指标不达标的。

4. 无法修复或虽可修复，但修理费接近市场售价的。

第22条　申请报废固定资产的部门应填写"固定资产报废审批表"，经综合管理部审核并上报总经理审批通过后方可报废。对报废所得收益，财务部应按财务制度规定进行账务处理。

第23条　综合管理部应于每年＿＿月＿＿日前编制好"固定资产报废汇总表"，并附"固定资产报废审批表"报送总经理审批通过后，转财务部进行账务处理。

第七章　附则

第24条　本制度由综合管理部负责制定和解释。

第25条　本制度经公司总经理审核批准后实施。

附表1：固定资产购置申请表

附表2：固定资产验收单

附表3：固定资产盘点表

附表4：固定资产调拨单

附表1　固定资产购置申请表

填表日期：＿＿年＿＿月＿＿日

申请部门		固定资产名称	
申请原因			
申请要求			

（续）

（续表）

部门主管意见	综合管理部主管意见	财务部主管意见
___年___月___日	___年___月___日	___年___月___日

总经理审批意见： ___年___月___日

附表 2　固定资产验收单

验收日期：___年___月___日

固定资产名称			
资产价格		规格型号	
验收项目情况说明			
验收项目	验收情况说明	验收人	备注
物品是否齐全			
是否有破损			
运行是否良好			
是否符合申请要求			
物品的相关证件是否齐全			
验收部门	**参与人员名单**		
综合管理部			
财务部			
技术（工程）部			
固定资产使用部门			

（续）

附表 3　固定资产盘点表

盘点日期：___年___月___日至___年___月___日

资产编号	资产基本信息			使用单位	购置日期	盘点数量	盘盈		盘亏		备注
	名称	规格	厂牌				数量	金额	数量	金额	
盘点部门及人员											
综合管理部											
财务部											
___部											
使用部门	保管人员：　　　　　　　　　部门主管：										

附表 4　固定资产调拨单

填表日期：___年___月___日

序号	仪器编号	仪器名称	规格 / 型号	单位	原值	数量	金额	购置日期
调拨原因								

调出单位：	调入单位：
保管员： 签字：　　　　　___年___月___日	保管员： 签字：　　　　　___年___月___日

（续）

（续表）

调出单位主管领导意见：	调入单位主管领导意见：
签字：　　　___年___月___日	签字：　　　___年___月___日
行政部门意见： 签字： ___年___月___日	

编制日期		审核日期		批准日期	
修改标记		修改处数		修改日期	

第 8 章

总务后勤管理

8.1 车辆管理

8.1.1 车辆使用管理流程

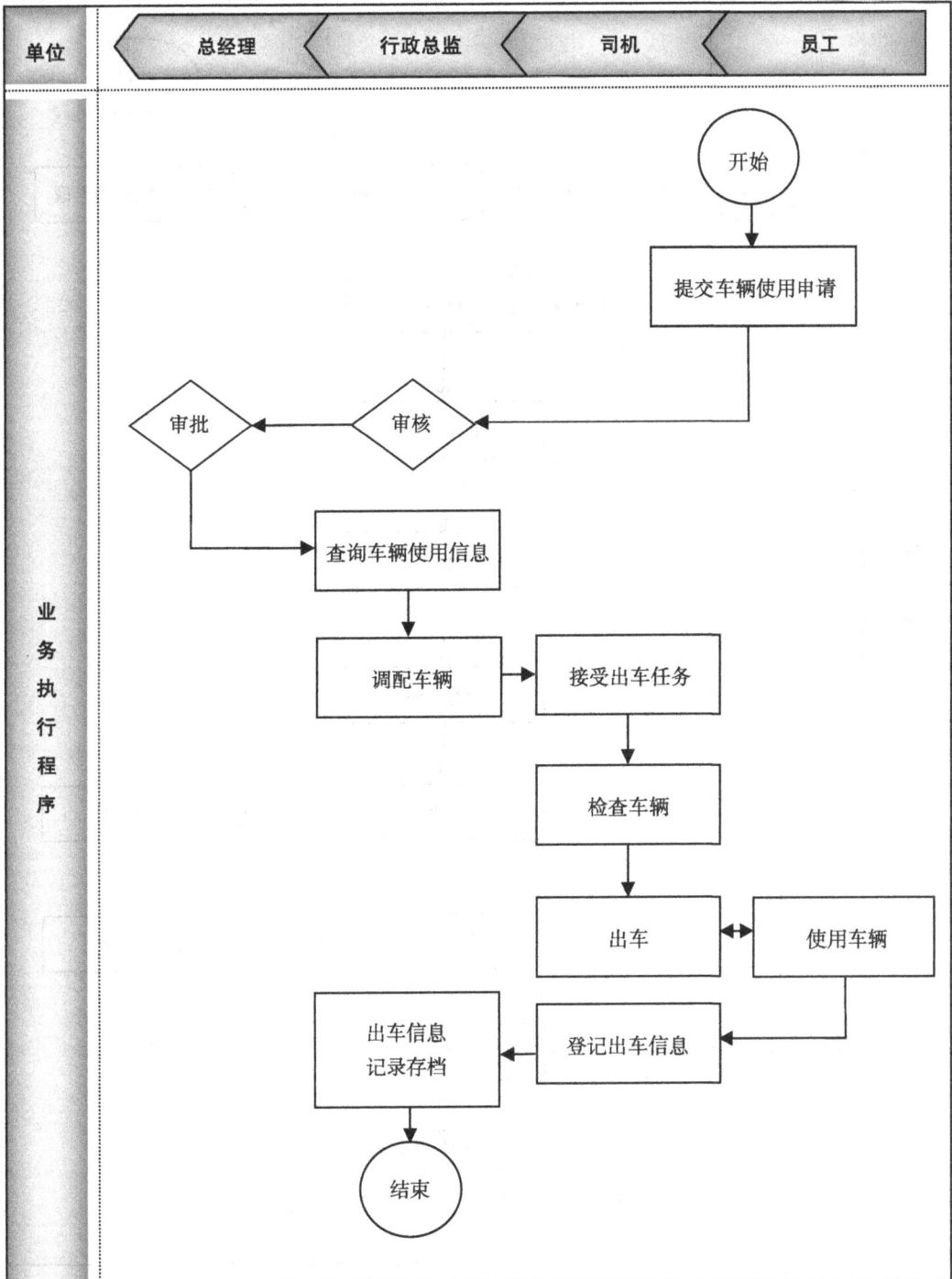

单位	总经理	行政总监	司机	员工

业务执行程序

```
                                                        ┌──────┐
                                                        │  开始 │
                                                        └───┬──┘
                                                            │
                                                   ┌────────▼────────┐
                                                   │ 提交车辆使用申请 │
                                                   └────────┬────────┘
                                                            │
          ◇审批◇ ◀──────── ◇审核◇ ◀────────────────────────┘
            │
   ┌────────▼────────┐
   │ 查询车辆使用信息 │
   └────────┬────────┘
            │
   ┌────────▼────────┐      ┌──────────────┐
   │    调配车辆     │ ───▶ │  接受出车任务 │
   └─────────────────┘      └───────┬──────┘
                                    │
                            ┌───────▼──────┐
                            │   检查车辆    │
                            └───────┬──────┘
                                    │
                            ┌───────▼──────┐      ┌──────────┐
                            │     出车      │ ◀──▶ │ 使用车辆 │
                            └───────┬──────┘      └──────────┘
   ┌──────────────┐         ┌───────▼──────┐
   │   出车信息    │ ◀────── │ 登记出车信息 │
   │   记录存档    │         └──────────────┘
   └───────┬──────┘
           │
        ┌──▼──┐
        │ 结束 │
        └─────┘
```

8.1.2 车辆调度工作流程

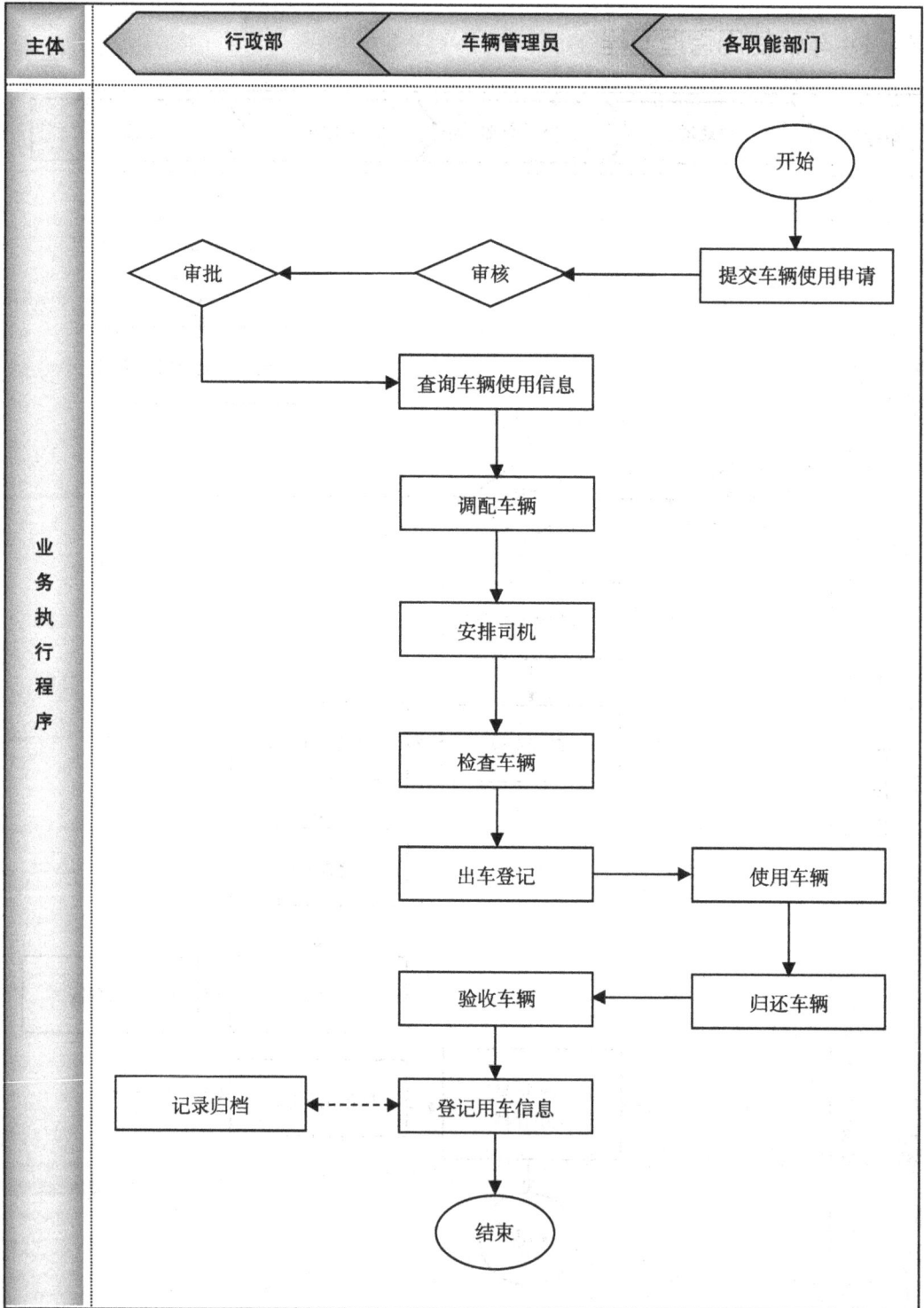

主体	行政部	车辆管理员	各职能部门

业务执行程序

```
                                                      ┌─────────┐
                                                      │  开始   │
                                                      └────┬────┘
                                                           │
                                                           ▼
                                              ┌──────────────────────┐
   ◇审批◇ ◄─────── ◇审核◇ ◄──────────────────│ 提交车辆使用申请      │
     │                                        └──────────────────────┘
     │
     ▼
 ┌──────────────────┐
 │ 查询车辆使用信息 │
 └────────┬─────────┘
          │
          ▼
 ┌──────────────────┐
 │    调配车辆      │
 └────────┬─────────┘
          │
          ▼
 ┌──────────────────┐
 │    安排司机      │
 └────────┬─────────┘
          │
          ▼
 ┌──────────────────┐
 │    检查车辆      │
 └────────┬─────────┘
          │
          ▼
 ┌──────────────────┐         ┌──────────────────┐
 │    出车登记      │───────► │    使用车辆      │
 └──────────────────┘         └────────┬─────────┘
                                       │
                                       ▼
 ┌──────────────────┐         ┌──────────────────┐
 │    验收车辆      │ ◄───────│    归还车辆      │
 └────────┬─────────┘         └──────────────────┘
          │
          ▼
 ┌──────────┐        ┌──────────────────┐
 │ 记录归档 │ ◄╌╌╌╌╌ │  登记用车信息    │
 └──────────┘        └────────┬─────────┘
                              │
                              ▼
                         ┌─────────┐
                         │  结束   │
                         └─────────┘
```

8.1.3 公司出车管理流程

主体	行政部	车辆管理员	司机

业务执行程序

- 开始
- 下发派车单 → 接收派车单
- 规划行车路线
- 审批
- 出车登记 → 用车登记
- 检查车辆
- 出车
- 收车
- 验收
- 出车记录登记 ⇠⇢ 出车记录登记
- 记录存档
- 结束

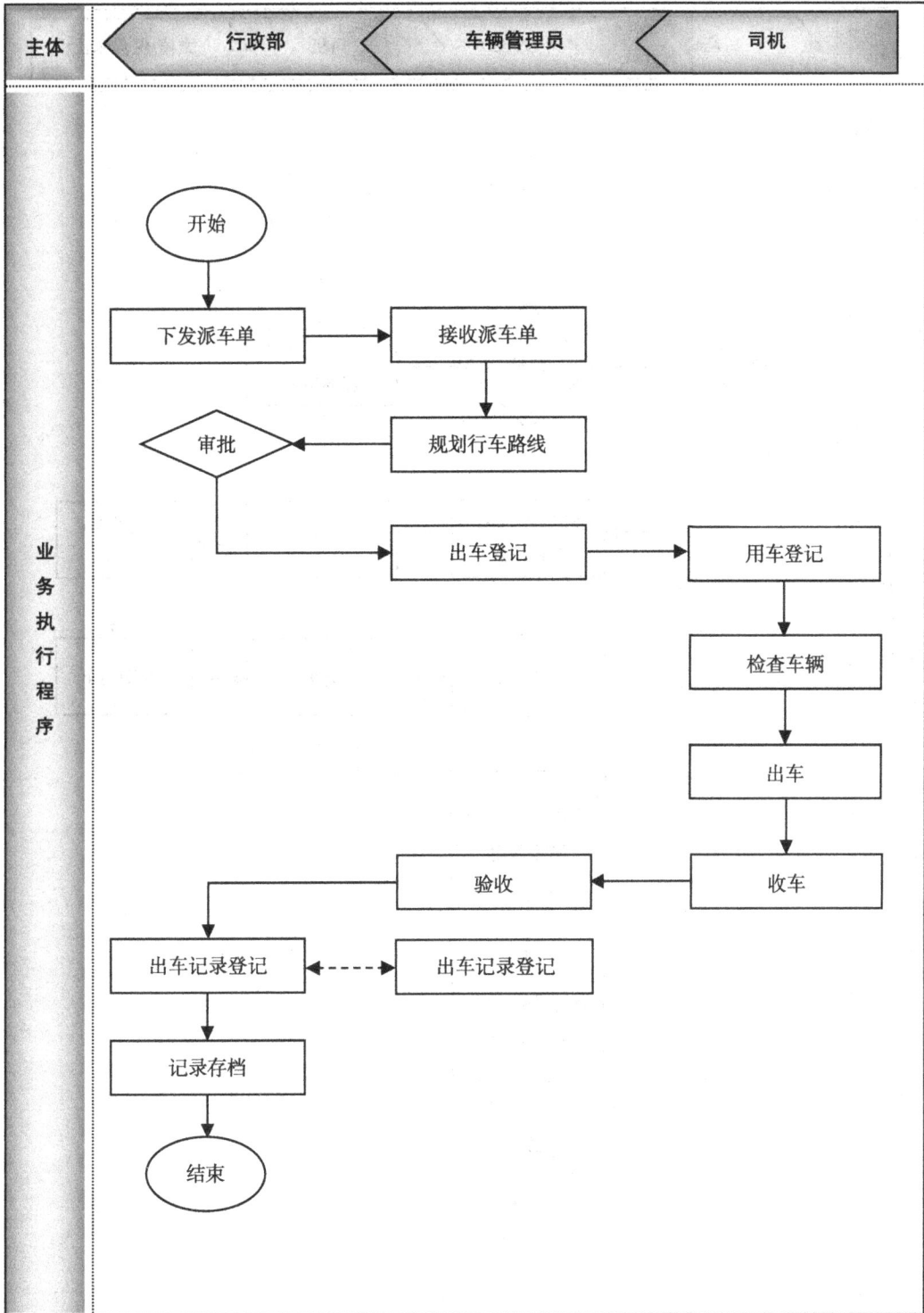

8.1.4 车辆维修保养流程

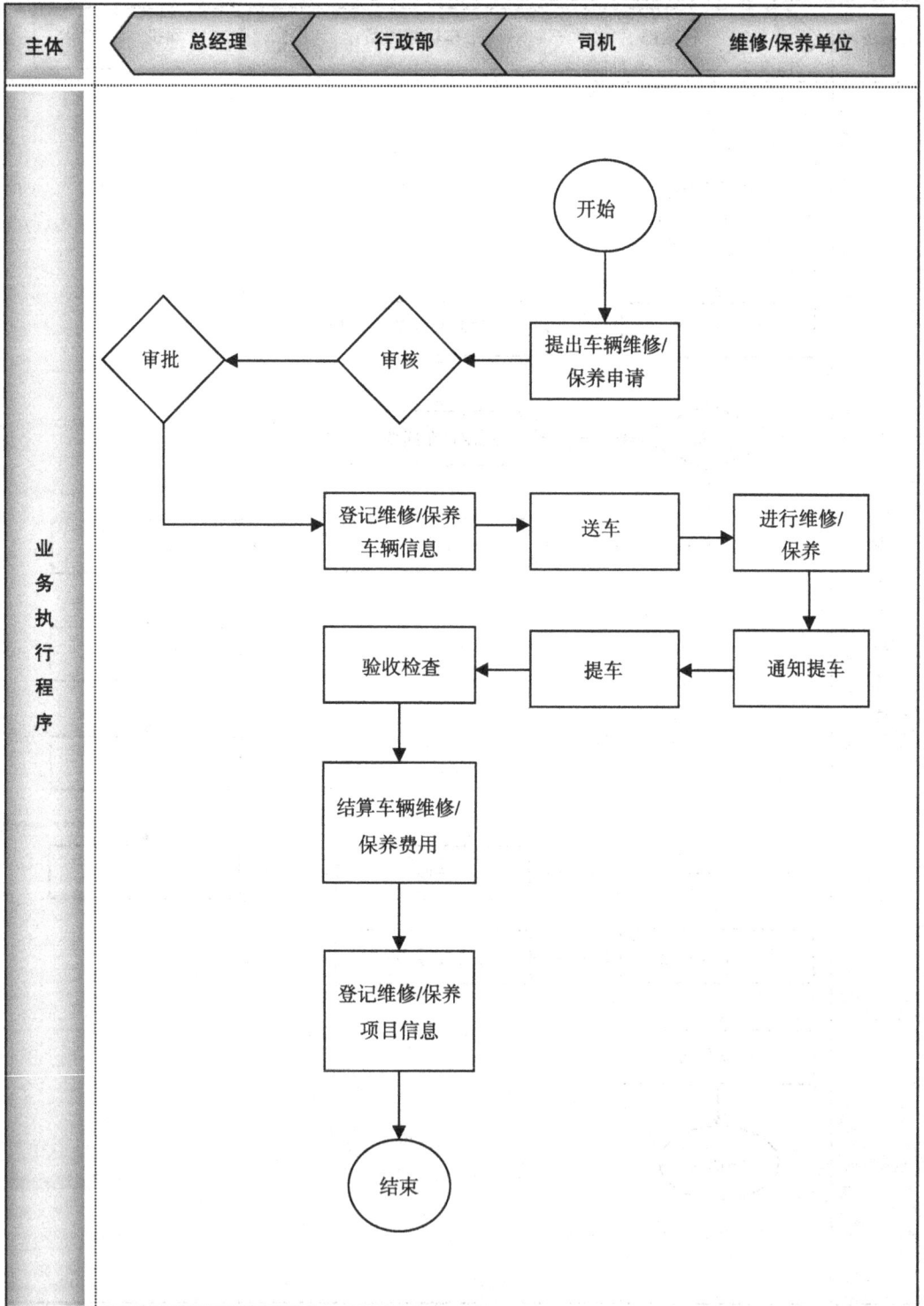

主体	总经理	行政部	司机	维修/保养单位

业务执行程序

开始

提出车辆维修/保养申请

审核

审批

登记维修/保养车辆信息

送车

进行维修/保养

验收检查

提车

通知提车

结算车辆维修/保养费用

登记维修/保养项目信息

结束

8.1.5　车辆使用管理制度

制度名称	车辆使用管理制度	编号	
		版本	

第一章　总则

第 1 条　目的

为了合理、有效地安排公司车辆，提高车辆使用效率，节约相关费用，使车辆使用管理规范化，最大限度地满足公司业务用车的需求，特制定本制度。

第 2 条　适用范围

本制度适用于公司内所有行政办公车辆的管理工作。

第二章　车辆使用管理

第 3 条　车辆使用范围

1.公司员工在本地或短途外出开会、联系业务、接送客户。

2.接送公司宾客和来公司办事的人员。

3.其他紧急和特殊情况。

第 4 条　车辆使用程序

1.公司实行派车制度，用车时须填写"车辆使用申请表"（见附表 1），经本部门经理、行政经理或分管副总批准，由车辆主管统一安排。

2.司机根据"派车单"（见附表 2）上批准的行车路线和目的地行车。

3.用车完毕后，司机须填写用车实际情况记录。

第 5 条　对同一方向、同一时段的派车要尽量合用，尽可能减少派车次数和车辆使用成本。

第 6 条　车辆驾驶人员须持有驾照并严格遵守交通法规。

第 7 条　车辆使用人员在驾驶车辆前须对车辆进行基本检查。如发现故障、配件失窃或损坏等现象，应立即报告，因隐瞒不报而引发的后果由当事人承担相应的责任。

第 8 条　车辆使用人员不得擅自将办公车辆开回家，违者公司将予以处罚。经公司特许或返回公司将逾晚上＿＿＿点的例外。

第 9 条　车辆应停放在指定位置。任意停放车辆导致违规、损毁、失窃的，由车辆使用者赔偿损失，公司将给予其相应处分。

第 10 条　车辆使用人员须爱护车辆，正确驾驶，并在使用后将车辆清洗干净。

第 11 条　在不影响公务的情况下，斟酌员工因私用车的要求，但对因私用车须严格审批。

第 12 条　因私人目的借用公车时，须填写"车辆使用申请表"并注明"私用"字样，经相关主管核准转财物部稽核相关费用。

第 13 条　因私人目的借用公车时，若发生事故，导致违规、损毁、失窃的，在扣除保险理赔金额后的全部费用由借用人承担。

第三章　附则

第 14 条　本制度由公司行政部负责解释。

（续）

第15条 本制度自＿＿＿年＿＿＿月＿＿＿日起执行。
附表1：车辆使用申请表
附表2：派车单

附表1 车辆使用申请表

申请人		所在部门		随行人数	
计划用车时间					
目的地					
用车事由					
部门主管签字			派车人签字		

附表2 派车单

使用部门		司机		随行人数	
用车事由					
起止地点					
用车时间					
用车类型		车型		车牌号	

编制日期		审核日期		批准日期	
修改标记		修改处数		修改日期	

8.1.6 公司司机管理制度

制度名称	公司司机管理制度	编号	
		版本	

第一章 总则
第1条 目的
为了加强对公司司机的管理，确保司机安全行车，顺利完成驾驶任务，并为公司各职能部门提供良好的用车服务，特制定本制度。
第2条 适用范围
本制度适用于公司所有司机的管理工作。

（续）

第二章　司机行为规范

第3条　所有司机必须遵守交通规则及有关交通安全的法律法规。

第4条　司机出车须提交申请，未经批准不得用公务车办私事。

第5条　上班时间不出车时，司机须在公司指定办公室静候派遣。若临时有事，须向车辆主管请假。

第6条　接送公司员工上、下班的班车司机须准时出车，不得误点。

第7条　司机请事假必须经车辆主管批准。高层领导的专职司机如需请假，须经高层领导同意。

第8条　高层领导因公事外出或前往外地学习、开会期间，其专职司机的工作由车辆主管安排。

第9条　所有司机应严格执行考勤制度，无故缺勤者一律按旷工处理。

第10条　任何时间、任何地点，司机均不得将自己保管的车辆随意交给他人驾驶，严禁将车辆交给无驾驶证人员驾驶。

第11条　严禁司机酒后驾车。

第12条　司机应经常检查自己驾驶车辆的各种证件的有效性，出车时一定要保证证件齐全。

第13条　不得在公务车内吸烟。公司员工在车内吸烟时，司机应礼貌地制止；公司客人在车内吸烟时，司机可委婉告知本公司陪同人员，但不要直接制止。

第14条　司机下班后，须将车辆开回公司车库。

第15条　司机离开车辆时须关好车窗，锁好车门。如果车中放有物品或文件资料，司机离开前应将其放于后备厢内并加锁。

第16条　每次出发前，司机须确认路线和目的地，并选择最佳的行车路线；收车后，司机应填写行车记录（包括目的地、乘车人员、行车时间和行车距离等）；随车运送物品时，收车后须向相关管理人员报告。

第17条　车辆如需维修或保养，司机必须经车辆主管、行政经理及相关领导同意方可进行。维修或保养完毕后，司机须认真做好确认工作。

第三章　司机礼仪规范

第18条　司机应注意保持良好的个人形象，保持服装整洁、卫生。

第19条　司机对乘车人员要热情、礼貌，言行要得体大方。

第20条　乘车人员下车办事时，司机不得表现出任何不耐烦，应将车停好等候。等候时，司机不得远离车辆，不得在车上睡觉，不得翻阅乘车人员放在车上的物品，更不得用喇叭催促。

第21条　司机必须注意保密，不得传播乘车人员讲话的内容，违者予以批评教育，情节严重者将予以严肃处理。

第22条　接送公司客人时，司机应主动向客人打招呼并作自我介绍，然后打开车门请客人上车。关车门时要注意客人的身体和衣物，防止被车门挤压。

第23条　司机在行车过程中听收音机或听音乐时应征得乘车人员的同意，声音不宜过大，以免影响乘车人员思考或休息。

第24条　在涉外活动中，司机对待外宾要彬彬有礼、不卑不亢，态度要自然、大方。如果对方主动打招呼，司机可按一般礼节同其握手、交谈。

（续）

第 25 条　司机在涉外活动中不得向客人索要礼品，对不宜拒绝的礼品可以接受，但回公司后应送交行政部统一登记，并按规定处理。

第四章　车辆养护规范

第 26 条　司机应爱惜公司车辆，经常检查车辆的主要机件，确保车辆正常行驶。

第 27 条　司机应每天擦洗自己驾驶的车辆，做到"晴天停车无灰尘，雨雪天停车无泥点"。司机要保持前后挡风玻璃和车门玻璃的清洁，并经常清洗轮胎外侧和防护罩。

第 28 条　出车在外或出车归来停放车辆时，一定要注意车辆的停放地点和位置，不能在禁止停车路段或危险地段停车。司机离开车辆时要锁好车辆，防止车辆被盗。

第 29 条　每次出车前，司机须做好车辆卫生，车外要擦洗干净，打蜡擦亮。车内要勤打扫，保持整洁美观。

第 30 条　每次出车前，司机要坚持"三检四勤"，确保机油、汽油、刹车油、冷却水、轮胎气压、制动转向、喇叭和灯光的安全、准确、可靠，保证汽车处于良好的运行状态。

第 31 条　每次出车前，司机要例行检查车辆的燃料、润滑油、电液、冷却液、制动器和离合器总泵油是否足够；检查轮胎气压及轮胎紧固情况；检查喇叭、灯光是否良好，检查票证是否齐全；检查随车工具是否齐备。

第 32 条　司机须按照车辆使用规定启动引擎，查听声音是否正常，查看引擎连动装置的紧固情况，查看有无漏油、漏水和漏气。如有故障，须及时上报车辆管理部门。

第 33 条　在行车的过程中，司机须密切注意道路上的车辆与行人动态，与前车保持一定的安全距离。通过十字路口、复杂地段和转弯时要严格遵循交通规则。

第 34 条　收车后，司机要将车身、车轮挡板和车底等处冲洗干净，并清洁车箱内壁、沙发和脚垫。

第五章　违章与事故处理

第 35 条　因司机故意或本人重大过失造成的人身伤害，赔偿金额由司机自行承担。

第 36 条　在执行公务的过程中，除了认定是司机故意或本人重大过失的情况，违反交通规则或发生交通事故，其处理办法如下。

1. 因违章停车、证件不齐全、高速驾车或违反交通规则等造成的罚款，由司机承担全部罚金。

2. 因交通事故造成人身伤害或造成车辆损坏时，如在保险范围以内，司机可免除赔偿责任。如在保险范围以外，司机应承担损失实额与保险金差额的____％。

3. 当公司车辆交通违章次数超出安全委员会限定的指标时，相应罚款由司机自行承担。

第 37 条　因司机酒后驾车造成车辆损坏，由司机承担维修费用；如因酒后驾车发生交通事故，除了支付维修费用，司机还应按相关法律规定承担相应的经济或民事责任。

第 38 条　当发生交通事故时，司机在事故现场须做到以下七点。

1. 迅速与公司联系，接受公司的相关指示。

2. 如发生人身伤害，须迅速将伤者送到最近的医院进行治疗。

3. 须记录对方车辆的车牌号，并填写"事故报告单"。

4. 记录对方的住址、姓名、工作单位、电话和身份证号码等信息。

（续）

5. 尽量取得对方的名片，以便事后联系。
6. 牢记对方车辆损坏的部位与程度，条件允许时，可利用手机、照相机拍下现场照片。
7. 记录事故现场目击者的姓名、住址和联系电话等信息。

第六章　附则

第39条　本制度根据公司人力资源部的相关制度制定，由行政部负责解释。

第40条　本制度经公司总经理批准，自公布之日起实施。

编制日期		审核日期		批准日期	
修改标记		修改处数		修改日期	

8.1.7　车辆维修保养制度

制度名称	车辆维修保养制度	编号	
		版本	

第一章　总则

第1条　目的

为了加强公司车辆的维修保养管理和成本控制，并确保车辆始终处于安全、良好的运行状态，特制定本制度。

第2条　适用范围

本制度适用于公司全部车辆的维修保养工作。

第3条　职责划分

1. 行政经理负责评定和选择维修保养服务提供商，并对维修项目进行审核。

2. 车辆主管负责检查维修质量，并保存相关资料。

3. 司机负责车辆故障检查与车辆维修保养工作。

第二章　车辆维修

第4条　车辆维修程序

1. 司机发现车辆故障需要进行维修时，须填写"车辆维修申请单"（见附表1），部门领导签字后，提交车辆主管，并向财务部申报维修费用。

2. 车辆主管接到"车辆维修申请单"后，须对车辆进行故障分析，确定是否需要维修及需要维修的项目，并确定维修费用的限额。

3. 由车辆主管根据车型、维修项目确定维修厂。

4. 车辆主管确定维修厂后，须请行政经理在"送修单"上签字。

5. 维修结束后，司机及行政部相关人员应对维修车辆进行检查，检查合格后须收回更换的旧部件，确认维修费用合理准确后，方可在维修厂的单据上签字。司机对维修费用的真实性负责。

（续）

6. 将送修车辆取回公司后，由车辆主管进行验收，司机应将"车辆维修申请单"及"维修清单"及时交给车辆主管。

7. 在维修车辆的过程中，若发现其他问题需增加维修项目或维修费用，应按照上述程序重新申请。

8. 车辆主管对维修费用实行统一的月度或季度结算。结算前，车辆送修人员须检查送修车辆审批手续是否齐全，并再次核定费用收取的合理性。

第5条　公司车辆须在指定的修理厂修理，定点修理厂应该是修理质量好、价格合理、方便快捷、服务意识强、有一定规模的正规修理厂。

第6条　车辆在外发生故障须及时向车辆主管汇报，车辆主管根据维修的难易程度和维修费用确定修理厂。

第7条　司机在车辆修理的过程中不得故意多报修理项目。如弄虚作假，一经发现，将严肃处理。

第8条　车辆于行驶途中发生故障或因其他耗损急需修理或更换零部件，司机可根据实际情况进行处理。但非迫切需要或修理费用超过＿＿＿元的，应与车辆主管联系。

第三章　车辆保养

第9条　公司对车辆实行定人、定车、定保养制度，相关人员须做好记录（见附表2）。

第10条　车辆必须保持清洁卫生，司机平时应视车辆情况自行进行清洗。每个星期二为车辆保养日，在不耽误正常工作的情况下，必须进行整车的全面清洗，并进行例保。

第11条　做到不超保、不脱保，车辆每行驶＿＿＿公里进行一次保养，每行驶＿＿＿公里进行一次二级保养。

第12条　办公车辆由办公室指定专门司机负责保养、维修、清洗。

第13条　车辆保养的相关内容须参照《机动车辆保养规定》执行。

第14条　因未遵守《机动车辆保养规定》而造成车辆损坏、报废乃至发生交通事故的，将追究相关人员及领导的责任。

第四章　附则

第15条　本制度由公司行政部负责解释。

第16条　本制度自公布之日起实施。

附表1：车辆维修申请单

附表2：车辆保养记录表

附表1　车辆维修申请单

编号：　　　　　　　　　　　　　　　　　　　　　　　日期：＿＿＿年＿＿＿月＿＿＿日

车号		型号		购入时间	
里程数		申请人		责任人	
请修项目					
预算金额（元）					

（续）

（续表）

修理厂意见	
损坏原因	
审核意见	签字： 日期：___年___月___日

主管：_____　　　复核人：_____　　　管理员：_____　　　经办人：_____

附表 2　车辆保养记录表

车牌号			公司	
使用 地区		主要使用人		
		驾驶人		
保养修理记录						

年		项目	金额（元）	保养前 里程数	经手人（签章）	主管（签章）
月	日					
合计						

本月 费用	汽油金额（元）		保养金额（元）	修理金额（元）	合计

编制日期		审核日期		批准日期	
修改标记		修改处数		修改日期	

8.2 餐厅管理

8.2.1 食品安全管理流程

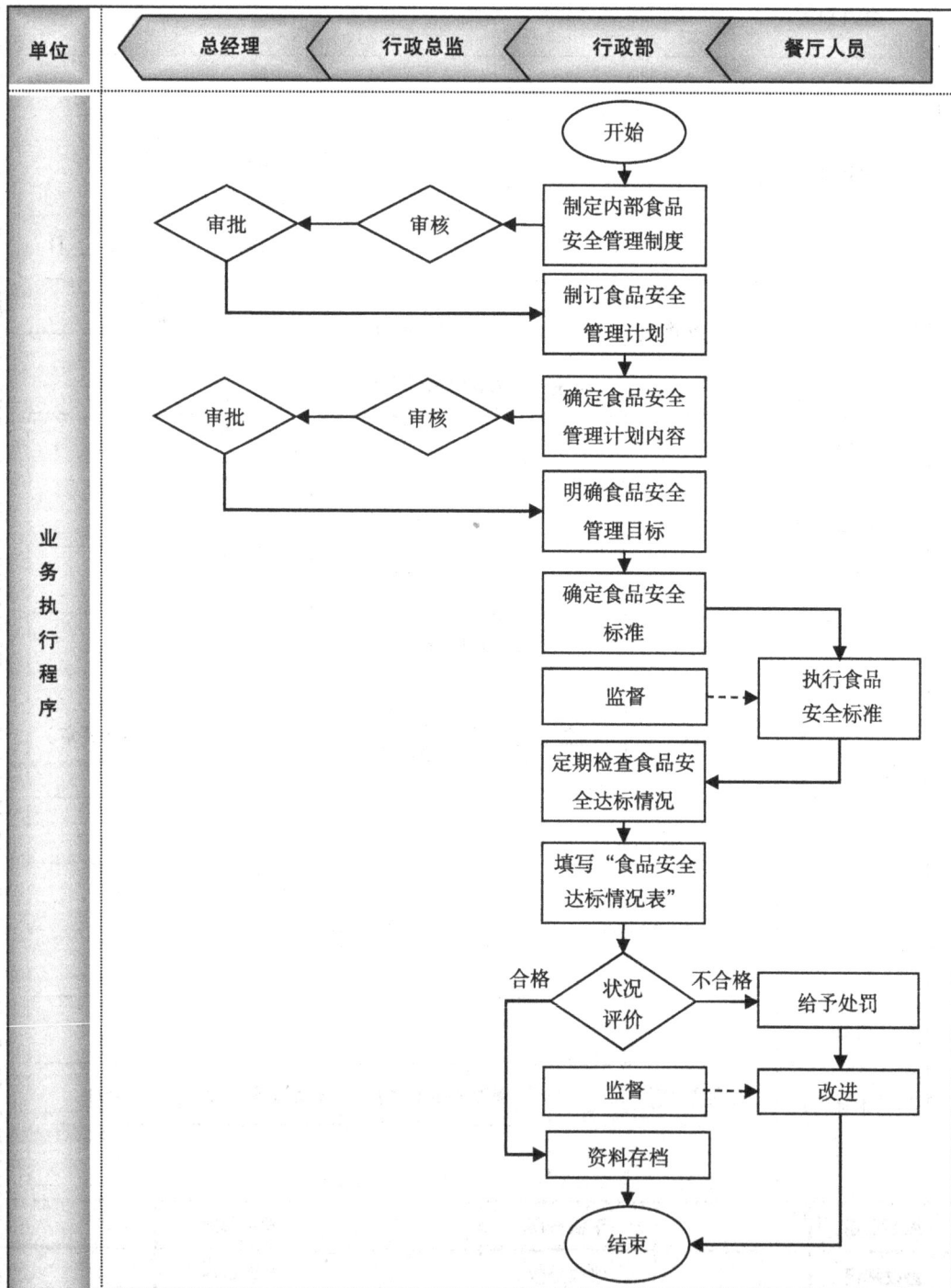

单位	总经理	行政总监	行政部	餐厅人员

业务执行程序

```
                                              ┌─────────┐
                                              │  开始   │
                                              └────┬────┘
                                                   ↓
        ◇审批◇ ← ◇审核◇ ← ┌──────────────┐
                            │ 制定内部食品  │
                            │ 安全管理制度  │
                            └──────┬───────┘
          ↑_____│    ↓
                            ┌──────────────┐
                            │ 制订食品安全  │
                            │   管理计划    │
                            └──────┬───────┘
        ◇审批◇ ← ◇审核◇ ← ┌──────────────┐
                            │ 确定食品安全  │
                            │ 管理计划内容  │
                            └──────┬───────┘
          ↑_____│    ↓
                            ┌──────────────┐
                            │ 明确食品安全  │
                            │   管理目标    │
                            └──────┬───────┘
                                   ↓
                            ┌──────────────┐
                            │ 确定食品安全  │
                            │     标准      │────┐
                            └──────────────┘    ↓
        ┌──────────┐  ---→  ┌──────────────┐
        │  监督    │        │ 执行食品      │
        └──────────┘        │ 安全标准      │
                            └──────┬───────┘
                            ┌──────────────┐
                            │ 定期检查食品安│ ←─┘
                            │ 全达标情况    │
                            └──────┬───────┘
                            ┌──────────────┐
                            │ 填写"食品安全 │
                            │ 达标情况表"   │
                            └──────┬───────┘
              合格    ◇状况◇   不合格  ┌──────────┐
          ┌─── ◇评价◇ ──────→ │ 给予处罚 │
          │         └─────┘          └────┬─────┘
          │    ┌──────────┐ ---→  ┌──────────┐
          │    │  监督    │        │  改进    │
          │    └──────────┘        └────┬─────┘
          ↓    ┌──────────────┐         │
          └──→ │  资料存档    │         │
               └──────┬───────┘         │
                      ↓                 │
                  ┌────────┐            │
                  │  结束  │ ←──────────┘
                  └────────┘
```

8.2.2　公司饭卡管理流程

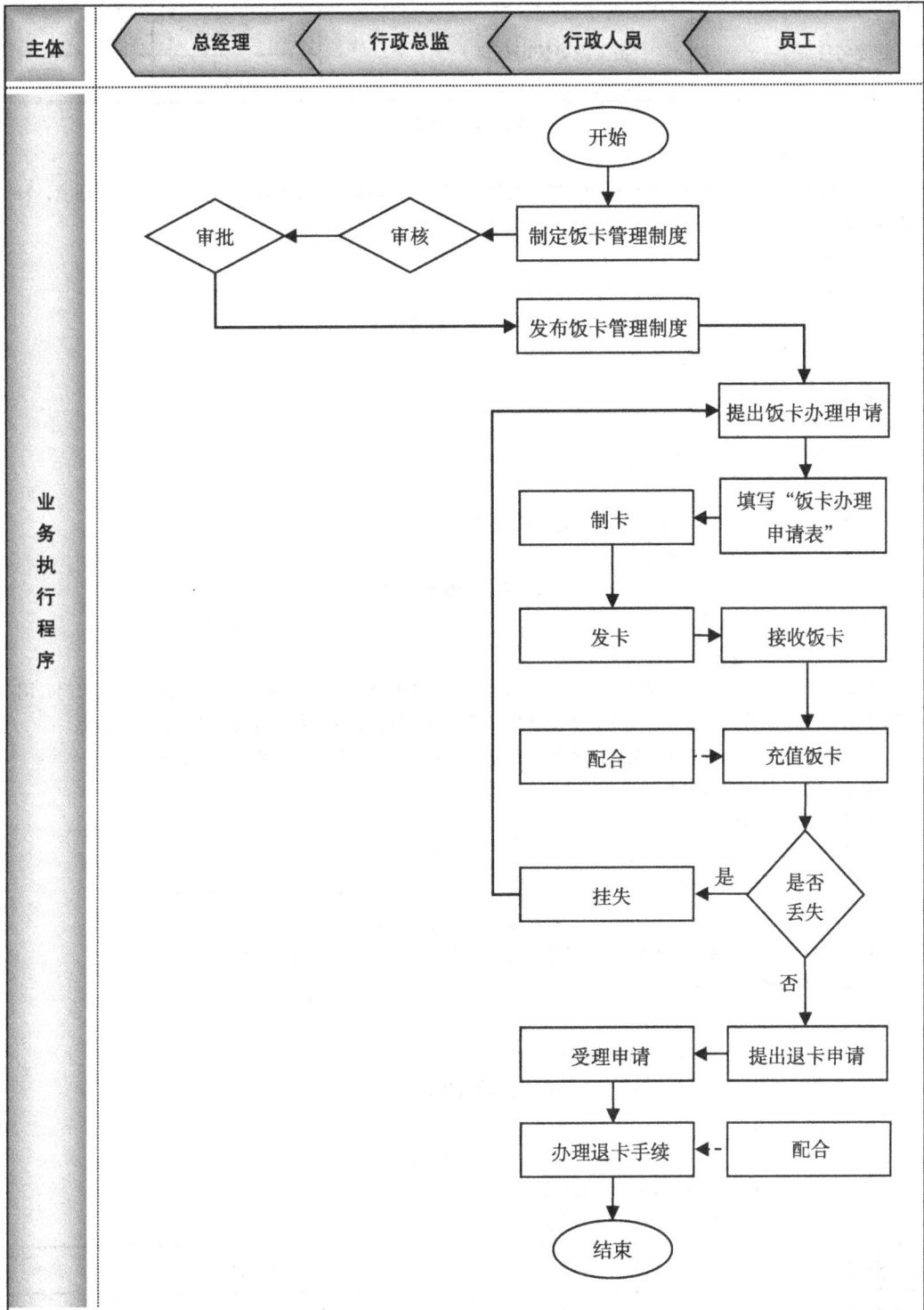

主体	总经理	行政总监	行政人员	员工

业务执行程序

开始

制定饭卡管理制度

审核

审批

发布饭卡管理制度

提出饭卡办理申请

填写"饭卡办理申请表"

制卡

发卡 → 接收饭卡

配合 → 充值饭卡

挂失　是　是否丢失　否

受理申请 ← 提出退卡申请

办理退卡手续 ← 配合

结束

8.2.3 员工就餐管理规定

制度名称	员工就餐管理规定		编号	
			版本	

第一章 总则

第1条 目的

为了加强公司员工的就餐管理，维护餐厅就餐秩序，规范员工就餐行为，营造良好的就餐环境，特制定本规定。

第2条 适用范围

本规定适用于公司所有员工的就餐管理工作。

第二章 员工就餐时间

第3条 员工就餐时间

餐厅用餐时间如下。

1.早餐时间：____:____至____:____。

2.午餐时间：____:____至____:____。

3.晚餐时间：____:____至____:____。

第4条 员工须在规定的用餐时间内到餐厅用餐。

第5条 节假日餐厅不供餐。

第三章 加班餐管理

第6条 加班餐管理

1.领取加班餐时须提供餐券作为凭证。

2.各部门因工作需要安排加班的，应于当日下午____时前填写"用餐申请单"，并注明用餐部门、用餐人数及用餐时间等信息，经部门负责人签字报总务后勤。事前无法预料的加班，直接与餐厅联系。

3.加班员工须在指定时间内凭餐券到餐厅领取加班餐。餐券当日有效，丢失不再补发。

4.餐厅加班餐用餐时间为____:____至____:____。

第7条 客餐管理

1.申请客餐及业务招待餐，须提前填写"招待申请单"。

2."招待申请单"经部门负责人批准，通知总务后勤就餐的具体人数、标准和时间。

第四章 员工就餐纪律

第8条 公司员工进入餐厅就餐须凭餐卡打饭，不得插队，不得替他人打饭。

第9条 就餐人员需适量领取饭菜，不得浪费。

第10条 员工用餐后应将餐具放到指定地点。

第11条 餐厅内严禁吸烟、随地吐痰、大声喧哗。

第12条 用餐人员须服从餐厅人员管理，爱护公物、餐具。

第13条 用餐人员不准将餐具拿出餐厅或带回办公室。

第五章 附则

第14条 本规定由行政部负责制定和解释。

第15条 本规定自公司总经理批准后实施。

编制日期		审核日期		批准日期	
修改标记		修改处数		修改日期	

8.2.4 餐厅卫生管理制度

制度名称	餐厅卫生管理制度	编号	
		版本	

第一章　总则

第 1 条　目的

为了规范餐厅的卫生管理，为全体员工提供卫生、放心、优质的饭菜和良好的用餐环境，确保员工的身心健康，特制定本制度。

第 2 条　适用范围

本制度适用于公司内部餐厅的卫生管理和卫生检查工作。

第二章　原材料、食品卫生管理

第 3 条　采购员不得采购腐烂的食材，公司餐厅不得提供腐烂、变质的食品。

第 4 条　食材清洗干净后方可使用。

第 5 条　干、鲜食材须分开放置，生食与熟食须分开放置，成品与半成品须分开放置，饭菜食品与杂物、药物、天然冰须分开放置，以免造成交叉污染。

第 6 条　食材应尽快使用，以防过期变质。

第 7 条　生熟食及用具须严格分开使用，做到专具专用。餐具、用具用完后须及时清洗，且每天必须进行一次消毒。

第 8 条　剩饭、剩菜应保管于通风处，隔餐的饭菜回锅烧透后方可食用。

第 9 条　直接入口的食品不能用手直接拿取，带包装的食品应使用消毒工具拿取。

第 10 条　调料器具应加盖，以防沾染灰尘。酱油、醋过滤后方可倒入瓶内或调料器具内，并要保持洁净。

第 11 条　发现食材不新鲜时，须妥善处理，以防食物中毒。

第三章　食材加工卫生管理

第 12 条　食堂粗加工管理

1.实行专人加工制度，未加工和已加工的食材须分类、分架存放。严禁将食材直接放在地上。

2.当餐所用食材当餐加工，尽量用完。未用完的或易腐坏变质的食材，粗加工后须及时冷藏保存。

3.坚持"一择二洗三切"的操作程序。严禁使用未洗净的食材。

4.肉类（含水产品）、蔬菜须分水池清洗，分案切配。装肉类（含水产品）、蔬菜的容器应分开使用，且须有明显标识。

5.所有用具、容器用完后须及时清洗干净，定位存放。

6.保持粗加工间的卫生与整洁。粗加工的废弃物应及时清运，保证地面无积水、无异味。

第 13 条　食品加工卫生管理

1.刀、墩、案板、盆、桶、筐、其他容器、抹布等须有明显标识，做到生、熟、荤、素分开使用，定位存放，用后清洗，保持清洁。盛装熟食品的容器（盆、桶、筐等）用前必须消毒。

2.装调料的容器必须加盖，用完后入柜（或上锁）存放。

3.必须使用新鲜洗净的食材加工食品。

4.加工食品必须做到烧熟、煮透，食品从烹饪到供餐一般不超过＿＿＿分钟。不得向员工供应可能影响人体健康的食品。

（续）

5. 品尝菜肴须用专用工具，严禁用炒菜勺或用手取菜肴品尝。

6. 烹调间内严禁存放有毒、有害物品及个人生活用品等。

第14条　食品加工人员不得有任何影响食品卫生的疾病，并要严格遵守食品加工规范。厨房要经常清洁，保持干净、卫生。

第四章　库房卫生管理

第15条　对于采购的主副食品和调味品要严格把关，发霉、变质、过保质期等不合格食品不得入库。如发现霉烂、变质等问题，须及时处理。

第16条　保持库房整洁、干燥、通风、透气。冰箱（柜、库）须定期清理、除霜，做到无污水、冰渣。

第17条　各类食材须分类（分库）、分架存放，加盖，标识清楚。食品添加剂须由专柜保管。

第18条　定期检查库房里的食材，及时处理变质或超过保质期的食材，对于未及时处理的食材应标明"待处理"字样。

第19条　库房内严禁存放有毒、有害、非食用品及个人生活用品等。

第五章　餐具卫生管理

第20条　餐具必须保持干净、卫生，从餐桌上撤下的餐具应分类清洗、消毒。

第21条　食品餐具消毒要由专人负责，并严格执行"一洗二刮三冲四消毒五保洁"的规定。其他用具、容器、抹布也要经常进行消毒。

第22条　餐具柜应经常用清洗液洗涤干净，餐具要摆放整齐，柜门要关紧。

第六章　餐厅环境卫生管理

第23条　餐厅要定期进行清洁，并由专人负责检查，保持干净、卫生的用餐环境。

第24条　清洗食品时产生的废弃物要按规定存放，用餐后的剩菜、剩饭要用专用垃圾桶存放并加盖，做到垃圾污物日产日清，防止再次污染。

第25条　积极做好防虫措施，餐厅内经常保持通风。

第26条　严禁非工作人员进入操作间。

第七章　餐厅卫生检查

第27条　卫生管理人员须每天不定时抽查餐厅的大厅、外厅、厨房、用具、设备、设施等的卫生状况，做好记录，并向餐厅负责人提出改进意见。

第28条　抽调相关卫生管理人员组成卫生评定小组，每个星期____全面检查餐厅卫生状况，并做好卫生检查记录。

第29条　餐厅卫生状况不佳且经多次通报仍未改善的，卫生管理人员有权对相关负责人进行处罚。

第30条　所有卫生检查记录须提交行政部，行政经理签字确认后存档备查。

第八章　附则

第31条　本制度由公司行政部负责制定和解释。

第32条　本制度经公司总经理审批后实施。

编制日期		审核日期		批准日期	
修改标记		修改处数		修改日期	

8.3 宿舍管理

8.3.1 员工宿舍管理流程

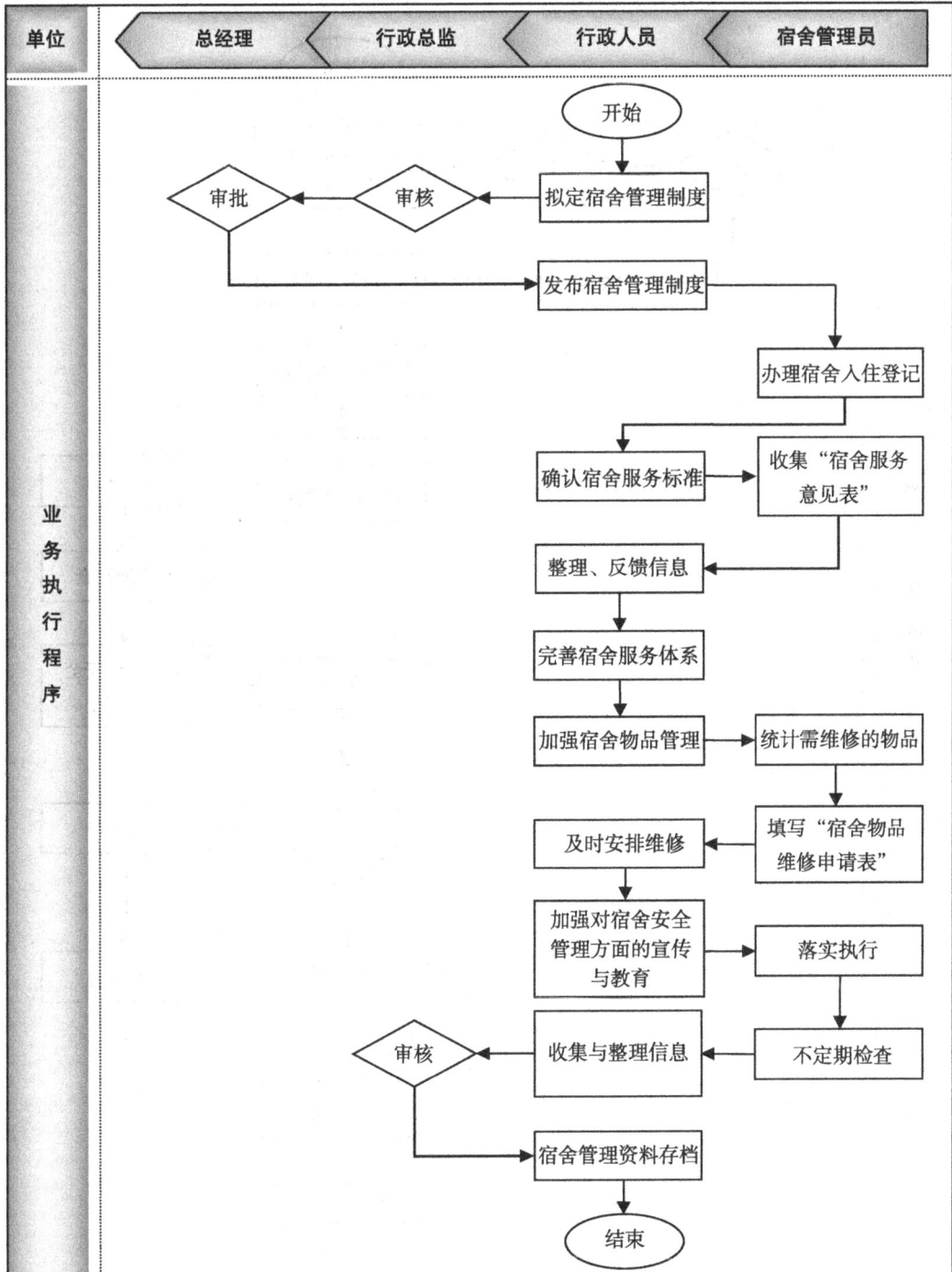

单位	总经理	行政总监	行政人员	宿舍管理员

业务执行程序

开始

拟定宿舍管理制度

审核

审批

发布宿舍管理制度

办理宿舍入住登记

确认宿舍服务标准

收集"宿舍服务意见表"

整理、反馈信息

完善宿舍服务体系

加强宿舍物品管理

统计需维修的物品

填写"宿舍物品维修申请表"

及时安排维修

加强对宿舍安全管理方面的宣传与教育

落实执行

收集与整理信息

不定期检查

审核

宿舍管理资料存档

结束

8.3.2 员工宿舍安全管理流程

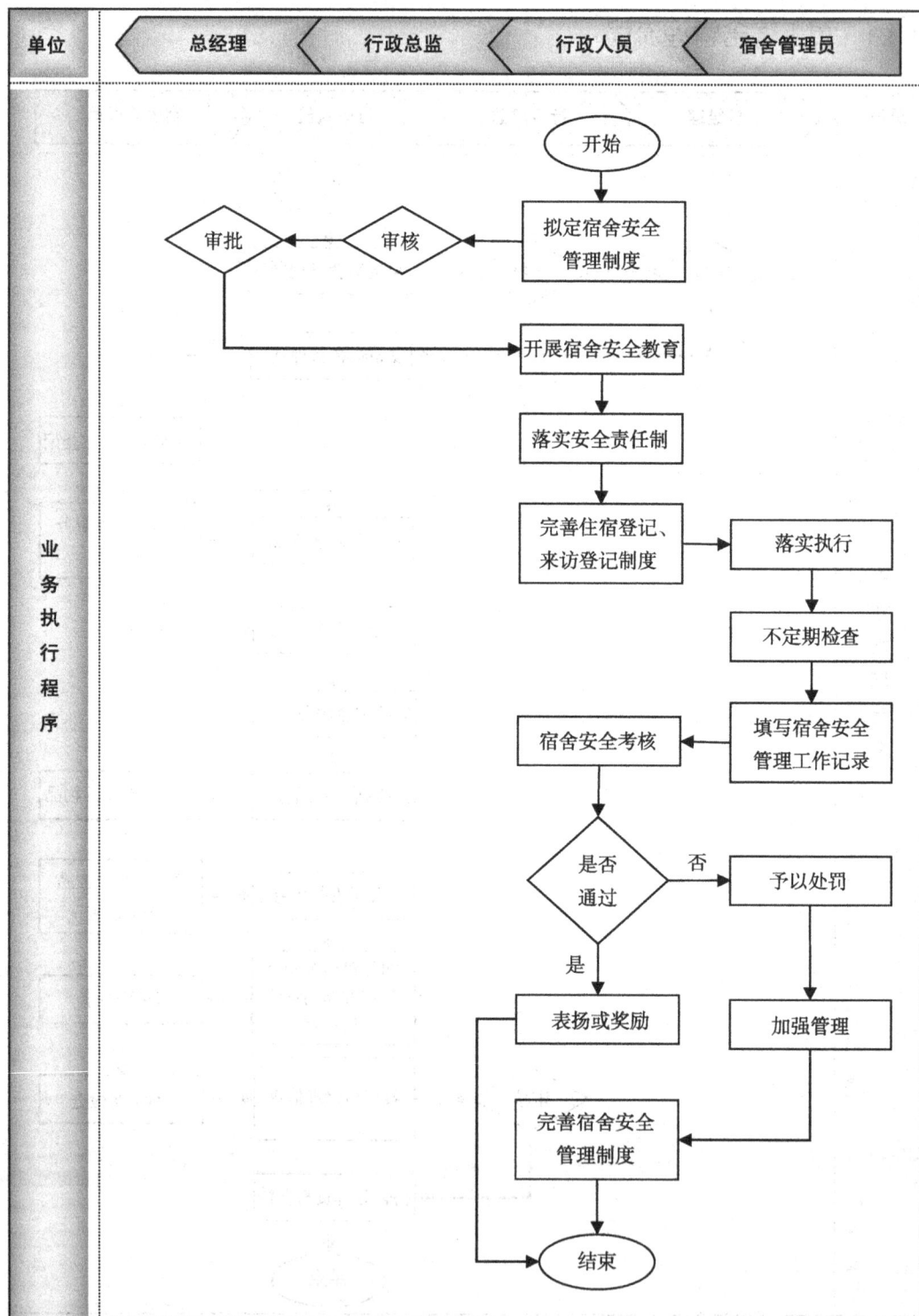

单位	总经理	行政总监	行政人员	宿舍管理员

业务执行程序

开始

拟定宿舍安全管理制度

审核

审批

开展宿舍安全教育

落实安全责任制

完善住宿登记、来访登记制度

落实执行

不定期检查

填写宿舍安全管理工作记录

宿舍安全考核

是否通过

否 → 予以处罚

是 → 表扬或奖励

加强管理

完善宿舍安全管理制度

结束

8.3.3 员工宿舍管理细则

制度名称	员工宿舍管理细则	编号	
		版本	

第一章 总则

第1条 目的

为了给公司员工提供良好的住宿环境，使员工保持良好的工作状态，特制定本细则。

第2条 适用范围

本细则适用于公司内部员工宿舍的入住、出入、退宿的管理，以及员工宿舍的卫生、安全、设备、设施的管理工作。

第3条 职责分配

行政部负责公司宿舍监督管理工作，包括物品分配、卫生检查、维持秩序等。

第二章 宿舍申请及入住办理

第4条 申请宿舍的员工必须符合以下三个条件。

1. 在市区内无住所或交通不便。

2. 无传染病，无不良嗜好。

3. 能严格遵守本细则。

第5条 申请住宿的员工须填写"员工住宿申请表"（见附表1），并提交部门主管及行政部审批。行政部须填写"住宿员工登记表"（见附表2）。"员工住宿申请表"的内容应真实、全面、具体，如有弄虚作假者，取消____年的申请资格。

第6条 员工入住宿舍时，须提交相关证明，并填写住宿人员资料卡，签订住宿合同后方可领取相关物品。住宿合同期满后，员工如果想续住，须在合同期满前一个月向行政部提出续住申请。

第7条 员工领取物品时，员工和宿舍管理人员须清点、确认后签字。

第三章 员工宿舍出入管理

第8条 员工出入管理

1. 未经批准的外来人员一律不准进入员工宿舍。

2. 进入员工宿舍的人员必须出示有效证件，并服从值班人员的管理。

3. 带行李、物品出宿舍大门的员工须自觉接受管理员的检查。

4. 凡外出的员工须在____时前回宿舍。

第9条 人员来访管理

1. 来访人员必须服从宿舍管理人员的安排。

2. 来访人员需凭有效证件登记，验证核实后方可进入。

3. 来访人员不得擅自进入非探访区域。

4. 来访接待时间：____点至____点。

（续）

第四章　宿舍卫生管理

第10条　宿舍管理人员须编制"值日排班表"，并做好宿舍周围环境的卫生清洁工作，为员工营造良好的住宿环境。

第11条　行政部每个星期检查、评比一次。

第12条　废弃物、垃圾等应集中倾倒于指定场所。

第五章　宿舍安全管理

第13条　宿舍管理人员须定期组织员工开展安全教育培训，并定期对住宿员工及宿舍服务人员开展各项安全教育。

第14条　宿舍技术岗位工作人员（如电工、维修工、锅炉工等）须定期进行技术培训。

第15条　行政部须明确岗位职责，制定安全责任制度，清晰地划分宿舍管理人员、维修人员、宿舍员工的安全责任和权限，并定期检查安全责任落实情况，发现隐患要及时处理。

第16条　加强综合管理，严格落实宿舍安全管理制度、会客登记制度，杜绝在宿舍内出现酗酒、打闹、赌博等行为。

第六章　宿舍设备、设施管理

第17条　宿舍管理人员须指派专人进行日常巡检维修工作，宿舍设备、设施如有问题，须及时处理。

第18条　宿舍管理人员须每半个月对员工宿舍的抽气扇、空调进行一次检查，要求声音正常，隔层网洁净。如发现机械故障，应立即通知工程部处理。

第19条　宿舍管理人员须每半个月派专人检查水电设备。

第20条　宿舍管理人员须每个月对各宿舍的电表进行抄录、核实，同时检查各分路开关有无超负荷用电的现象，发现问题须及时处理。

第21条　宿舍管理人员每个月须检查一次员工宿舍房间的电器使用情况，检查灯具、开关、插头、接线盒是否完好，检查室内有无乱接、乱拉电线的现象。

第22条　宿舍管理人员须每个月检查一次各栋宿舍的楼梯、走廊的灯具、开关，并测试各房的限电器是否完好，发现问题须及时解决。

第23条　宿舍管理人员须每个月抄录各栋宿舍的总水表，检查总阀及各分路水阀开关，发现漏水须及时处理。

第24条　宿舍管理人员须每个季度检查一次各栋宿舍的总配电箱，以及各个开关的接头、触点，检查其绝缘情况和设备卫生情况。

第25条　如需维修设备，住宿员工须填写"宿舍物品维修申请表"（见附表3），并提交行政部。

第26条　维修设备应励行节约，维修时宿舍管理人员要亲临现场监工。

第七章　宿舍员工管理

第27条　住宿人员职责

1.住宿员工应服从宿舍管理人员的管理与监督。

2.遵守宿舍卫生、安全管理要求。

第28条　住宿人员不得随意改造宿舍。

（续）

第 29 条　住宿人员必须由正门进入，不得爬阳台、翻越后墙。

第 30 条　住宿人员所分配锁匙只准本人使用，不得私配或转借他人。

第 31 条　住宿人员不得将宿舍转租或借予他人使用，一经发现，立即取消其住宿资格。

第 32 条　宿舍所有设备（如电视机、玻璃镜、卫浴设备、门窗、床铺等），住宿员工有责任维护其完好。如因疏于管理或恶意破坏而造成设备损坏，由住宿员工承担修理费或赔偿费，并视情节轻重予以纪律处分。

第 33 条　住宿人员应自觉保持宿舍安静，不得大声喧哗。同事之间应和睦相处，不得以任何借口争吵、打架、酗酒，晚上____时后停止一切娱乐活动（特殊情况除外）。

第 34 条　自觉节约水电，爱护公物，损坏公物要照价赔偿。

第 35 条　自觉将室内物品摆放整齐，不得在墙上乱钉、乱写乱画、张贴字画或悬挂物品。

第 36 条　保持生活环境的整洁卫生，不得随地吐痰，乱丢果皮、纸屑、烟头等。一切车辆（含自行车）要整齐地停放在指定位置。

第 37 条　宿舍区内的走廊、通道及公共场所禁止堆放杂物，禁止饲养宠物。

第 38 条　不得私自安装电器和拉接电源线，不得使用明火炉具（用电炉具），不得超负荷用电。

第 39 条　住宿人员必须负责打扫宿舍卫生，轮流值日。

第八章　取消住宿及退宿管理

第 40 条　住宿人员有下列行为之一的，立即取消其住宿资格，并报告其所在部门和行政部。

1. 不服从管理员的监督与管理的。

2. 在宿舍内赌博、斗殴或酗酒的。

3. 蓄意破坏公用物品或设施的。

4. 擅自在宿舍内留宿他人，且情节严重的。

5. 有偷窃等行为的。

6. 其他严重违反宿舍规定情形的。

第 41 条　员工离职（包括自动辞职、被免职、解职、退休等）后，应于离职之日起____天内迁离宿舍，不得借故拖延。

第 42 条　员工退宿时必须到行政部办理相关手续。

第九章　附则

第 43 条　本细则由公司行政部负责制定和解释。

第 44 条　本细则经公司总经理审批通过后实施。

附表 1：员工住宿申请表

附表 2：住宿员工登记表

附表 3：宿舍物品维修申请表

(续)

附表1 员工住宿申请表

编号：   申请日期：____年____月____日

姓名		部门	
入职日期		岗位	
籍贯		性别	
学历		出生年月	
现住址			
申请理由			
本部门意见			
行政部意见			

附表2 住宿员工登记表

姓名		性别		室号	
出生年月			部门		
最高学历			籍贯		
紧急联络人					
工作表现					
兴趣爱好					
备注					

附表3 宿舍物品维修申请表

申请人填写	申请人		申请时间	
	房号		维修时间说明	
	维修内容			
行政部意见				
维修部填写	维修人员		维修时间	
	维修材料		验收人	

编制日期		审核日期		批准日期	
修改标记		修改处数		修改日期	

8.4 环境管理

8.4.1 环境绿化管理流程

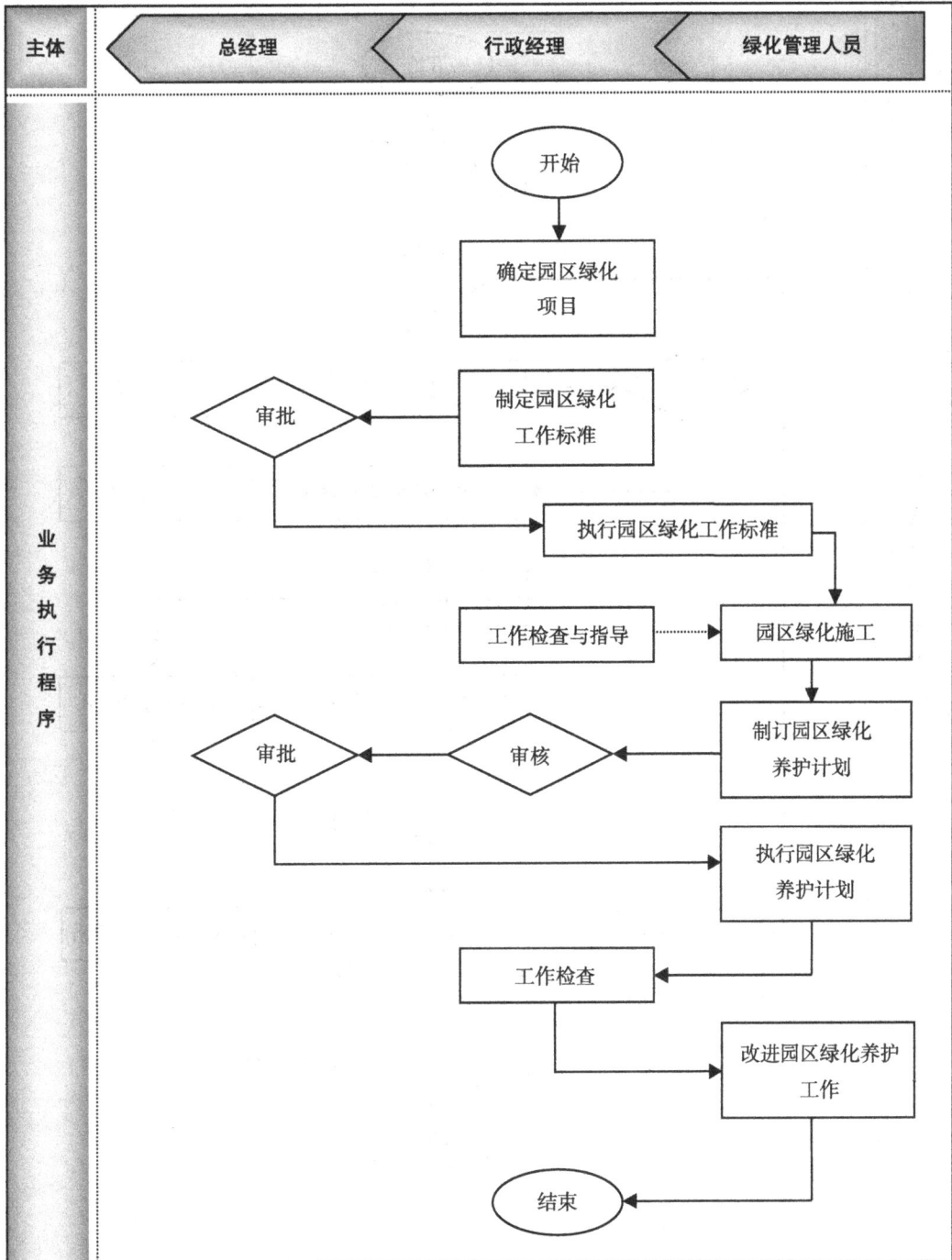

主体	总经理	行政经理	绿化管理人员

业务执行程序

开始

确定园区绿化项目

制定园区绿化工作标准

审批

执行园区绿化工作标准

工作检查与指导 ┈┈▶ 园区绿化施工

制订园区绿化养护计划

审批 ◂ 审核

执行园区绿化养护计划

工作检查

改进园区绿化养护工作

结束

8.4.2　环境优化管理流程

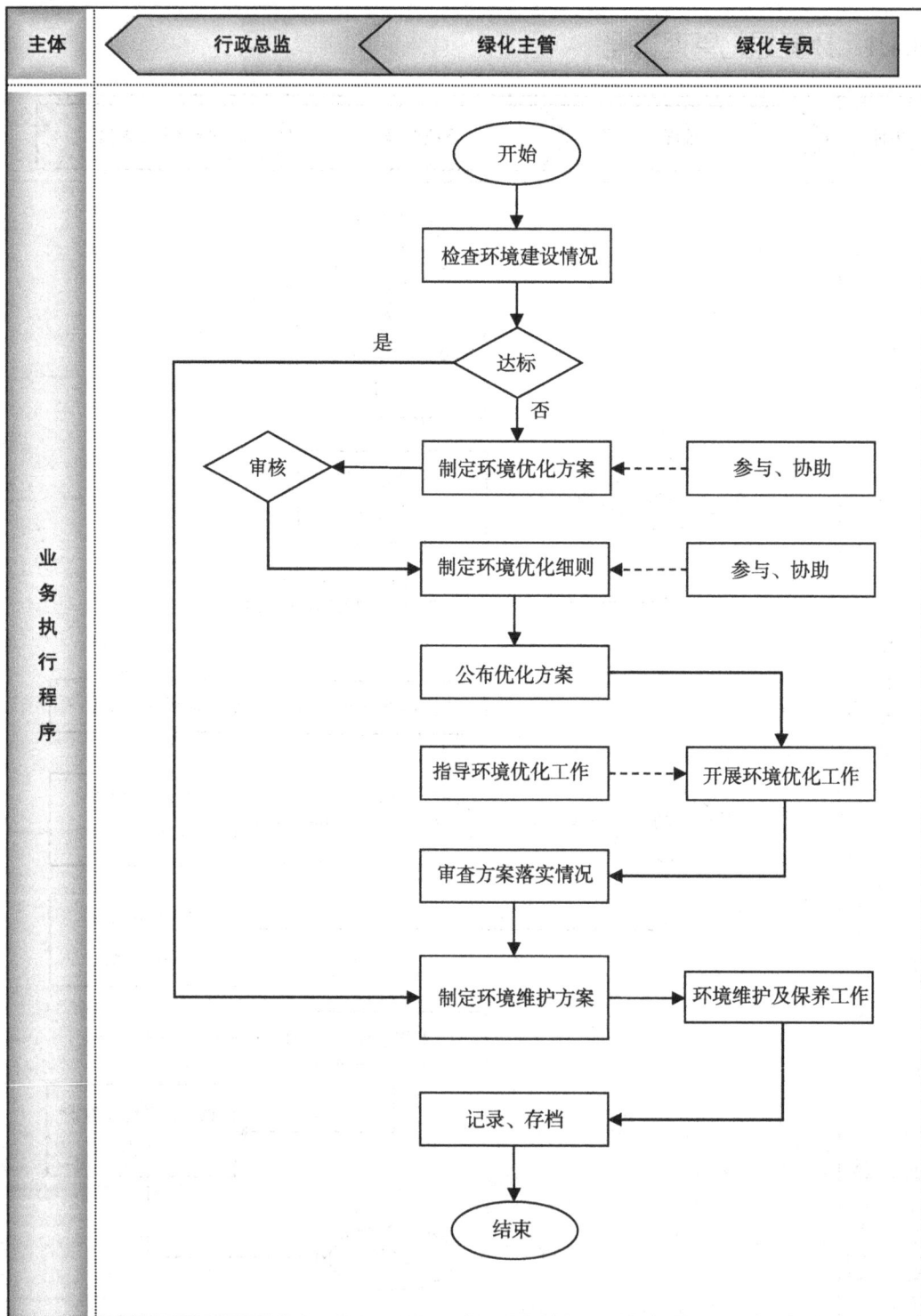

主体	行政总监	绿化主管	绿化专员

业务执行程序

```
开始
  ↓
检查环境建设情况
  ↓
达标 ──是──→
  │否
  ↓
制定环境优化方案 ←----- 参与、协助
  ↓
审核
  ↓
制定环境优化细则 ←----- 参与、协助
  ↓
公布优化方案 ────────→
                        ↓
指导环境优化工作 ----→ 开展环境优化工作
                        ↓
审查方案落实情况 ←──────
  ↓
制定环境维护方案 ──→ 环境维护及保养工作
  ↓
记录、存档 ←────────
  ↓
结束
```

8.4.3 环境绿化管理制度

制度名称	环境绿化管理制度	编号	
		版本	

第一章 总则

第1条 目的

为了规范公司环境绿化管理工作，美化工作环境，塑造公司的良好形象，特制定本制度。

第2条 适用范围

本制度适用于公司范围内所属的装饰树、果树、乔木、灌木、绿篱、绿化地、爬藤、地面覆盖物、攀缘物、草皮和其他植物的绿化与养护管理工作。

第3条 职责划分

1.公司行政部须按照公司的基本要求拟订年度环境绿化计划，并负责环境绿化的监督与管理工作。

2.绿化人员须落实环境绿化计划，负责绿化的管理与养护工作。

3.公司全体员工须共同维护公司的绿化环境。

第二章 员工行为管理

第4条 公司所有员工有义务维护公司的绿化环境。

第5条 不得攀折花木或在树上晾晒衣物。

第6条 不得损坏花木的保护设施。

第7条 不得私自采摘公司区域内的花果。

第8条 不得践踏绿化地带。

第9条 不得向绿化地带倒污水或扔杂物，不得在绿化地带堆放任何物品。

第10条 未经许可，不得在树木上及绿化地带内设置广告牌。

第11条 人为造成绿化地带、花木及设施损坏的，须对责任人进行罚款处理。

第三章 日常绿化管理

第12条 绿化管理员负责辖区绿化的日常巡视、养护和监管。

第13条 绿化人员须严格执行绿化养护工作的技术规范要求，按规定标准作业，保质、保量地完成所负责区域的各项绿化工作，绿化管理员负责定期检查。

第14条 进行绿化养护时必须确保辖区公共设施及建筑物的完好。若发现任何破坏环境行为或故意损坏行为应及时制止；如对方不听劝告，立即向保安和行政部报告。

第15条 按生长习性定期完成灌溉、施肥和修剪工作，及时处理枯枝死杈，保持树冠美观整洁。

第16条 保持花坛内花苗长势良好，花期正常，一年四季均有花苗生长或开放，花坛内无杂草生长。

第17条 草苗栽种整齐，能覆盖地表，无缺苗断垄。

第18条 盆花摆放整齐，造型美观，发现花色不协调或有残花时要及时更换。

第19条 依照季节特性与植物的水分蒸发量合理浇水。

第20条 在适当时期对植物进行科学施肥和喷药。

（续）

第21条　妥善保管杀虫农药；喷洒农药时要按防治对象配置药剂并做好防范工作，确保安全。

第22条　对植物实施浇水、施肥、松土、清洗时，要注意周边环境卫生，及时清理周边地面的污泥和水渍。

第23条　保持地表平整，土均匀细致，无废纸、杂物、砖头瓦砾，垃圾应当天清除。

第24条　遇到水电线路问题或损坏公物等其他突发事故时，须及时报告行政部，尽早处理，消除隐患。

第25条　绿化工作完毕后须及时清扫，并做好机具的清洗和保养工作。

第26条　爱护绿化工具，工具存放要整齐有序，严禁乱丢乱放。

第27条　所有石山盆景须统一挂牌、编号并拍照入册，做到盆景、名称、编号牌、照片对号存档。

第28条　绿化管理人员应标明植物名称、编号、习性、种植日期等内容，并根据管理区域内的实际绿化情况予以布置。

第四章　绿化巡视与检查

第29条　绿化管理员依规定每日进行巡视、养护，并记录养护内容，发现异常情况须及时向行政主管报告。

第30条　行政部须按规定对辖区绿化养护情况进行巡视检查，及时处理环境绿化工作中发生的重大事件，对绿化管理员提交的月工作报告进行审查。

第31条　绿化工作检查标准参照公司"绿化工作检查表"（见附表）。

第32条　行政部须每月进行一次环境绿化质量综合评定，并于下月＿＿＿日前公布检查及评定结果。

第五章　附则

第33条　本制度由公司行政部负责制定和修改。

第34条　本制度自下发之日起实施。

附表：绿化工作检查表

绿化工作检查表

检查内容	标准	检查情况	整改复查
草坪养护	定期修剪，保持草坪平整		
防病虫害	及时喷药防范		
修剪	绿篱植物保持良好的现状和长势		
……	……	……	……

编制日期		审核日期		批准日期	
修改标记		修改处数		修改日期	

8.4.4　办公环境美化制度

制度名称	办公环境美化制度	编号	
		版本	

第一章　总则

第 1 条　目的

为了美化办公场所，营造良好的办公环境，塑造公司的良好形象，特制定本制度。

第 2 条　适用范围

本制度适用于公司辖区范围内办公区的环境美化管理工作。

第 3 条　职责划分

1. 行政部负责公共办公区域、整体办公环境的美化管理工作。

2. 各部门主管负责各自办公区域的环境美化管理工作。

3. 员工负责个人办公区域内的办公环境美化工作。

第二章　个人办公区域美化管理

第 4 条　所有员工应保持个人工位上所有物品整齐有序，禁止在工位上摆放任何与工作无关的个人用品。

第 5 条　为了美化办公环境、净化空气，可在办公区域适量摆放绿色植物。

第 6 条　台式计算机主机应放置在桌下主机拖车上，并注意保持计算机主机与显示器的清洁。

第 7 条　外衣、包等应尽量置于衣柜内，严禁随意放在办公桌上。

第 8 条　禁止在屏风隔断、计算机主机、显示器、座椅上粘贴与工作无关的物件。

第 9 条　不得随意移动屏风，不得蹬踏屏风、办公桌，离开工位时须将椅子摆正。

第 10 条　不得在办公区内堆放资料、纸箱，办公区域放不下的物品可放在库房，出现废旧纸箱及其他堆积物时须及时通知保洁人员清理。

第三章　公共办公区域美化管理

第 11 条　行政人员须合理摆放办公桌椅、卷柜，将文件分门别类地放置到卷柜中，保持桌面干净。

第 12 条　公共办公区域内的物品按照规定位置摆放，包括办公区域及会议室内的桌椅、饮水机、绿植、灭火器等，员工不得随意挪动。

第 13 条　室内墙壁上的张贴物、悬挂物要整齐、美观。

第 14 条　不可将带有刺激性气味的物品带入办公区域，办公区域内不得吸烟。

第 15 条　各部门的文件资料须统一置于资料室的文件柜内。

第 16 条　废弃的纸张须用碎纸机粉碎后丢弃，难以粉碎的文件资料由行政部统一销毁。

第 17 条　长期不用的办公物品、材料、设备等须暂存于公司库房中。

第 18 条　行政部清洁人员须每日清理办公室及办公区，认真打扫室内室外卫生，做到无杂物、污渍、灰尘、异味。

第 19 条　定期为盆栽浇水、喷药，不定期检查盆栽的生长情况，及时更换生长状况不好的盆栽。

（续）

第20条　行政部须保持公司室内的标语、公告栏、文化走廊的美观、整洁。

第21条　行政部每月至少检查一次办公环境，做好检查记录，评出"办公环境美化奖"，并给予相关办公区域人员表彰及奖励。

第四章　附则

第22条　本制度由公司行政部负责制定和修改。

第23条　本制度自下发之日起实施。

编制日期		审核日期		批准日期	
修改标记		修改处数		修改日期	

8.5 卫生管理

8.5.1 卫生清洁管理流程

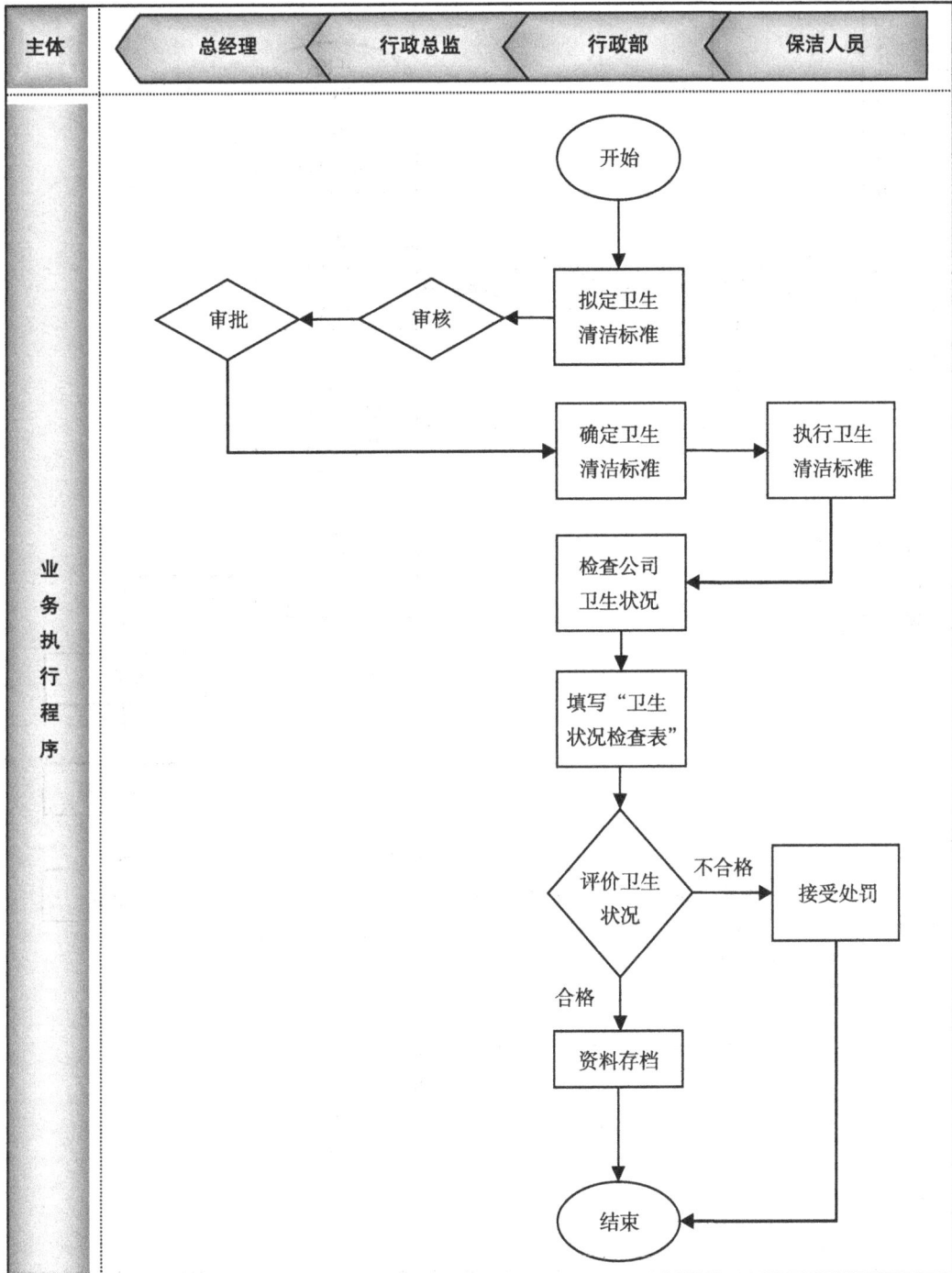

主体	总经理	行政总监	行政部	保洁人员

业务执行程序

```
                                              开始

审批  ←  审核  ←  拟定卫生清洁标准

         确定卫生清洁标准  →  执行卫生清洁标准

                   检查公司卫生状况

                   填写"卫生状况检查表"

         评价卫生状况  ──不合格──→  接受处罚

              合格

              资料存档

              结束
```

8.5.2 卫生检查管理流程

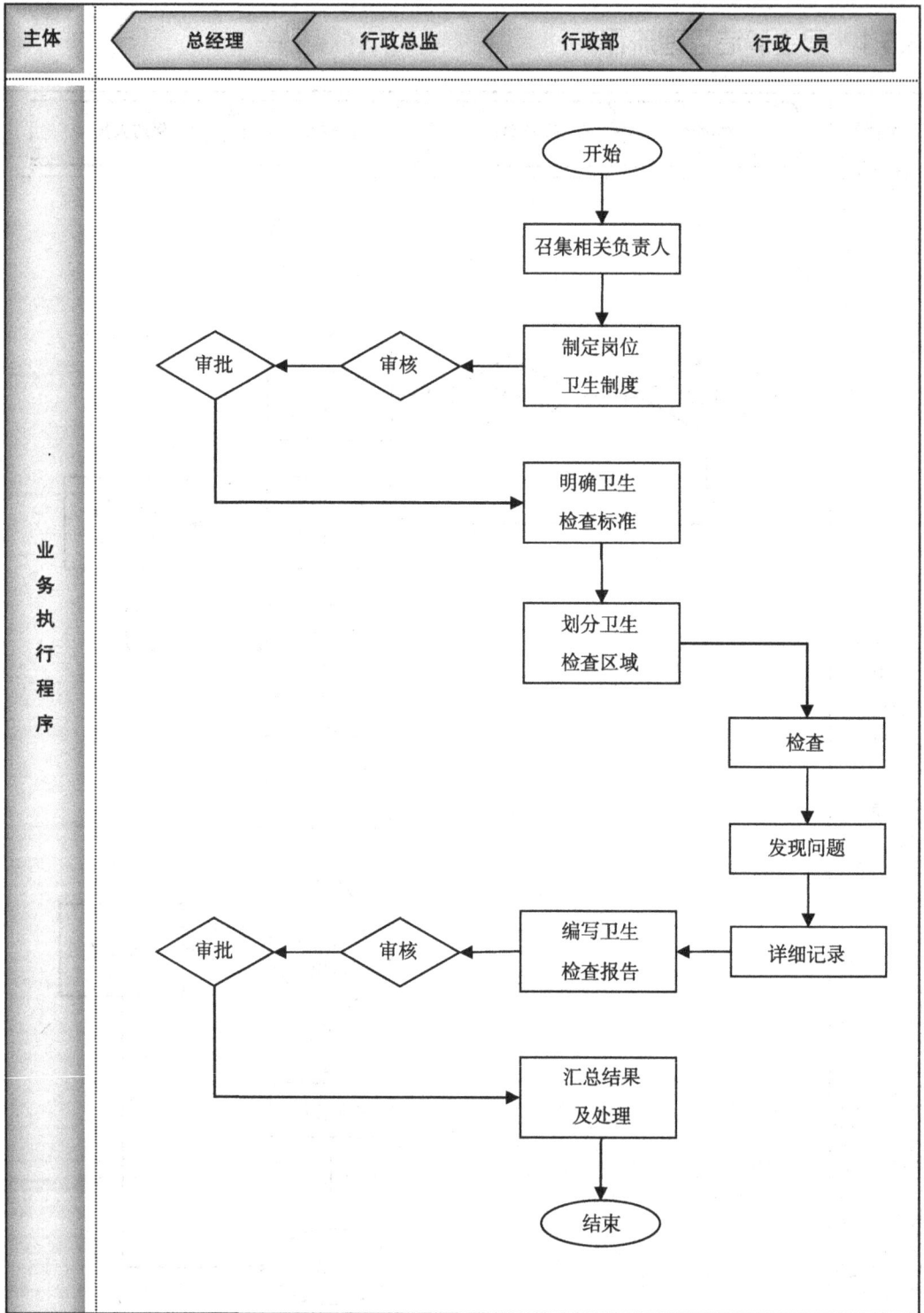

主体	总经理	行政总监	行政部	行政人员

业务执行程序

```
                                      开始
                                       │
                                       ▼
                                  召集相关负责人
                                       │
                                       ▼
            审批  ◀──  审核  ◀──    制定岗位
                                   卫生制度
             │
             │
             ▼
                                  明确卫生
                                  检查标准
                                       │
                                       ▼
                                  划分卫生
                                  检查区域
                                       │
                                       ▼
                                     检查
                                       │
                                       ▼
                                   发现问题
                                       │
                                       ▼
            审批  ◀──  审核  ◀──  编写卫生    ◀──  详细记录
                                 检查报告
             │
             ▼
                                  汇总结果
                                  及处理
                                       │
                                       ▼
                                     结束
```

8.5.3 公司卫生检查制度

制度名称	公司卫生检查制度	编号	
		版本	

第一章 总则

第 1 条 为了实现公司卫生检查工作的制度化、日常化、标准化、规范化，维护员工健康及工作经营场所的环境卫生，特制定本制度。

第 2 条 本制度适用于公司所有卫生检查工作事宜。

第二章 卫生检查标准

第 3 条 工作场所必须保持整洁，不得存有垃圾、污垢或碎屑，具体标准如下。

1. 工作场所要保持安静。

2. 办公用品要摆放整齐。

3. 工作场所不得随地吐痰。

4. 墙壁不得有污垢。

5. 玻璃要保持清洁、明亮。

6. 垃圾要及时清理。

第 4 条 过道及楼梯每日至少清扫一次，并保持整洁。

第 5 条 餐厅的饭菜和饮用水必须保证卫生、清洁。

第 6 条 洗手间、厕所、更衣室及其他卫生设施必须保证清洁。

1. 洗手间的水龙头使用后须及时关闭，厕所使用后须及时用水冲洗，以保持卫生。

2. 当厕所水压不足时应立即停止使用。

第 7 条 尽量减少有可能产生异味、灰尘、粉末、噪声等的工作，并注意做好安全防护措施。

第 8 条 严禁在工作场所大小便。

第 9 条 工作场所应保持空气流通，并保持合适的温度与湿度。清除垃圾和废弃物时必须遵守卫生要求，将其放置于规定的场所，不得乱倒乱堆乱放。

第 10 条 各部门负责的保洁区域须每天上午按时打扫完毕（会议占用的场地除外），部门主管须每天定时检查。

第 11 条 住宿人员在住宿和值班期间，须保持住宿和值班场所的卫生，物品应摆放整齐，垃圾须及时清理干净。

第三章 卫生检查流程

第 12 条 卫生检查工作由公司行政部负责。开展卫生检查时，行政部召集相关负责人，对各岗位、各区域的卫生状况进行检查。

第 13 条 行政部须明确卫生检查标准，并合理划分各部门分管区域，以保证严格执行检查工作，且有据可依。

第 14 条 各岗位、各区域须根据卫生标准每周进行一次自检。在自检过程中，发现不合格的岗位或区域，须立即进行整改。

（续）

第15条　行政部每月须组织一次卫生大检查，并按照本制度第二章所列卫生检查标准进行考核。

第16条　考核按百分制计算，岗位卫生合格线为____分，不满____分者按规定进行处理。行政专员须详细记录检查结果。

第17条　行政部主管须根据检查结果撰写卫生检查报告，涉及重大问题时，须逐级报行政经理及总经理审批。

第四章　卫生检查奖惩

第18条　行政部主管负责核对检查结果，经行政经理审核后，划分卫生奖惩等级，确认奖罚条例，并按照规定程序严格执行。

第19条　具体奖罚标准如下。

1. 在考评中得分____分以下的部门，扣除该部门当月浮动工资的10%，并给予通报批评。

2. 连续两个月得分在____分以下的部门，扣除当月浮动工资的20%，并给予书面警告。

3. 在考评中得到满分的部门，奖励该部门当月浮动工资的5%，并通报表扬。

第五章　附则

第20条　本制度由行政部负责制定与解释，自公司总经理批准之日起实施。

编制日期		审核日期		批准日期	
修改标记		修改处数		修改日期	

8.5.4　公司职业病卫生管理制度

制度名称	公司职业病卫生管理制度	编号	
		版本	

第一章　总则

第1条　目的

为了预防、控制和消除职业病危害，保障公司员工的健康及相关权益，特制定本制度。

第2条　适用范围

本制度适用于公司所有职业病卫生管理工作。

第二章　职业病防护用品管理

第3条　行政部负责统计使用劳动防护用品的人员数量，根据国家劳动防护用品发放标准编制年度劳动防护用品采购计划，并报总经理审批。

第4条　公司所购买的劳动防护用品必须符合国家和行业标准，必须有生产许可证、安全鉴定证和产品合格证，验收合格后方可入库。

第5条　公司员工须严格按照规定方法使用劳动防护用品。使用期满后，到行政部办理更换手续。不到期损坏或丢失劳动防护用品者须提交书面说明，由所在部门负责人核实签字，再到行政部申请补领。

（续）

第6条　行政部负责劳动防护用品的综合管理，统一建立管理台账，实行每人一卡制，详细记录姓名、工种、品名、发放标准、领用时间等事项。发放标准执行国家或行业标准，不得降低标准或减少劳动防护用品的数量与种类。

第7条　有下列行为之一者，一经发现，由行政部根据情节轻重给予警告或罚款。

1. 采购劳动防护用品无"三证"，或属伪劣产品的。

2. 故意损坏劳动防护用品的。

3. 不按规定使用、佩戴劳动防护用品的。

4. 弄虚作假，骗领劳动防护用品的。

5. 使用已损坏或已失效的劳动防护用品的。

第三章　职业病防护设施维护管理

第8条　公司有职业危害因素的工作场所所使用的职业卫生防护设施须由专人负责维护与保养，并设立台账。

第9条　公司员工应学习和掌握相关的职业卫生知识，正确使用、维护职业病防护设备和个人使用的职业病防护用品。若发现职业病危害事故隐患，须及时向行政部报告。

第10条　行政部负责落实防护设施、设备检修的相关规定，维护相关设备，定期进行自检自查，确保设备正常运行，并做好相关记录。

第四章　职业病宣传教育培训管理

第11条　行政部每月至少组织一次关于职业病的宣传教育培训，普及职业卫生知识，督促员工遵守规章和操作流程，指导员工正确使用职业病防护设备和职业病防护用品，增强员工的职业病防护意识。

第12条　培训的主要内容

1. 与职业病相关的法律法规与标准。

2. 职业病的基本知识。

3. 职业病卫生管理制度和操作流程。

4. 正确使用、维护职业病防护设备和个人使用的职业病防护用品。

5. 发生事故时的应急救援措施。

第13条　员工应合理安排工作，积极参加职业病宣传教育培训。

第五章　附则

第14条　本制度由公司行政部负责制定和修改。

第15条　本制度自下发之日起实施。

编制日期		审核日期		批准日期	
修改标记		修改处数		修改日期	

第 9 章

法务管理

9.1 合同管理

9.1.1 合同审查工作流程

单位	总经理	行政总监	法务人员	相关部门

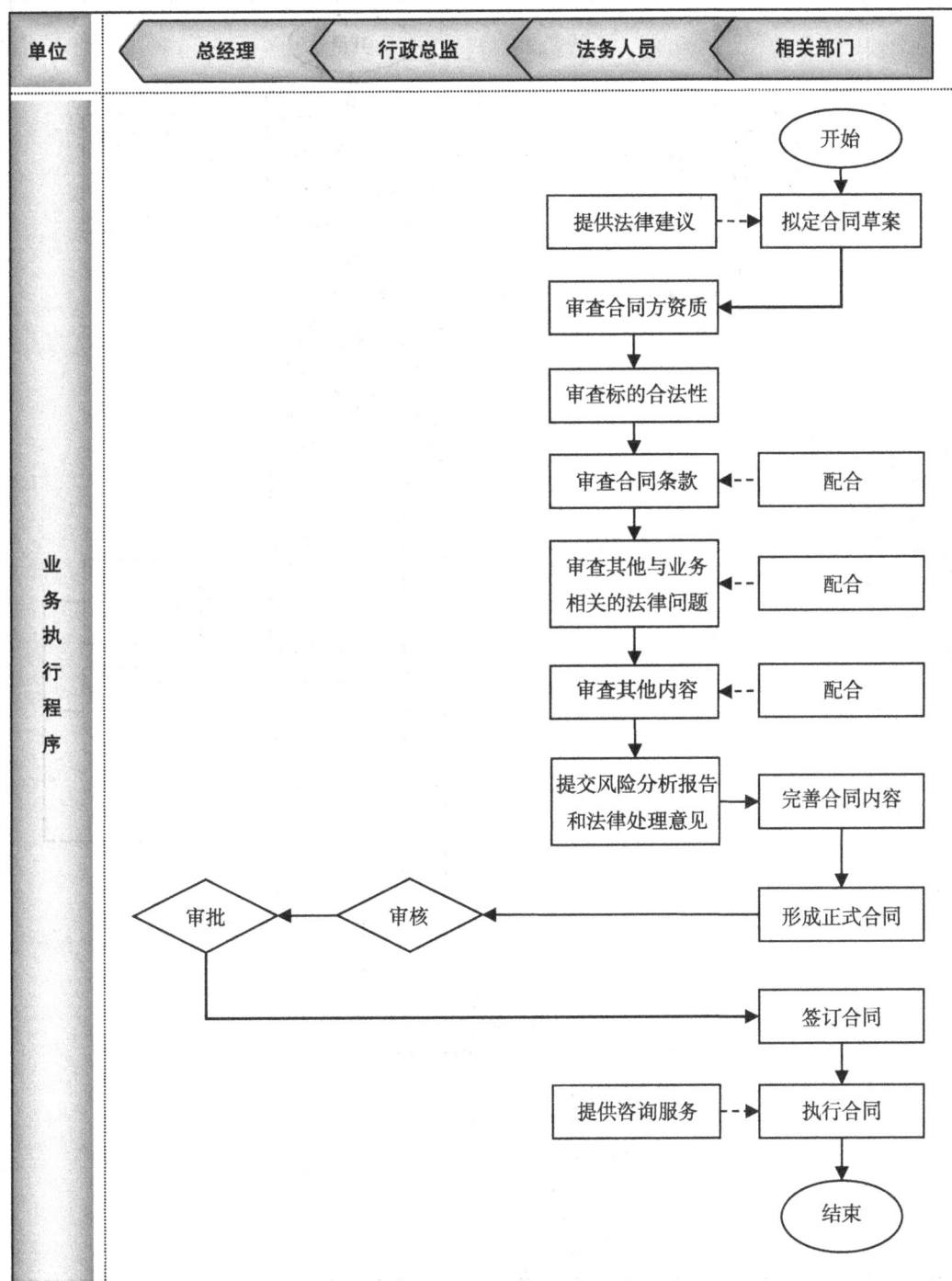

9.1.2 合同签订流程

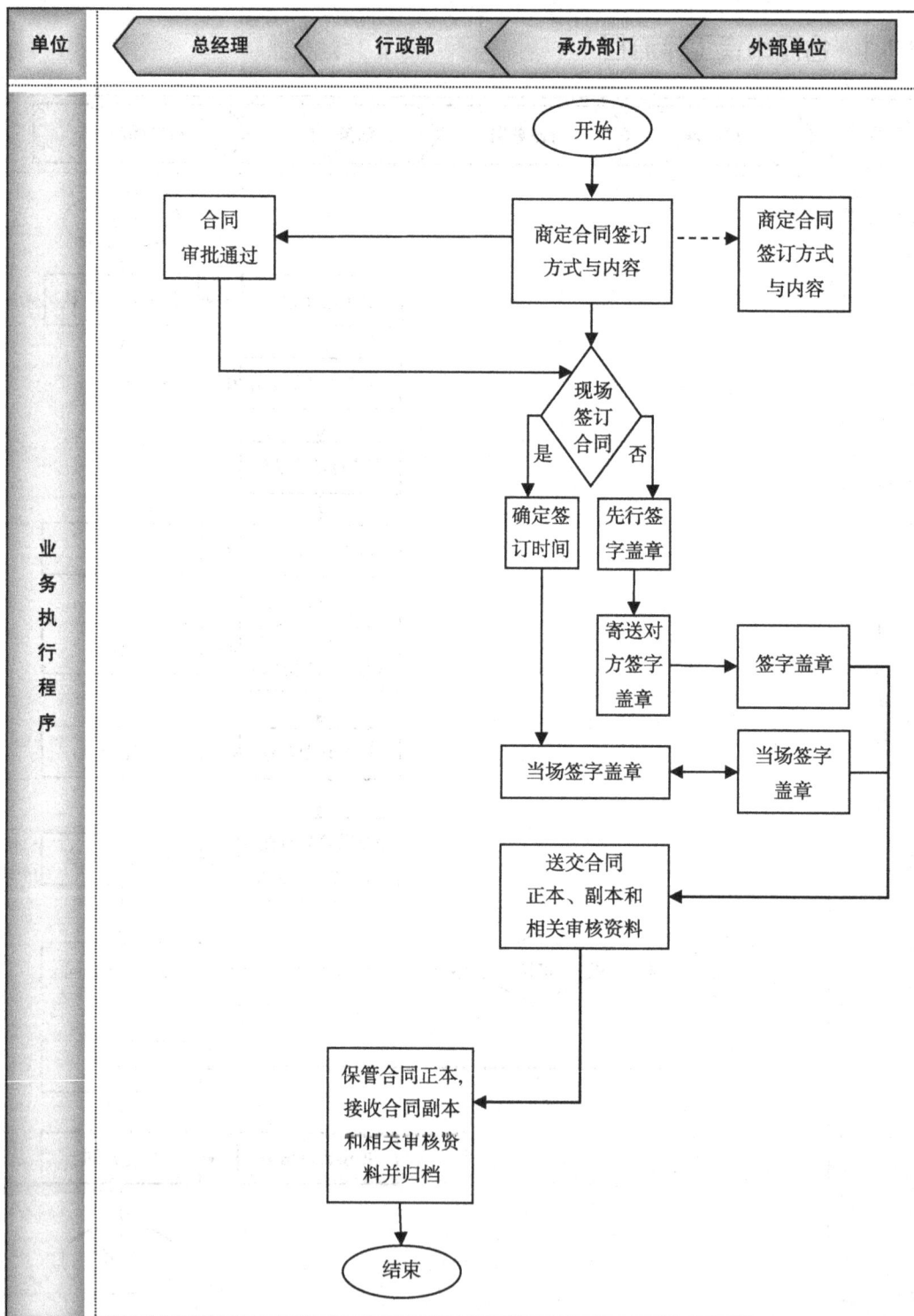

单位	总经理	行政部	承办部门	外部单位

业务执行程序

```
                                开始

合同              商定合同签订          商定合同
审批通过   ◄────  方式与内容   ─ ─ ─►  签订方式
                                      与内容

                   现场
                   签订
              是   合同   否

              确定签     先行签
              订时间     字盖章

                        寄送对
                        方签字    ─────►  签字盖章
                        盖章

              当场签字盖章  ◄────►  当场签字
                                    盖章

                        送交合同
                        正本、副本和  ◄─────
                        相关审核资料

  保管合同正本,
  接收合同副本  ◄────
  和相关审核资
  料并归档

       结束
```

9.1.3　合同管理办法

制度名称	合同管理办法	编号	
		版本	

第一章　总则

第 1 条　为了加强对合同的管理，确保合同的顺利履行，特制定本办法。

第 2 条　本办法适用于公司合同的起草、审批、履行和保管等合同管理工作。

第 3 条　职责划分如下。

1. 公司总经理授权法务人员全面负责合同的管理工作，指导、监督公司各部门对合同的起草、审核和履行等工作。

2. 公司相关部门负责协助法务人员处理好合同事宜。

第二章　合同的起草

第 4 条　公司员工与外部单位达成合作意向，在协商一致的基础上，应签订相应的合同。

第 5 条　起草合同前，业务人员应通过各种渠道调查对方的基本情况，未调查清楚就签订合同致使公司受到损失的，相关人员须承担相应的责任。

第 6 条　合同草案应与双方达成的协议一致，能够正确反映双方的意愿，不得弄虚作假。

第 7 条　业务部门将相关合同草案、事项所涉及的原始资料准备齐全，填写"合同审批表"后，方可办理审批手续。

第三章　合同的审批与控制

第 8 条　部门审核

业务部门负责人审核相关业务需求，签署审批意见；若需经过部门会签，应由业务部门负责人将该合同审批表及相关资料交给其他部门负责人，其他部门负责人对合同内容进行审核并签署意见后，再转交法务人员审核。

第 9 条　法务审查

法务人员接到各部门流转过来的合同审批表及合同草稿，应着重对合同条款以及内容的合法性、合规性、严密性、可行性进行审查。

第 10 条　合同合法性审查

合同合法性审查包括下表所列的三个方面的内容。

合同合法性审查内容表

序号	审查项目	具体内容
1	当事人名称、住所	（1）主体：主体是否具备相应的资质和许可 （2）注册资本：对方是否有缔约能力，对方承担责任的能力如何 （3）经营范围：所签合同的内容是否超出对方的经营范围
2	标的	法律对该标的是否有特殊规定，如禁止流通物、限制流通物等

（续）

（续表）

序号	审查项目	具体内容
3	合同签订形式	合同是否需要以招标、拍卖等特殊方式缔结，建筑工程合同、土地出让合同等都可能涉及特殊的签订形式

第 11 条　合同合规性审查

合同合规性审查主要是审查合同内容、流程是否符合公司的各项制度和规定，有无相互抵触的情况。

第 12 条　合同可行性审查

法务人员应审查合同各方面的可行性，以确保合同切合实际要求。具体审查内容如下表所示。

合同可行性审查内容表

序号	审查项目	具体内容
1	标的	（1）约定要详细、明确 （2）合同标的为货物的，要写明货物名称、品牌、计量单位和价格 （3）合同标的为服务的，要写明服务的质量、标准或者效果等
2	数量	数量是否具体，计量单位是否明确
3	质量	（1）质量标准应具体、可行 （2）明确验收方式，双方应出具书面验收材料 （3）要求对方提供相应的保证
4	价格或者报酬	（1）金额大小写应规范，支付期限应明确 （2）明确逾期不履行的后果
5	履行期限、地点和方式	（1）期限、地点、方式应明确、公平合理 （2）履行方式要具有可操作性 （3）不可抗力、合同保密、核心技术等条款根据实际情况约定
6	违约责任	须对潜在的纠纷作出较全面的预测，审查违约责任是否与潜在的违约形态相对应，是否具有可操作性
7	解决争议的方法	是否有约定，约定是否对己方有利

第 13 条　管理层审核

法务人员审查合同并确定合同没有问题后，将合同转各部门经理、总经理对合同进行审核，并签署相关意见。

第 14 条　签章备案

1.合同审批表及合同草案等相关资料完备后，公司印章管理人员予以签章。

2.相关合同签署完毕后，须转交档案管理人员进行归档。

（续）

第四章 合同的履行与监督

第15条 业务人员代表公司与其他公司签订合同前，必须取得公司法定代表人的合法授权。

第16条 法务人员及业务部门负责共同监督合同的履行情况，如在履行合同过程中遇履约困难或违约等情况，法务人员应根据相应法律保护公司合法权益。

第17条 在履行合同的过程中，有关人员应妥善保管好合同资料，对工程合同的有关技术资料、图表等重要原始资料应建立保护制度，以保证合同的完整性。

第五章 合同的变更、解除与保管

第18条 合同变更或解除须由业务部门负责人提出，经公司法务人员评估后提交总经理审核。

第19条 合同变更或解除应采用书面形式，经审核并加盖公章后生效。

第20条 变更或解除合同的文本作为原合同的组成部分或更新部分与原合同具有同等法律效力，属于本办法的管理范围。

第21条 合同是公司对外经济活动的重要法律依据和凭证，相关人员须保守合同秘密。

第22条 相关人员应定期将履行完毕或不再履行的合同的相关资料按合同编号进行整理，由法务人员确认后交档案管理人员存档，不得随意处置、销毁。

第六章 附则

第23条 本办法由公司综合管理部负责起草和修订。

第24条 本办法经公司总经理审批后生效。

编制日期		审核日期		批准日期	
修改标记		修改处数		修改日期	

9.2 纠纷处理

9.2.1 经济纠纷处理流程

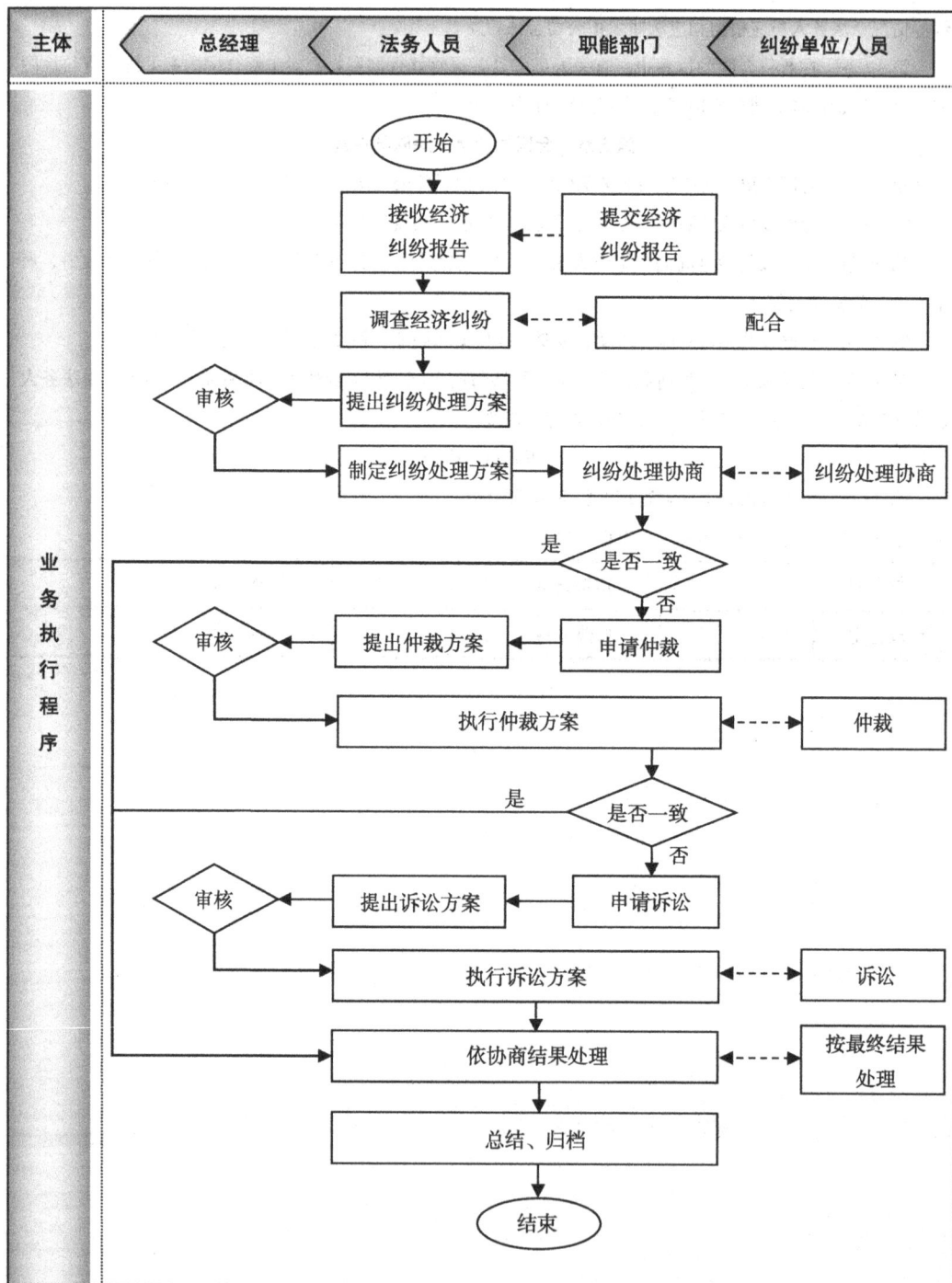

主体	总经理	法务人员	职能部门	纠纷单位/人员

业务执行程序

```
              开始
               │
        接收经济纠纷报告 ◄--- 提交经济纠纷报告
               │
        调查经济纠纷 ◄--- 配合
               │
  审核 ◄── 提出纠纷处理方案
   │
   └─► 制定纠纷处理方案 ── 纠纷处理协商 ◄--- 纠纷处理协商
                              │
                          是否一致 ──是──┐
                              │否        │
  审核 ◄── 提出仲裁方案 ◄── 申请仲裁     │
   │                                      │
   └─► 执行仲裁方案 ◄--- 仲裁            │
               │                          │
          是否一致 ──是──────────────────┤
               │否                        │
  审核 ◄── 提出诉讼方案 ◄── 申请诉讼     │
   │                                      │
   └─► 执行诉讼方案 ◄--- 诉讼            │
               │                          │
        依协商结果处理 ◄--- 按最终结果处理◄┘
               │
          总结、归档
               │
             结束
```

9.2.2 劳动纠纷处理流程

主体	行政部	相关部门	员工	调解委员会	仲裁部门

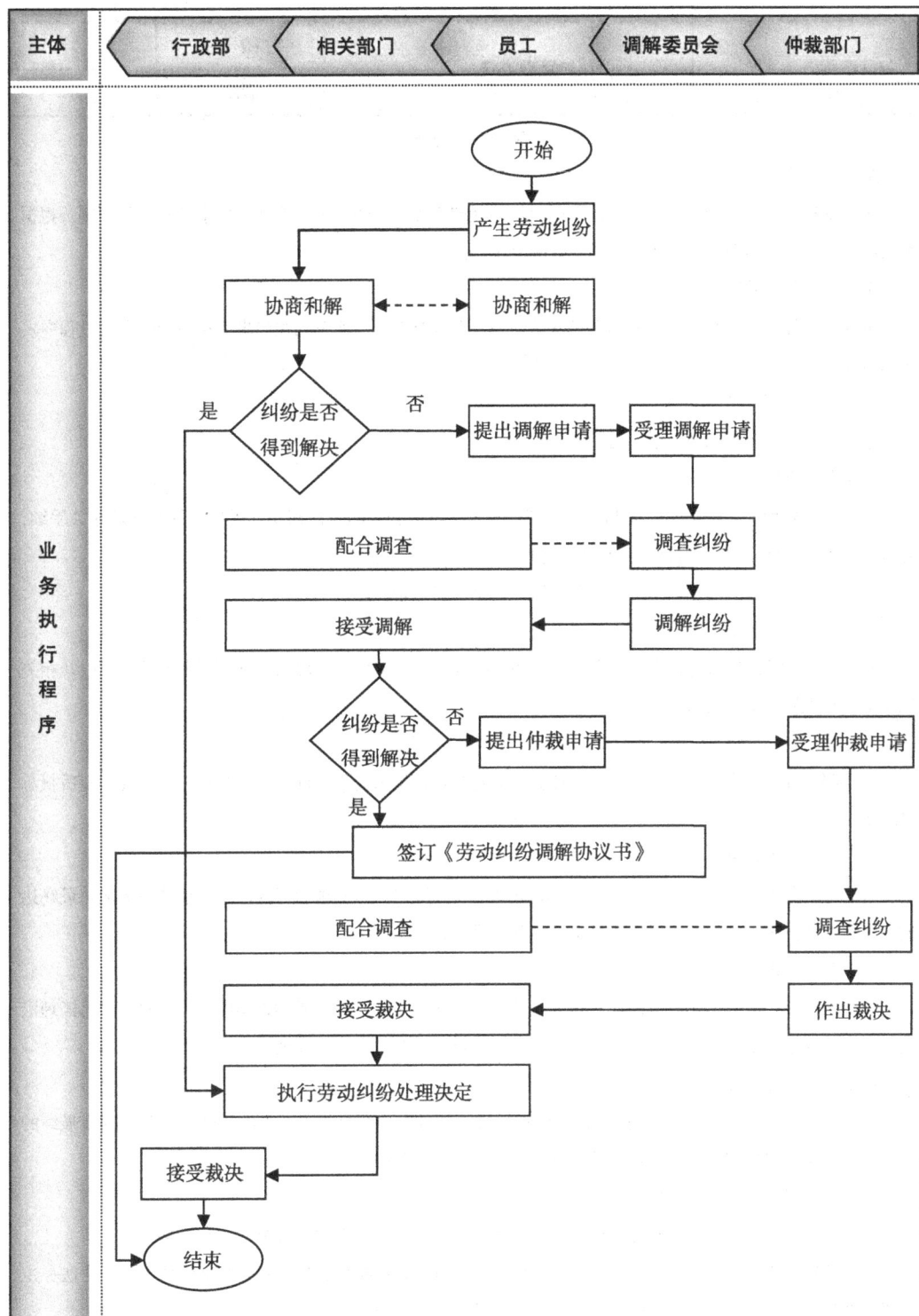

9.2.3 经济纠纷管理办法

制度名称	经济纠纷管理办法	编号	
		版本	

第一章　总则

第1条　目的

为了维护本公司的合法权益，规范经济纠纷的处理程序，本着"公正合法、实事求是"的原则，根据相关法律法规，并结合公司的实际情况，特制定本办法。

第2条　范围界定

本办法所称的经济纠纷是指公司在经营活动中与合作方或经营业务相关当事人在履行合同的过程中发生的争议。

第3条　适用范围

本办法适用于公司总部、子公司、分公司。

第4条　责任划分

行政部为处理公司经济纠纷的归口管理部门，负责处理公司的经济纠纷、委托律师和办理相关手续，并协助和指导各分公司、子公司处理经济纠纷。

第二章　经济纠纷处理规定

第5条　纠纷上报

各部门发生经济纠纷时，应及时向部门经理汇报经济纠纷的详情，部门经理须将事情的经过以及相关证据汇总整理后交至行政部。

第6条　材料审批

行政部法务主管应及时对各部门交来的材料进行初审，提出初步处理意见，并报行政经理审核后报总经理审批。

第7条　协商解决

行政部法务主管根据总经理的审批意见处理纠纷，并随时向总经理和行政经理汇报处理情况，最终达成一致协商意见时，须签订《经济纠纷协商处理意见书》。

第8条　仲裁、诉讼

在协商无效的情况下，应做好仲裁或诉讼的准备。在正式进入仲裁或诉讼程序前，须向公司总经理汇报。根据总经理的指示，在尊重事实、遵守法律的前提下，有理有据地开展仲裁或诉讼工作。

第9条　纠纷处理总结

纠纷处理完毕后，经办部门应编写《经济纠纷处理报告》，说明纠纷产生的原因、处理过程、最终的处理结果以及相关处理经验，报行政经理审阅后，由行政部归档。

第10条　纠纷处理相关要求

1.各分公司、子公司在处理经济纠纷时，须将事件经过以及处理方案报公司行政部备案。

2.如纠纷已进入司法程序，各分公司、子公司应将有关材料整理后报公司行政部法务主管，由法务主管提出处理意见并协同其处理，处理结果报公司总经理和董事长审阅。

（续）

	第三章 奖惩规定				

第11条 奖励

凡在经济纠纷处理过程中表现出色，为公司挽回或减少损失的员工，公司将给予物质或精神奖励。

第12条 惩罚

1. 在经济纠纷处理过程中，因员工个人原因而使公司财产和声誉受损的，公司将追究当事人的责任。

2. 为谋取私利与对方当事人恶意串通，使公司遭受重大损失的，公司将依法追究其责任。

第四章 附则

第13条 本办法由公司行政部负责制定、解释和修订。

第14条 本办法自签发之日起实施。

编制日期		审核日期		批准日期	
修改标记		修改处数		修改日期	

9.2.4 劳动纠纷管理办法

制度名称	劳动纠纷管理办法	编号	
		版本	

第一章 总则

第1条 目的

为了正确处理劳动纠纷，维护公司和员工的合法权益，根据相关法律法规和政策，特制定本办法。

第2条 适用范围

本办法适用于公司与员工之间发生的所有劳动纠纷的管理工作。

第3条 含义界定

本办法所称的劳动纠纷主要包括以下四类情形。

1. 因公司开除、除名、辞退员工和员工辞职、自动离职而发生的争议。

2. 因执行与工资、保险、福利、培训、劳动保护相关的法律法规而发生的争议。

3. 因履行劳动合同而发生的争议。

4. 其他劳动纠纷。

第4条 劳动纠纷解决原则

1. 调解优先，及时处理。

2. 依法公正处理。

第二章 劳动纠纷处理规定

第5条 协商

发生劳动纠纷后，行政部法务主管代表公司及时与当事人沟通，以寻求解决方案。

（续）

第6条　调解

对于协商未果的劳动纠纷，员工可以向公司的劳动纠纷调解委员会申请调解。

1. 调解机构

公司设立劳动纠纷调解委员会（以下简称为"调解委员会"），由其负责调解本公司发生的劳动纠纷。

（1）调解委员会人员构成

调解委员会主要由下表所示人员构成。

调解委员会人员构成

组成人员	产生途径
职工代表	由职工代表大会（或者职工大会）推举产生
公司代表	由公司总经理指定
工会代表	由工会指定

（2）调解委员会人员数量要求

调解委员会成员的人数由职工代表大会提出并与总经理协商确定，公司代表的人数不得超过调解委员会成员总数的三分之一。

2. 调解规定

（1）调解劳动纠纷应自当事人申请调解之日起30日内结束，到期未结束的，视为调解不成。

（2）调解委员会调解劳动纠纷应当遵循自愿原则，经调解达成协议的，应签订《劳动纠纷调解协议书》，双方当事人应自觉履行；调解不成的，当事人可以在规定的期限内向劳动纠纷仲裁委员会申请仲裁。

第7条　仲裁

对于调解委员会调解不服的，可向劳动仲裁委员会提出仲裁申请。

1. 员工向劳动仲裁委员会提起劳动纠纷仲裁的，行政部应当会同法务人员积极做好应诉准备工作。

2. 对于劳动仲裁案件，如果公司确实存在侵害员工合法权益的情况，法务人员应当配合劳动仲裁委员会，争取调解解决。

3. 对于劳动仲裁委员会的裁决，法务人员认为有必要提起诉讼的，应依司法程序提起诉讼，以维护公司的合法权益。

第8条　诉讼

若对劳动纠纷仲裁结果不满意，双方当事人均可直接向公司所在地的法院提起诉讼。

1. 对于劳动纠纷诉讼案件，由行政部法务人员负责起诉与应诉，其他部门积极配合。

2. 公司相关部门要配合法务人员做好劳动纠纷诉讼工作，维护公司的合法权益。

第三章　附则

第9条　本办法的解释和修订权归公司行政部所有。

第10条　本办法自____年__月__日起实施。

编制日期		审核日期		批准日期	
修改标记		修改处数		修改日期	

9.3　知识产权管理

9.3.1　专利申请流程

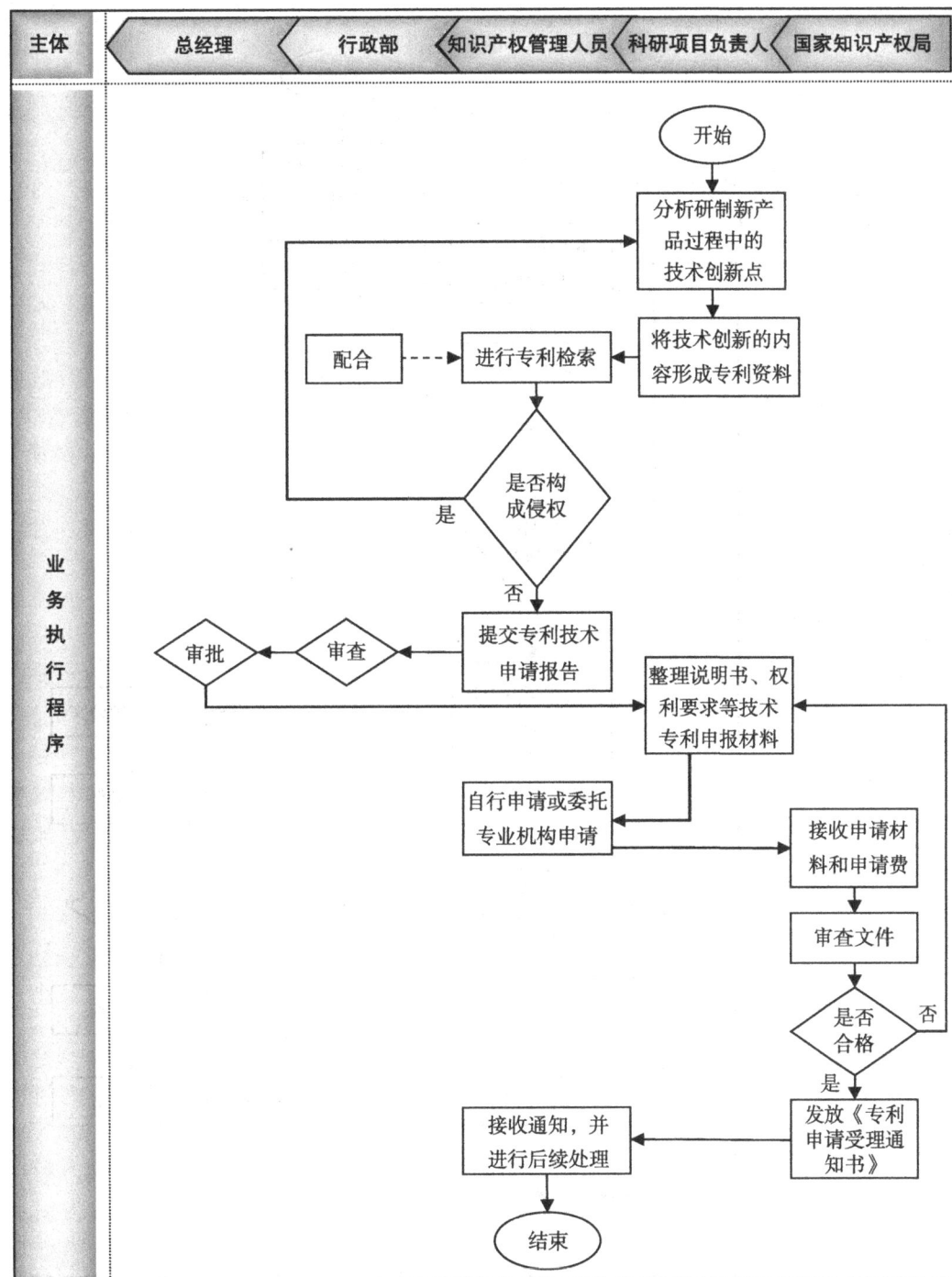

主体	总经理	行政部	知识产权管理人员	科研项目负责人	国家知识产权局

业务执行程序

```
                                                    ┌─────────┐
                                                    │   开始   │
                                                    └────┬────┘
                                                         ↓
                                              ┌────────────────┐
                                              │ 分析研制新产    │
                                              │ 品过程中的      │
                                              │ 技术创新点      │
                                              └───────┬────────┘
                                                      ↓
              ┌─────────┐  ┌─────────────┐   ┌────────────────┐
              │  配合   │--│ 进行专利检索 │   │ 将技术创新的内  │
              └─────────┘  └──────┬──────┘   │ 容形成专利资料  │
                                  ↓          └────────────────┘
                            ◇ 是否构成侵权 ◇
                    是 ─────┘          └───── 否
                                  ↓
   ◇ 审批 ◇ ← ◇ 审查 ◇ ← ┌────────────┐   ┌────────────────┐
                          │ 提交专利技术 │   │ 整理说明书、权  │
                          │ 申请报告     │   │ 利要求等技术    │
                          └────────────┘   │ 专利申报材料    │
                                           └────────────────┘
                     ┌──────────────┐           ┌────────────┐
                     │ 自行申请或委托 │           │ 接收申请材  │
                     │ 专业机构申请   │ ────────→ │ 料和申请费  │
                     └──────────────┘           └─────┬──────┘
                                                      ↓
                                                ┌──────────┐
                                                │ 审查文件  │
                                                └────┬─────┘
                                                     ↓
                                            ◇ 是否合格 ◇ ── 否
                                                 是
                                                 ↓
                     ┌──────────────┐     ┌──────────────┐
                     │ 接收通知，并  │ ←── │ 发放《专利    │
                     │ 进行后续处理  │     │ 申请受理通    │
                     └──────┬───────┘     │ 知书》        │
                            ↓             └──────────────┘
                        ┌────────┐
                        │  结束   │
                        └────────┘
```

9.3.2 商标申请流程

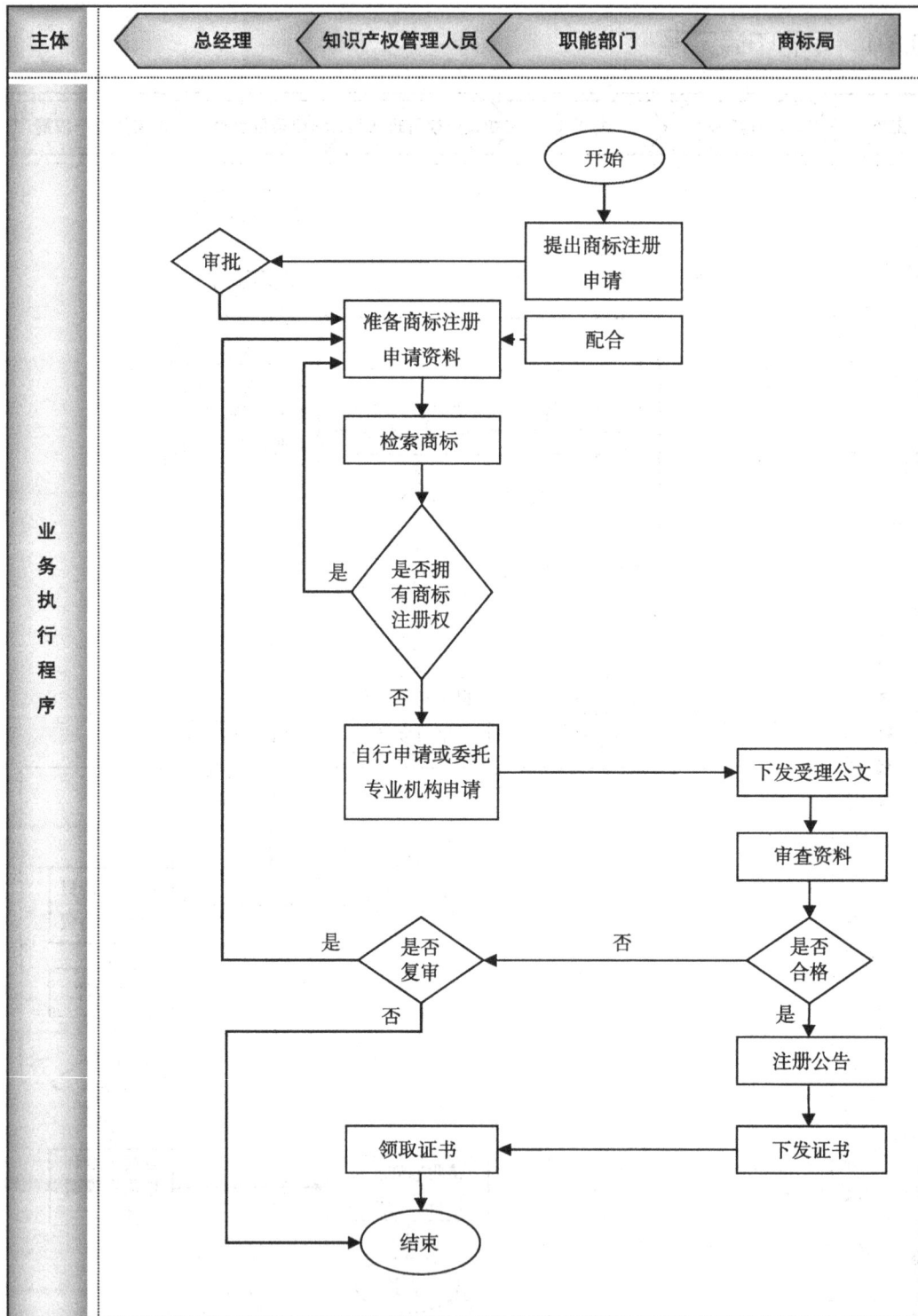

主体	总经理	知识产权管理人员	职能部门	商标局

业务执行程序

```
                                      开始
                                       │
                                       ▼
                                  提出商标注册
         审批  ◄──────────────────   申请
          │
          ▼
     准备商标注册  ◄────  配合
      申请资料
          │
          ▼
       检索商标
          │
          ▼
    是┌─ 是否拥有商标 ─┐
      │  注册权        │否
      │                ▼
      │         自行申请或委托  ──────►  下发受理公文
      │         专业机构申请                  │
      │                                       ▼
      │                                   审查资料
      │                                       │
      │                                       ▼
    是 是否复审 ◄──── 否 ──── 是否合格
      │      │否                    │是
      │      │                      ▼
      │      │                   注册公告
      │      │                      │
      │      ▼                      ▼
      │   领取证书 ◄──────────── 下发证书
      │      │
      └─────►结束
```

9.3.3 知识产权代理公司甄选流程

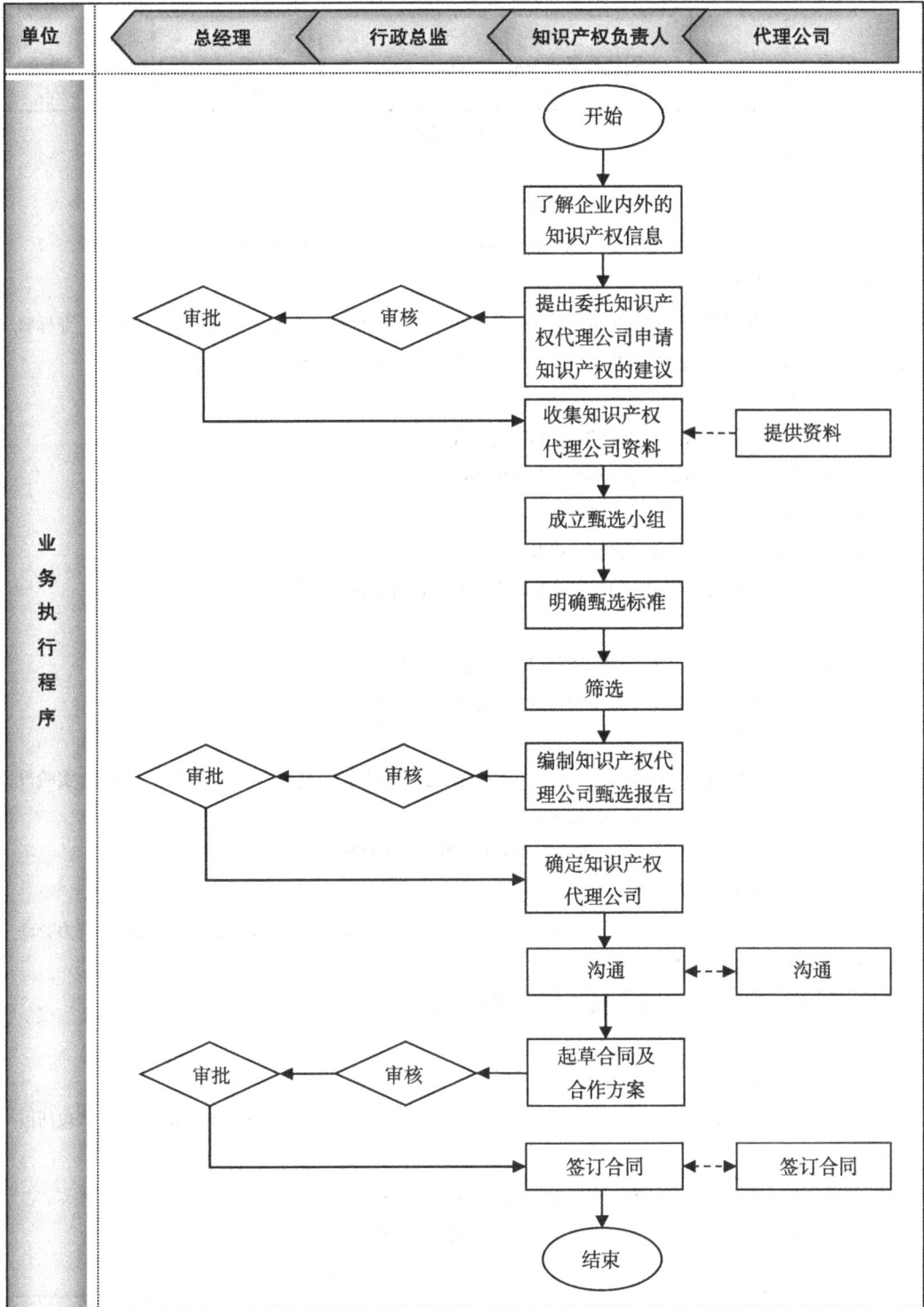

单位	总经理	行政总监	知识产权负责人	代理公司

业务执行程序

```
                                        开始
                                          │
                                          ▼
                                   了解企业内外的
                                   知识产权信息
                                          │
                                          ▼
        审批 ◄─── 审核 ◄───────   提出委托知识产
                                   权代理公司申请
                                   知识产权的建议
                                          │
                                          ▼
                                   收集知识产权       ◄─── 提供资料
                                   代理公司资料
                                          │
                                          ▼
                                   成立甄选小组
                                          │
                                          ▼
                                   明确甄选标准
                                          │
                                          ▼
                                      筛选
                                          │
                                          ▼
        审批 ◄─── 审核 ◄───────   编制知识产权代
                                   理公司甄选报告
                                          │
                                          ▼
                                   确定知识产权
                                   代理公司
                                          │
                                          ▼
                                      沟通          ◄──►  沟通
                                          │
                                          ▼
        审批 ◄─── 审核 ◄───────   起草合同及
                                   合作方案
                                          │
                                          ▼
                                   签订合同          ◄──►  签订合同
                                          │
                                          ▼
                                      结束
```

9.3.4 知识产权申请与管理制度

制度名称	知识产权申请与管理制度	编号	
		版本	

第一章　总则

第1条　目的

1.规范公司知识产权的管理工作，加强公司对知识产权的申请、利用和保护。

2.促进公司技术创新，增强公司产品与服务的竞争力，打造公司的核心竞争力。

第2条　适用范围

本制度适用于公司知识产权的申请与管理工作，包括知识产权归属界定、专利申报及其管理、商标管理、产品设计管理、计算机软件著作权管理、文字资料著作权管理等事项。

第3条　职责划分

1.行政部法务人员全面负责公司知识产权管理工作。

（1）负责起草、完善和推行与知识产权相关的各项规章制度。

（2）负责公司知识产权的申请与维护。

（3）配合资产管理部处理知识产权纠纷和诉讼。

（4）与知识产权代理机构建立良好的合作关系，对其进行考察和筛选。

2.其他部门

（1）执行公司各项知识产权制度及本部门的知识产权申请计划。

（2）负责相关知识产权申请前及申请过程中的技术保密工作。

第4条　术语解释

本制度所称的"利用本公司的技术条件"所完成的创新成果是指利用本公司的资金、场地、实验设备、原材料和零部件或者不对外公开的技术资料等完成的创新成果。

第二章　知识产权归属权管理

第5条　知识产权归属权界定

1.除依法属于非职务发明创造或作品的情况，本公司所有员工的任何技术创新及其他创造性智力劳动成果均属于职务发明和职务作品。

2.员工的职务发明和职务作品的知识产权归公司所有。

第6条　职务发明和创作的界定

1.职务发明的界定

员工在完成本职工作的过程中所产生的发明创造属于职务发明，其知识产权归公司所有，具体包括以下四种情况。

（1）员工作为发明人或设计人在本职工作中产生的发明创造。

（2）员工作为发明人或设计人，利用本公司的物质条件完成的发明创造。

（3）员工完成本公司交付的本职工作之外的任务所产生的发明创造。

（续）

（4）离职、退休、调动工作后一年内产生的，与其在原公司承担的本职工作或者公司分配的任务有关的发明创造。

2.职务创作的界定

员工在完成本职工作的过程中产生的作品属于职务作品，其知识产权归公司所有，具体包括以下几种情况。

（1）员工为完成本公司工作任务所进行的创作。

（2）公司为员工完成创作提供了资金、设备、资料等物质及技术条件。

第7条 署名和著作权利的界定

1.利用本公司的物质技术条件创作，并由本公司承担责任的工程设计图、产品设计图、地图、计算机软件、文字作品、图书作品等职务作品，创作者享有署名权，著作权等其他权利归公司所有。

2.由本公司员工承担的商标设计工作所产生的文字组合、标识图样的著作权归公司所有。如果公司采用此标识作为公司商标，其商标权归本公司所有。

第8条 其他归公司所有的知识产权的界定

1.利用本公司的物质技术条件完成，或者公司提供资金、设备、资料等物质技术条件而产生的成果、所产生的计算机软件著作权及其他任何形式的知识产权归公司所有。

2.依据相关规定可申报知识产权而尚未申报的，或按照公司知识产权管理制度需要以商业秘密形式保护的知识产权归公司所有。

第9条 知识产权其他归属的界定

1.公司委托其他单位或机构所进行的技术开发或在将来履行过程中可能产生知识产权成果的合同所产生的知识产权归本公司所有，但公司总经理批准由被委托方拥有知识产权或者双方共同拥有知识产权的除外。

2.公司派出参与合作或派遣出国访问、进修、留学的员工在本单位已经进行创新工作，而在其他单位或国外取得的知识产权，公司与其他单位合同约定归属的除外，其知识产权归公司所有。

3.知识产权的发明人、设计人或完成人依法享有发明权、设计权、署名权、获奖权等精神权利以及获得报酬的权利。

4.公司员工对知识产权归属有争议的，可以依照相关法律法规解决。公司指定运营管理部和资产管理部共同解决知识产权权属纠纷。

第三章 专利申请及管理

第10条 专利申请原则

1.公司员工若在工作过程中产生职务发明成果，应积极申请专利。

2.公司员工应在申请专利的过程中注意对技术资料的保密，以确保所申请专利在国家知识产权局受理前未被公开。

第11条 申请专利需提交的文件

1.申请发明专利需提交的文件

申请发明专利需提交的文件包括发明专利请求书、说明书（说明书有附图的，应当提交说明书附图）、

（续）

权利要求书、摘要（必要时应当有摘要附图），各一式两份。

2. 申请实用新型专利需提交的文件

申请实用新型专利需提交的文件包括实用新型专利请求书、说明书、说明书附图、权利要求书、摘要及其摘要附图，各一式两份。

3. 申请外观设计专利需提交的文件

（1）申请外观设计专利需提交的文件包括外观设计专利请求书、图片或者照片，各一式两份。

（2）要求保护色彩的，还应当提交彩色图片或者照片一式两份。提交图片的，两份应均为图片；提交照片的，两份应均为照片，不得将图片或照片混用。

（3）如需对图片或照片进行说明，应当提交外观设计简要说明，一式两份。

4. 所需表格、文书的准备

申请各种专利所需表格、文书范本可在国家知识产权局的网站上下载。

第 12 条　专利申请流程

1. 公司员工提出专利申请后，经所在部门的负责人审批后报行政部法律事务主管。

2. 职务发明人需要提出专利申请的，应参照《技术交底书模板》及《技术交底书撰写须知》撰写专利交底书。

3. 行政部法律事务主管通过本公司合作的知识产权代理人（或事务所）向国家知识产权局提交专利申请文件。

第 13 条　专利检索管理

1. 在研发项目立项之前，开发部门应该进行专利检索，以避免重复研究，并向决策层提出预立项目应采取何种方式（引进、合作或自主研发）的建议。

2. 员工在开发项目的过程中，如果认为该项目能够产生专利，须进行专利检索。

3. 行政部法律事务专员负责协助员工进行专利检索，员工也可自行检索。

第四章　著作权管理

第 14 条　软件著作权登记管理

1. 对于软件产品，相关人员应及时进行软件产品的著作权登记。

2. 在产品或项目结束时，产品经理或项目经理应判断该软件产品是否有必要进行著作权登记，申请软件著作权登记时须提交以下材料：

（1）《软件著作权登记申请表》；

（2）软件的鉴别材料，包括程序和文档的鉴别材料；

（3）公司营业执照原件及复印件。

第 15 条　其他作品著作权登记管理（略）

第 16 条　著作权保护

公司依法享有著作权的知识作品，任何单位和个人不得侵犯本公司对该作品的著作权，否则本公司有权提起诉讼。

（续）

第五章　知识产权保护
第17条　知识产权日常保护 1.本公司依法享有专利权、商标权、著作权等知识产权的作品，或已构成事实知识产权的作品，任何单位和个人不得侵犯本公司对该作品的合法权利。 2.本公司全体员工均有义务保护本公司享有的知识产权不受侵犯，如发现任何可能侵犯本公司知识产权的行为，应及时向行政部报告。 第18条　知识产权诉讼 如有任何单位、个人侵犯本公司知识产权，行政部负责依法提起诉讼。 第六章　附则 第19条　本制度由行政部制订，经总经理办公室核准后通过。 第20条　本制度自颁布之日起实施。

编制日期		审核日期		批准日期	
修改标记		修改处数		修改日期	

第 10 章

行政经费管理

10.1 行政经费预算

10.1.1 行政经费预算管理流程

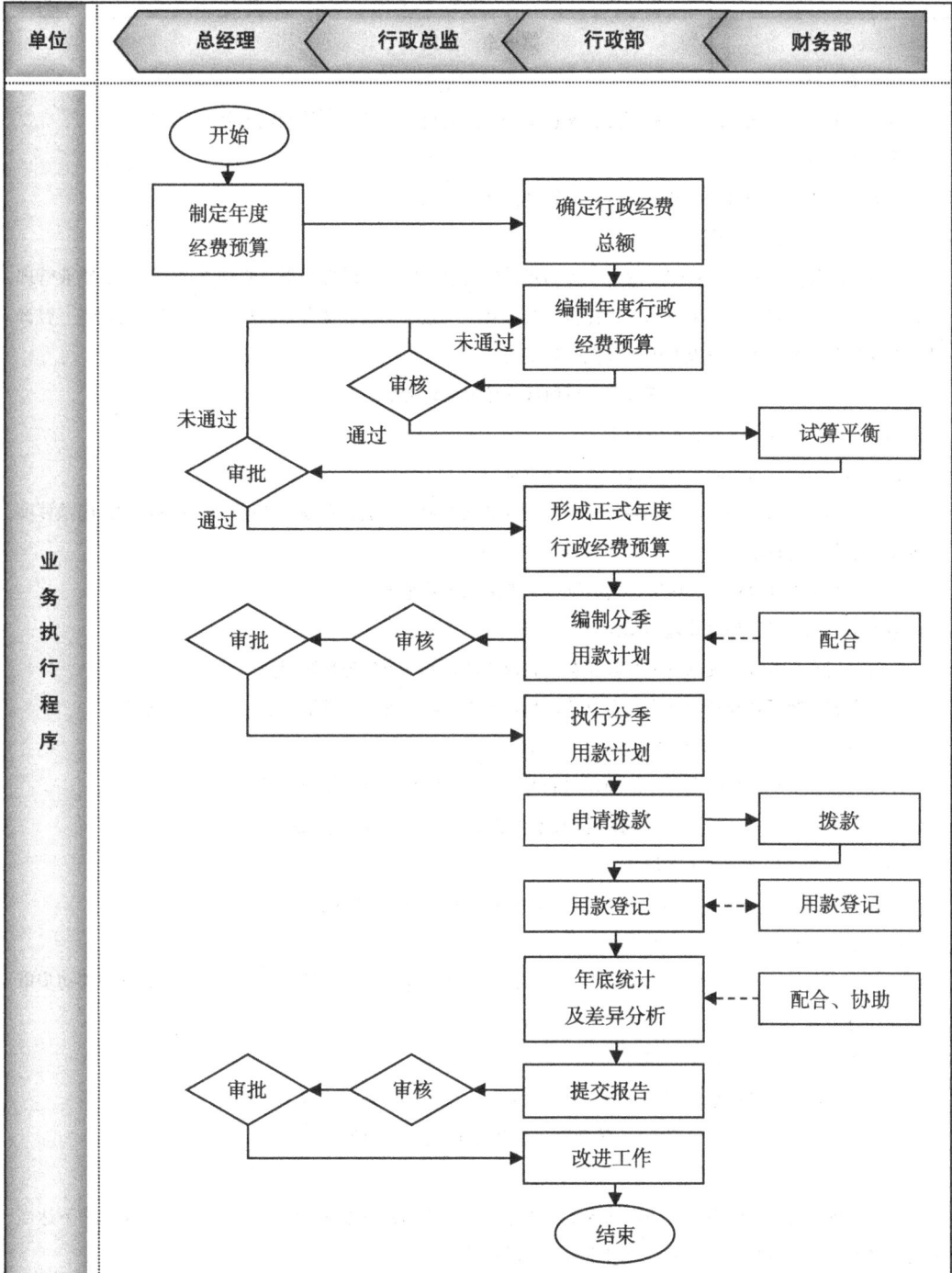

单位	总经理	行政总监	行政部	财务部

业务执行程序

```
                    开始
                     │
                     ▼
          ┌──────────────┐          ┌──────────────┐
          │ 制定年度      │─────────▶│ 确定行政经费  │
          │ 经费预算      │          │ 总额          │
          └──────────────┘          └──────────────┘
                                            │
                                            ▼
                              未通过   ┌──────────────┐
                        ┌────────────▶│ 编制年度行政  │
                        │             │ 经费预算      │
                        │             └──────────────┘
                        │                    │
                        │             ◇──────┘
                  ┌───────────┐      ╱ 审核 ╲
                  │           │      ╲      ╱
                  │           │       ◇────┘
            未通过 │           │     通过│              ┌──────────┐
           ◇──────┘           │         └─────────────▶│ 试算平衡  │
          ╱ 审批 ╲            │                        └──────────┘
          ╲      ╱◀───────────────────────────────────────┘
           ◇────┘
         通过│                  ┌──────────────┐
            └─────────────────▶│ 形成正式年度  │
                                │ 行政经费预算  │
                                └──────────────┘
                                       │
                                       ▼
        ◇────────◇         ┌──────────────┐
       ╱ 审批 ╲  ╱ 审核 ╲◀─│ 编制分季      │◀ ─ ─ ┌──────────┐
       ╲      ╱  ╲      ╱   │ 用款计划      │      │ 配合      │
        ◇────┘    ◇────┘    └──────────────┘      └──────────┘
         │                         
         │                  ┌──────────────┐
         └─────────────────▶│ 执行分季      │
                            │ 用款计划      │
                            └──────────────┘
                                   │
                                   ▼
                            ┌──────────────┐      ┌──────────┐
                            │ 申请拨款      │─────▶│ 拨款      │
                            └──────────────┘      └──────────┘
                                   │                    │
                                   ▼                    │
                            ┌──────────────┐      ┌──────────┐
                            │ 用款登记      │◀ ─ ─ │ 用款登记  │◀┘
                            └──────────────┘      └──────────┘
                                   │
                                   ▼
                            ┌──────────────┐      ┌──────────┐
                            │ 年底统计      │◀ ─ ─ │ 配合、协助 │
                            │ 及差异分析    │      └──────────┘
                            └──────────────┘
                                   │
        ◇────────◇                ▼
       ╱ 审批 ╲  ╱ 审核 ╲   ┌──────────────┐
       ╲      ╱◀╲      ╱◀─│ 提交报告      │
        ◇────┘    ◇────┘    └──────────────┘
         │                  ┌──────────────┐
         └─────────────────▶│ 改进工作      │
                            └──────────────┘
                                   │
                                   ▼
                                  结束
```

10.1.2 行政经费预算管理制度

制度名称	行政经费预算管理制度	编号	
		版本	

第一章　总则

第1条　目的

为了合理控制公司行政经费的开支，保证本公司经营目标的实现，特制定本制度。

第2条　适用范围

本制度适用于公司各项行政经费预算的管理工作。

第3条　行政经费范围

本制度所称行政经费包括但不限于在公司正常经营过程中产生的办公费、修理费、租赁费、物业管理费、水电费、总务费用、车辆费用、宣传费、会务费、书报杂志费、业务招待费、差旅费、交通费、咨询费、会议费及各部门因其职能产生的其他行政费用。

第二章　行政经费预算管理的责、权、利

第4条　行政经费预算管理的职责

1.各部门负责人对行政经费开支的合理性负责。

2.行政部负责人对经费预算的总量及单据的合法性负责，并负责对预算的使用情况（特别是超预算项目的发生原因）进行说明。

3.上述职责作为公司相关职能部门的基本工作纳入绩效考核。

第5条　行政经费预算管理的职权

1.各部门有权按预算使用各项行政经费，有权申请必须支出的超预算经费。

2.行政部对超预算经费的支出有否决权；超预算支出经费的，必须取得公司总经理的批准。

第6条　行政经费预算管理控制有力的奖励

年度行政经费支出控制在预算范围以内的部门，按公司相关规定给予奖励。

第三章　行政经费预算的制定、审批及下达

第7条　组织行政经费年度预算

每年12月中旬，由行政部组织开展下一年度的行政经费预算工作。

第8条　编制行政经费年度预算草案

公司各部门根据本部门的情况编制年度行政经费预算草案，报行政部汇总，经行政部和财务部初步审核后提交总经理办公会审议。

第9条　审批行政经费年度预算

公司行政经费预算由总经理办公会审议通过后，以文件的形式下达至行政部执行。

第四章　行政经费的开支管理

第10条　行政经费开支的审批

1.公司各部门行政经费开支应根据规定的程序执行（具体程序根据实际情况调整，每年年初在下达当年行政经费预算计划的同时，一并公布经费开支的具体程序）。

（续）

2.各项经费的开支审批必须根据规定的审批程序进行，不得越级审批。

第11条　实际支出汇总与管理

1.每月月底，行政部、财务部汇总各部门预算与实际支出情况，填写经费情况说明表并报各部门及公司主管领导备案。

2.当行政经费支出额达到预算额度的80%时，经费管理控制部门（行政部、财务部）须发出预警。

3.行政经费如超出预算，各部门须提供费用支出凭证以及相关审批手续供经费管理控制部门审查。

第12条　行政经费预算的修订

1.公司制订预算计划后，应根据实际执行情况对以后的计划进行修订，并说明预算偏离的原因。

2.公司财务部和行政部有权修订预算。

3.修订的预算方案经公司总经理办公会审议通过方可生效。

第五章　附则

第13条　本制度由公司行政部负责制定，行政部、财务部负责解释。

第14条　本制度自发布之日起实施，原先的行政经费管理制度及审批程序同时废止。

编制日期		审核日期		批准日期	
修改标记		修改处数		修改日期	

10.2 行政经费审批

10.2.1 行政经费审批流程

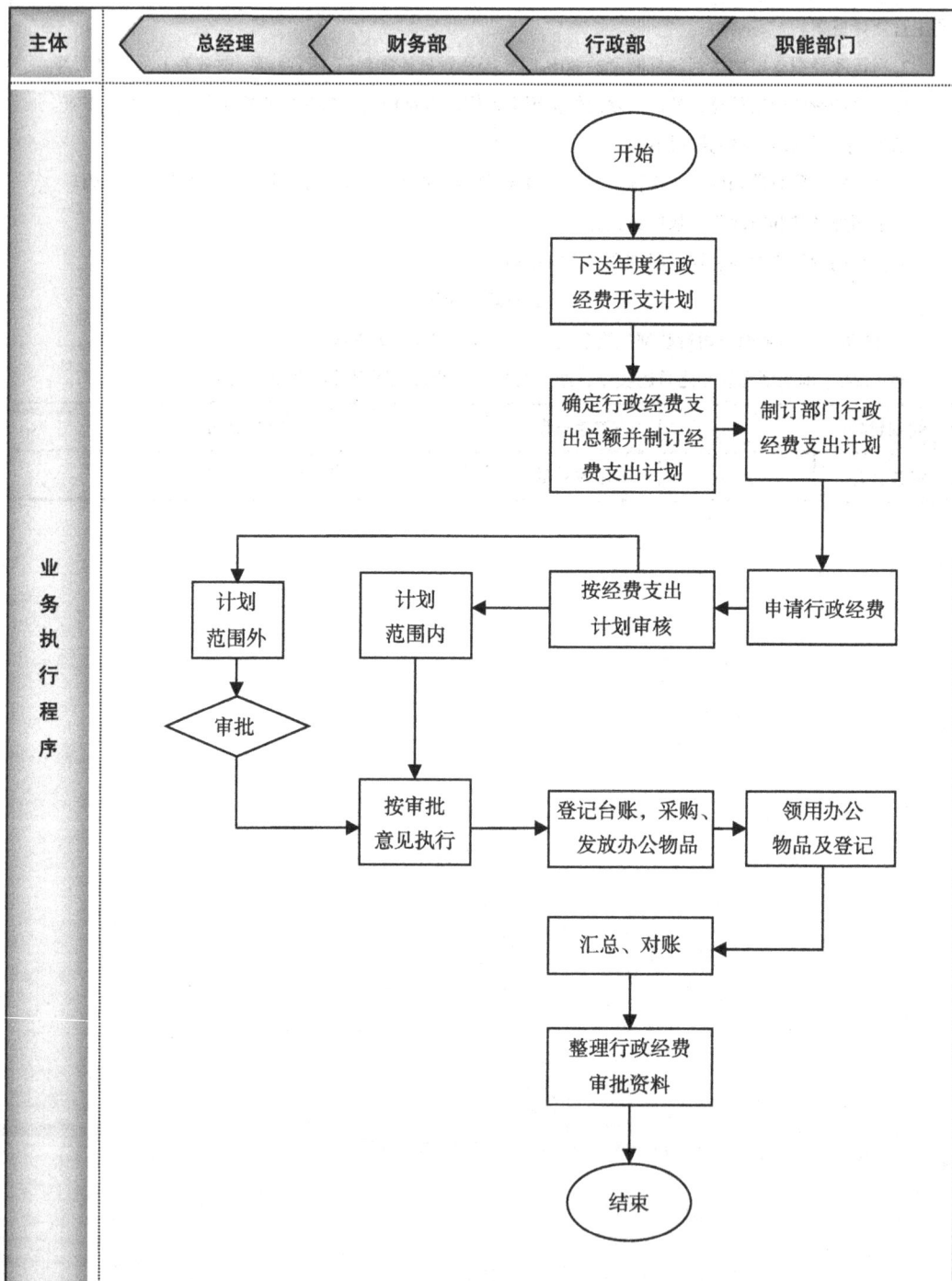

主体	总经理	财务部	行政部	职能部门

业务执行程序

```
                                              开始
                                               │
                                               ▼
                                        ┌──────────────┐
                                        │ 下达年度行政 │
                                        │ 经费开支计划 │
                                        └──────────────┘
                                               │
                                               ▼
                            ┌──────────────┐        ┌──────────────┐
                            │ 确定行政经费支 │───────▶│ 制订部门行政 │
                            │ 出总额并制订经 │        │ 经费支出计划 │
                            │ 费支出计划     │        └──────────────┘
                            └──────────────┘               │
            ┌──────────────────────┴───────┐               │
            ▼                              ▼               ▼
      ┌──────────┐    ┌──────────┐    ┌──────────┐    ┌──────────┐
      │ 计划     │    │ 计划     │◀───│ 按经费支出│◀───│ 申请行政经费│
      │ 范围外   │    │ 范围内   │    │ 计划审核 │    └──────────┘
      └──────────┘    └──────────┘    └──────────┘
            │              │
            ▼              │
         ╱──────╲          │
        │  审批  │         │
         ╲──────╱          │
            │              │
            ▼              ▼
      ┌──────────┐    ┌──────────┐    ┌──────────┐
      │ 按审批   │───▶│ 登记台账，采购、│───▶│ 领用办公 │
      │ 意见执行 │    │ 发放办公物品 │    │ 物品及登记 │
      └──────────┘    └──────────┘    └──────────┘
                                               │
                                        ┌──────────┐     │
                                        │ 汇总、对账 │◀────┘
                                        └──────────┘
                                               │
                                               ▼
                                        ┌──────────────┐
                                        │ 整理行政经费 │
                                        │ 审批资料     │
                                        └──────────────┘
                                               │
                                               ▼
                                            结束
```

10.2.2 行政经费审批制度

制度名称	行政经费审批制度	编号	
		版本	

第一章　总则

第 1 条　目的

为了进一步规范公司行政经费的审批程序，明确各部门负责人的审批权限，合理控制支出，特制定本制度。

第 2 条　适用范围

本制度适用于公司所有行政经费的审批工作。

第二章　行政经费审批权限、程序及要求

第 3 条　行政费用审批权限

1.部门负责人：____元以内的支出。

2.行政经理：____元以内的支出。

3.公司副总：____元至____元的支出。

4.总经理：____元以上的支出。

第 4 条　预借费用审批权限

1.正常费用的预借按上述规定审批。

2.如遇特殊情况，预借____元以下的，由部门经理审核，由主管副总经理审批；预借____元以上的由主管副总审核，由总经理审批。

第 5 条　行政经费审批程序

1.经办人须填写"请款单"并签字。

2.部门经理审核。

3.按照费用审批权限予以审批。

第 6 条　行政经费审批要求

1.部门经理对本部门行政经费支出的真实性、必要性和合理性负责。

2.审批人应当根据行政经费审批权限的规定，在权限范围内进行审批，不得超越审批权限。

3.对超越审批权限进行审批的，公司将追究责任人的相关法律责任。

第三章　附则

第 7 条　本制度自____年__月__日起实施。

编制日期		审核日期		批准日期	
修改标记		修改处数		修改日期	

10.3 行政经费使用

10.3.1 行政经费管控流程

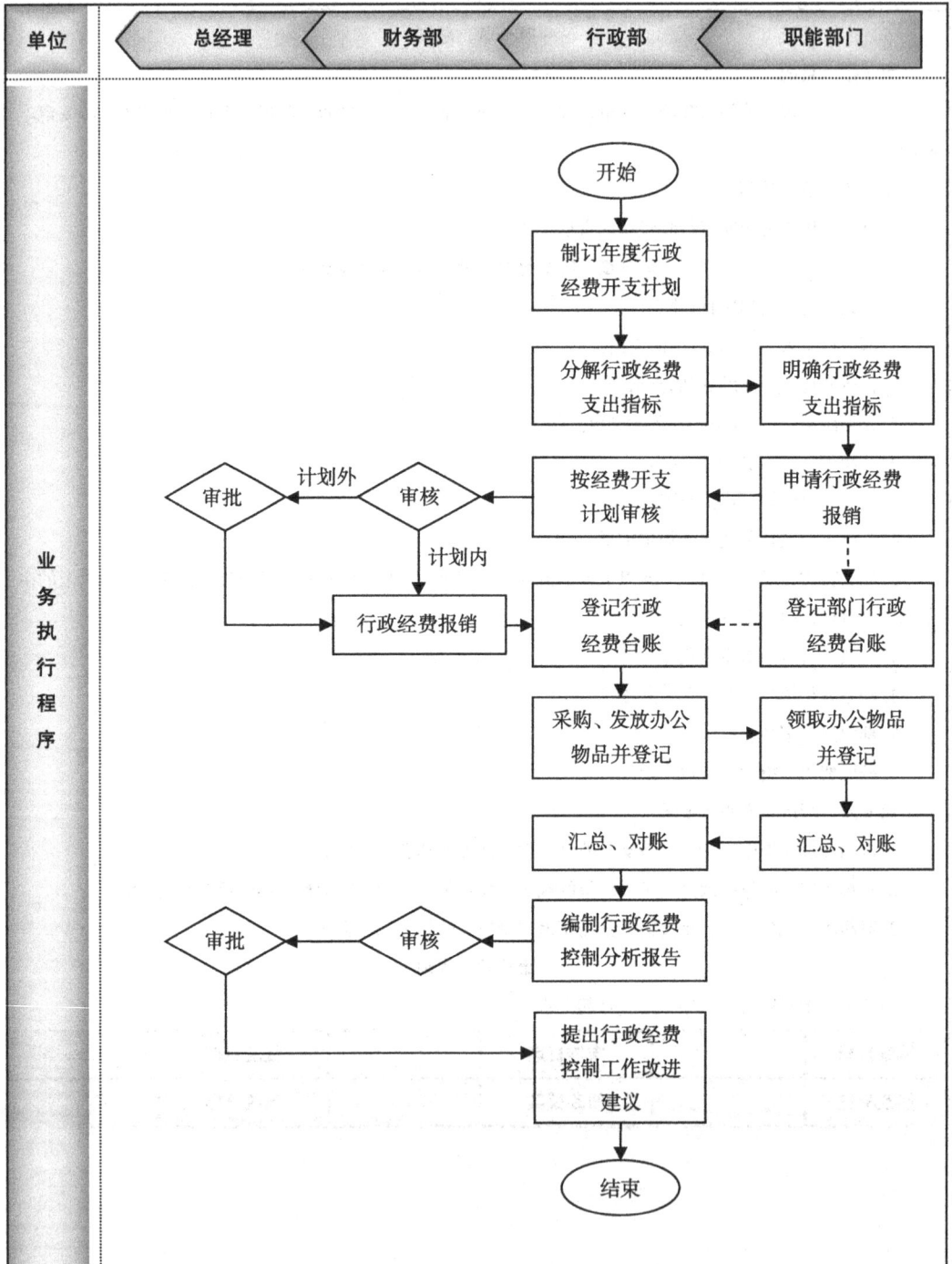

单位	总经理	财务部	行政部	职能部门

业务执行程序

```
                                              开始
                                               │
                                    制订年度行政
                                    经费开支计划
                                               │
                         分解行政经费          明确行政经费
                         支出指标               支出指标
                                               │
        审批 ← 计划外 审核 ←  按经费开支        申请行政经费
                              计划审核          报销
                     │计划内
                     ↓
        行政经费报销 →  登记行政      ← ---  登记部门行政
                        经费台账              经费台账
                                    │
                         采购、发放办公        领取办公物品
                         物品并登记            并登记
                                    │
                         汇总、对账   ←        汇总、对账
                                    │
        审批 ← 审核 ←  编制行政经费
                        控制分析报告
                                    │
                         提出行政经费
                         控制工作改进
                         建议
                                    │
                                   结束
```

10.3.2 行政经费管控制度

制度名称	行政经费管控制度	编号	
		版本	

第一章　总则

第 1 条　目的

为了有效控制公司行政经费支出，严格执行行政经费预算制度，特制定本制度。

第 2 条　适用范围

本制度适用于对公司日常办公费用、维修费用、印刷费用、网络费用、咨询费用、图书资料费用等各种行政经费的控制。

第 3 条　术语解释

1.日常办公费用指为了满足日常办公所需而发生的费用，包括购买办公用品（文具、复印纸、办公饮用水等）、邮递、制作名片、刻章、配钥匙、外出复印等而产生的费用。

2.印刷费用指因公印制文件、会议材料、资料、期刊、书籍、年鉴、宣传品、讲义、培训教材、报表、票据、证书、公文用纸、信封等各类印刷品而产生的费用。

3.网络费用指公司各部门因使用计算机、网络及网络设备而产生的维护及服务费用。

4.咨询费用指因工作需要就特定事项长期或临时外聘专家、顾问而产生的费用。

5.图书资料费用指因订阅专业书籍、参考资料及报纸、杂志而产生的费用。

第二章　行政经费管控原则

第 4 条　定额管理，按需支取原则

行政经费在公司运营费用中所占比例较高，在审核时应定额管理、按需支取。

第 5 条　专项管理、专款专用原则

各类行政经费账目必须专项管理、专款专用，并建立相应的监督机构与机制。

第 6 条　合理节支，发挥最大效能原则

公司所有员工须认真做好节支工作，对公务会议费、业务招待费、业务宣传费等专项开支要从严控制，量入为出，杜绝浪费。

第三章　日常办公费用控制

第 7 条　日常办公用品管理

1.日常办公用品的归口管理部门为行政部。

2.行政部负责办公用品的日常管理和发放。

3.行政部每月对员工办公用品领用情况进行汇总，由行政经理进行审核，及时提示费用超支人员，并视情况对其下月办公用品领用额度进行调整。

第 8 条　报销审批办法

1.办公费用单笔金额超过____元（含____元）的，由总经理审批。

审批流程：经办人→部门主管→行政经理→总经理→财务报销。

（续）

2. 办公费用单笔金额在____元以下的，由行政经理审批。

审批流程：经办人→部门主管→行政经理→财务报销。

第四章　设备维修费用控制

第9条　设备报修流程

各部门的设备出现质量问题时须立即报告行政部。对于保修期内的设备，由行政部直接联系厂家维修；对于保修期外的设备，行政部接到报修后先与维修站联系，确定修理费用，然后报相关领导审批后再进行维修。

第10条　归口管理部门

设备维修费用归口管理部门为行政部。

第11条　报销审批办法

1. 设备维修费用单笔金额超过____元（含____元）的，由行政经理审批。

审批流程：经办人→部门主管→行政经理→财务报销。

2. 设备维修费用单笔金额在____元以下的，由行政主管审批。

审批流程：经办人→部门主管→行政主管→财务报销。

第五章　印刷费用控制

第12条　归口管理部门

1. 印刷费用归口管理部门为行政部。

2. 行政部负责核定印刷费用，坚持从简、质优、价廉的原则。

第13条　报销审批办法

1. 印刷费用单笔金额超过____元（含____元）的，由行政经理审批。

审批流程：经办人→部门主管→行政经理→财务报销。

2. 印刷费用单笔金额在____元以下的，由行政主管审批。

审批流程：经办人→部门主管→行政主管→财务报销。

第六章　网络费用控制

第14条　归口管理部门

1. 网络费用归口管理部门为行政部。

2. 行政部负责公司网络的日常维护工作。

第15条　报销审批权限

1. 网络费用单笔金额超过____元（含____元）的，由行政经理审批。

审批流程：经办人→部门主管→行政经理→财务报销。

2. 网络费用单笔金额在____元以下的，由行政主管审批。

审批流程：经办人→部门主管→行政主管→财务报销。

第七章　咨询费用控制

第16条　归口管理部门

1. 咨询费用归口管理部门为行政部，行政部负责控制预算、对外谈判、确定费用、签订合同、聘请法

（续）

律顾问等日常工作。

　　2.如需外聘专家、顾问、评估机构，须由相关部门提出申请，经公司领导班子集体决定，费用支付标准按公司相关规定标准确定，或由公司领导班子研究决定。

　　第 17 条　报销审批权限

　　1.咨询费单笔金额超过＿＿＿元（含＿＿＿元）的，由行政经理审核后提交总经理审批。

　　审批流程：经办人→部门主管→行政经理→总经理→财务报销。

　　2.咨询费单笔金额为＿＿＿元（含＿＿＿元）到＿＿＿元的，由行政经理审批。

　　审批流程：经办人→部门主管→行政经理→财务报销。

　　3.咨询费单笔金额在＿＿＿元以下的，由行政主管审批。

　　审批流程：经办人→部门主管→行政主管→财务报销。

第八章　图书资料费用控制

　　第 18 条　归口管理部门

　　图书资料费用的归口管理部门为行政部，行政部负责控制预算，订阅专业书籍、参考资料及报刊杂志等日常工作。

　　第 19 条　报销审批权限

　　1.图书资料费用单笔金额超过＿＿＿元（含＿＿＿元）的，由行政经理审批。

　　审批流程：经办人→部门主管→行政经理→财务报销。

　　2.图书资料费用在预算范围内且单笔金额在＿＿＿元以下的，由行政主管审批。

　　审批流程：经办人→部门主管→行政经理→财务报销。

第九章　附则

　　第 20 条　本制度由行政部负责制定与解释。

　　第 21 条　本制度自颁布之日起实施。

编制日期		审核日期		批准日期	
修改标记		修改处数		修改日期	

10.4 行政经费报销

10.4.1 行政经费报销管理流程

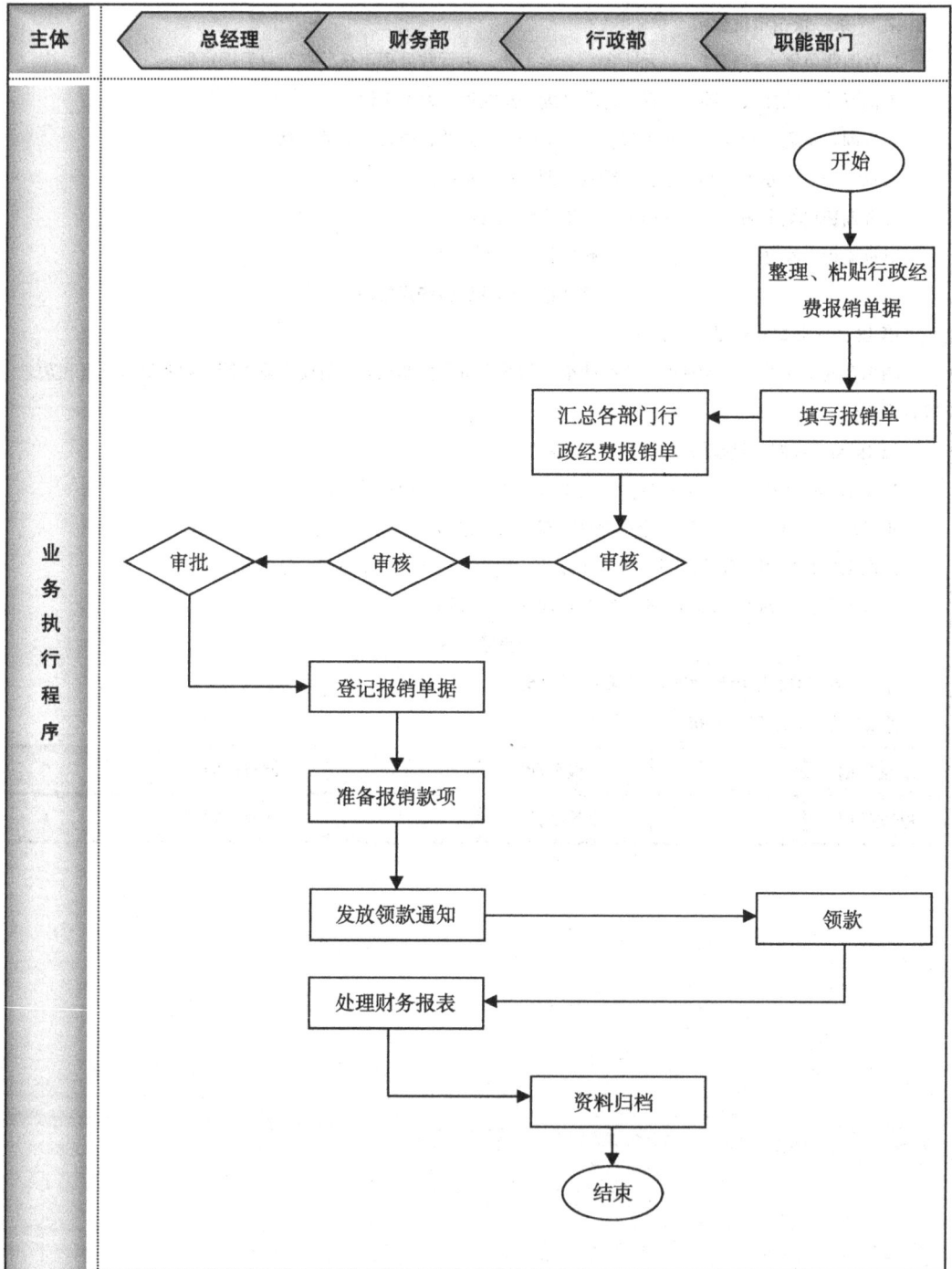

主体	总经理	财务部	行政部	职能部门

业务执行程序

```
                                                          开始
                                                            │
                                                            ▼
                                                   整理、粘贴行政经
                                                   费报销单据
                                                            │
                                                            ▼
                              汇总各部门行    ◄────────  填写报销单
                              政经费报销单
                                    │
                                    ▼
        审批    ◄────  审核    ◄────  审核
          │
          ▼
        登记报销单据
          │
          ▼
        准备报销款项
          │
          ▼
        发放领款通知  ──────────────────────────►  领款
          │
          ▼                                          │
        处理财务报表  ◄──────────────────────────────┘
          │
          ▼
              资料归档
                │
                ▼
              结束
```

10.4.2 行政经费报销管理制度

制度名称	行政经费报销管理制度	编号	
		版本	

第一章　总则

第 1 条　目的

为了规范公司行政经费的审批及报销程序，确保所有行政经费支出合理、合法、合规，结合本公司的实际情况，特制定本制度。

第 2 条　适用范围

本制度适用于本公司发生的各类行政经费，包括办公用品费、外勤费、差旅费、招待费、培训费、会务费、车辆使用费等费用的报销管理。

第二章　各类行政经费的报销细则

第 3 条　办公用品费的报销

1. 申购办公用品须事先填写"申购单"，经部门主管、行政经理签字后交财务部，以便财务人员办理报销手续时核对。

2. 办公用品单价在____元以上（含____元）的，须总经理审核签字。

3. 办公用品原则上由行政部负责购买，专业用品须自行购买后到行政部办理登记手续，然后再到财务部报销。

4. 未经审批，擅自购买的办公用品不予报销。

第 4 条　外勤费的报销

1. 员工因工作需要不能回公司就餐的，可凭发票每人每餐报销____元。

2. 外出工作时，原则上应乘坐公共交通车辆，按实报销；若有特殊情况，经部门经理同意后可乘坐出租车辆，报销时须在发票上写明出发地和目的地。

第 5 条　差旅费的报销

1. 员工因公赴外地出差，符合在晚上 8 时到次日早晨 7 时之间或连续乘车、船超过 6 小时之一的可购买硬卧火车票，轮船票不超过三等舱位。符合以上条件但未购买硬卧火车票的，按票价的____%给予员工补贴。

2. 遇急事需乘飞机的，须事先填写特批单，经行政经理签字后交财务部。财务人员审核报销时须对照已收到的特批单。

3. 出差时住宿费标准为____元 / 日，伙食补贴为____元 / 日，上述两项费用可累计使用。超出限额的不予报销，不足限额的按实报销。

4. 差旅期间发生的招待费用，报销时须单独填报，并须写明发生费用的原因、被招待对象及用餐支出金额。

第 6 条　业务招待费的报销

1. 因工作需要招待客户或赠送礼品，支出费用在____元以上的，应事先填写特批单，报总经理审核签字后交财务部。财务人员审核报销时须对照已收到的特批单。

（续）

2.员工在报销因工作需要产生的业务招待费时须主动向部门经理、审核人员说明，并由经办人及部门经理在该发票背面签字。

第7条　培训费、进修费的报销

1.本公司员工参加进修、培训须经部门经理、总经理同意，然后到行政部登记备案，并与公司签订一定年限的服务协议，所发生的培训费用可以按公司的相关规定予以报销。

2.员工因进修、培训发生的费用，须凭国家认可的毕业证书、学位证书、结业证书等原件、复印件、收费单据及与本公司签订的协议进行报销。

3.员工因公培训、进修的学费报销____%（因特殊情况与本公司签订协议的，学费和进修费用按协议比例报销），不含书费、上机费、论文答辩费等。

4.公司统一安排的培训，培训费用报销____%，报销事宜由行政部统一办理。

第8条　医疗费用的报销

1.员工因病就诊发生的费用按公司医疗费用报销规定予以报销。

2.员工因探病发生的费用，除非受总经理委派，否则不予报销。

第9条　通信费的报销

1.本制度所称通信费包括公司员工因公使用个人手机或公用电话而产生的费用。

2.员工因公产生的通信费上限为____元／月，凭票据按实报销，超出部分由员工个人承担。

3.遇特殊情况需提高额度，须事先填写特批单，经总经理批准后方可报销。

第10条　车辆使用费的报销

1.车辆使用费包括汽油费、维修费、路桥费、停车费等。

2.行政部须在掌握车辆维护、用车、耗油情况的基础上，制订当月的车辆费用开支计划。

3.报销汽油费时，驾驶员应在发票背面注明行车路程，由行政部根据里程表、耗油标准、加油数量、时间对用车情况进行审核，经行政主管签字后方可报销。

4.路桥费、洗车费由驾驶员每月汇总报销一次，行政部根据派车记录进行审核，经行政经理签字后予以报销。

5.维修车辆前须提交书面报告，说明原因和预计费用，报销时在发票上列明维修清单，由行政部根据车辆维修情况进行审核，经行政经理签字后予以报销。

第三章　报销时间

第11条　例行报销时间

1.公司采用集中报销制度，每月10日~20日为报销时间，遇节假日顺延，在此期间办理日常行政办公费用、业务接待费、业务宣传费、医疗费、交通费、通信费、会务费等费用的报销手续。过期未报销的，当月不再予以报销。

2.每周周一下午财务部进行内部核算，在此期间不办理请款、报销、查账等业务。

第12条　特殊情况下的报销时间

1.借领支票的，须在一周内办理报销。

（续）

2.差旅费用须在回公司后 1 周内办理报销，最长不超过 15 天。需要延期报销的，须提交书面申请并经部门领导和行政经理审核签字，否则按照所报金额的＿＿％予以处罚。

3.限额支票须在 3 日内办理报销。

第四章　报销审请及审批要求

第 13 条　报销申请

1.办理报销的员工须自行填好报销单，经部门主管审核，行政经理、总经理审批后，由专人统一汇总到财务部。

2.财务部按照规定进行核实，确认无误方可报销。

第 14 条　报销单据签字栏填写说明

1.财务审批意见：由财务经理审批签字。

2.进修审批意见：由行政专员审批签字。

3.财务复核：由部门财务负责人审核签字。

4.部门审核：由部门主管审核签字。

5.经办人：由经办人员或发款人签字确认。

第五章　附则

第 15 条　本制度由行政部制订，解释权和修改权归行政部所有。

第 16 条　本制度经公司总经理审批通过后，自发布之日起实施。

编制日期		审核日期		批准日期	
修改标记		修改处数		修改日期	